現代中国の政治制度
時間の政治と共産党支配

加茂具樹・林 載桓 |編著|
KAMO Tomoki　　LIM Jaehwan

慶應義塾大学出版会

目　次

序章　現代中国政治研究と歴史的制度論　　　　　　　　　林　載桓　I

  Ⅰ　現代中国政治研究と制度分析　　1

  Ⅱ　歴史的制度論と現代中国政治　　7

  Ⅲ　本書の構成および各章の内容　　16

第1部　国家──包容と強制

第1章　民主的制度の包容機能
──人代改革の起源と持続　　　　　加茂具樹　27

  はじめに　27

  Ⅰ　「統治の有効性の向上」機能はどこから来たのか　　30

  Ⅱ　改革への着手　34

  Ⅲ　改革の継続　36

  おわりに　43

第2章　現代中国の刑事司法制度と「厳打」
──起源、経路依存、制度進化　　　　金野　純　49

  はじめに　49

  Ⅰ　厳打　50

  Ⅱ　起源と進化──革命、戦争、社会主義　55

  Ⅲ　重大局面──ポスト文革期の現代化と犯罪増加　60

  Ⅳ　刑事司法制度の再構築と進化──「綜合治理」と厳打　63

  おわりに──展望　71

i

第2部　エリート政治

第3章　「集団領導制」の制度分析
——権威主義体制、制度、時間　　　　　　　　林　載桓　79

はじめに　79

Ⅰ　集団領導制の分析視座　80

Ⅱ　集団領導制の歴史的展開　84

Ⅲ　議論——権威主義体制、制度、時間　96

おわりに　97

第4章　領導小組の制度変化
——中国の政策決定における半公式制度の機能の重層化
　　　　　　　　　　　　　　　　　　　山口信治　103

はじめに　103

Ⅰ　歴史的制度論における制度変化の議論　104

Ⅱ　現在の領導小組の機能と役割　109

Ⅲ　領導小組の制度的発展　112

おわりに　125

第5章　中国の幹部選抜任用制度をめぐる政治　　高原明生　131

はじめに　131

Ⅰ　文化大革命後における鄧小平統率下での幹部制度の変更　131

Ⅱ　第14回党大会後の江沢民統率下における進展　135

Ⅲ　胡錦濤時代の幹部選抜任用制度の改革　139

Ⅳ　習近平時代の幹部選抜任用制度の改革　143

おわりに　146

第3部　中央・地方関係と経済

第6章　香港民主化問題の「時間の政治学(ポリティクス・イン・タイム)」
──選挙制度形成の歴史と今後の見通し　　倉田　徹　151

はじめに　151

Ⅰ　政治制度設計の時間要因　152

Ⅱ　中央政府の意図と誤算　163

Ⅲ　民主化問題の「現在地」と今後　170

おわりに　174

第7章　中国経済の制度的背景
──分散的権威主義体制下の自生的秩序　　梶谷　懐　179

はじめに　179

Ⅰ　中国経済を支える「制度」をめぐって　181

Ⅱ　下からのグローバル化と「もう一つの資本主義経済」　185

Ⅲ　脆弱な知的財産権のもとでのイノベーション　188

Ⅳ　自生的秩序 2.0 と分散的権威主義体制　194

おわりに　198

おわりに　203

索　引　207

執筆者紹介　212

序章 現代中国政治研究と歴史的制度論

林 載桓

　本書は、現代中国政治の理解に役立ててもらうために書かれた研究書である。主な読者として、中国政治への理解をさらに深めたい大学院生および学部専門課程の方々を想定している。こうした目的の本はほかにも数多くあるが、本書はそれらの類書と一線を画す、二つの大きな特徴を有している。一つは、現代中国政治を形作る個々の具体的「制度」に焦点を当てていること、もう一つは、それぞれの制度の分析に当たり、「歴史的要因」を重視する政治学の理論を用いていることである。具体的に本書は、現代中国政治を構成する個々の制度の形成と持続、そしてその変化を説明することを通して、中国政治の現状を理解しその将来を展望しようとするものである。

　では、現代中国政治の理解に、なぜこのような視点と方法が必要なのか。以下では、日本の中国政治研究の現状をやや批判的に検討し、制度に注目することの意味と意義を明確にしておく。そのうえ、本書が分析のツールとして用いる歴史的制度論の要点を紹介し、それが現代中国政治の理解と説明にどのような効用をもつかについて論じる。最後に、本書の構成と各章の内容について紹介する。

I　現代中国政治研究と制度分析

　本節では、主に日本における現代中国政治研究を振り返り、制度に注目することの意味と意義を改めて確認してみたい。というのも、具体的な政治制度を対象とした中国政治の分析は日本でもすでにかなりの蓄積があるからである。しかし結論を先にいえば、日本の中国政治研究は、多様な争点領域における実証研究の蓄積があるものの、そこで得られた実証的知見を統合する、

または他の争点領域への適用を意図した、理論枠組みの構築または概念化の試みは、一部の例外を除き、必ずしも十分に行われてこなかったといえる[1]。制度研究の文脈でそうした現状を表しているのが、政治と制度の相互関係、とりわけ政治に対する制度の制約性に関する実証的・理論的考察の欠如であり、こうした意味での「制度分析」の不在は、中国政治への理解を深め、広く比較政治学との対話を試みるうえで、一つの阻害要因となってきた。とはいえ、こうした状況は近年、中国政治の現実に対する問題認識と理論的関心を共有する一部の研究者により徐々に改善が試みられてきており、その過程で、制度分析の対象として中国政治のもつ重要性と面白さが注目されている。

1　日本の中国政治研究と制度

　現代中国の政治制度は、日本の中国研究者の関心を絶えず引きつけてきた。その結果、中国政治のさまざまな領域を対象に、関連する制度や組織の詳細な検討がなされ、少なからぬ研究が蓄積されてきた[2]。分析対象においても、共産党や国家（人民代表大会と政府）、人民解放軍といった党国体制の基盤的組織から、各級地方政府、（国有）企業、そして少数民族から社会団体に至るまで、著しい拡大がみられた。また同時に、限られた範囲ではあるが、比較研究の試みもたびたび行われてきた[3]。

　これらの研究に示された制度への関心には、過度な単純化を恐れずにいえば、おおむね次の三つの特徴がある。第一に、**特定の組織機構の公式な構造と機能、または制度を構成する規則規定の詳細な紹介**である。いうまでもなくその背景には、中国内外からの懸命な資料収集と解読の努力がある[4]。第二に、それぞれの**組織や制度の成り立ちまたは歴史的展開への関心**である。この点でとくに主眼がおかれたのは、組織や制度の背後で展開された権力政治の解明であり、それゆえ少なからぬ研究は、特定の制度を素材とした現代中国政治史の研究という体裁をとっていた[5]。関連して第三の特徴は、**制度や組織を政治（政治エリート間の権力闘争）の従属変数とみなす傾向**である。制度や組織は政治競争や権力闘争の舞台装置またはその単なる反映とされ、それ自体独立した意味と影響力を有するものとして分析されることは稀であった[6]。

要するに、日本の現代中国政治研究は、制度に対するアプローチの面からいえば、主に公文書資料に依拠した公式な組織構造と細部規定の解明、および関連する政治史の叙述に重点をおいてきており、そのなかで制度はその背後——多くは当該制度とは関係ないところ——で展開される権力政治の結果とみなす、という特徴をもっていた。

　しかし、これらの既存の研究動向、とりわけそこに内在する制度観は、中国政治研究をめぐる近年の諸般環境、さらには研究対象そのものの変化により、徐々にその独自性や有効性を保つことが難しくなってきたといわざるをえない。第一に、フォーマルな組織構造や規則規定の把握は、中国国内よりさまざまな媒体を通じて大量の情報が発信されている現在、かつてほどの意義を有しなくなっている。だが他方で、より詳細な実態把握のための聞き取り調査や内部資料の入手については、環境はむしろ悪化しているといえる。第二に、既存研究にみられる政治史的関心は、確かに文脈的知見の蓄積という点で一定の貢献が認められるものの、その対象には時間的、空間的偏りがあり、現代中国政治の歴史的展開に関するわれわれの理解を実際どれほど豊かなものにしてきたかは、疑問である[7]。

　最後に、権力政治の関数としての制度理解である。制度に対する政治の優越性を前提とするこの立場は、指導者たちの思惑、関係、行動、またはそれらの要素に規定される権力政治を中国政治分析の中心に据える、いわゆる「人治論」に通じるものである。しかし、「人治論」の想定する政治決定論、またその制度理解は、改革開放期中国の経済、社会、対外関係の諸領域に生じた変革の性質はもちろん、それがもたらした複雑多様な問題に対する政治の対応、さらにはその過程で起こった政治そのものの変容を十分にとらえきれなくなっている。もっとも、中央における権力競合とその波及力を否定するつもりはない。しかし他方で、それには必ずしも収まりきれないかたちで、**共産党統治の制度化**が徐々に進んできたこと、そしてその動きが多様な領域における「政治」の展開に大きな影響を与えていることもまた否定できない事実であり、既存の視点に即してこうした変化とその帰結をとらえるのはもはや無理である。

　こうしてみると、改めて中国の政治制度に注目する意義は十分大きいもの

序章　現代中国政治研究と歴史的制度論　　3

と考えられよう。では、どのように分析を進めればよいのか。この点、本書は二つの特徴をもっている。第一に、本書は、**比較政治学における制度分析の枠組みを明示的に提示し、可能な限りそこから導かれる理論的知見に依拠して分析を進めていく**。こうした手法の採用は、一方で、理論的視点の導入を通して、中国内外から送られる大量な情報の選別と解読という新たな課題に対応するためである。言い換えれば、本書は、理論的知見を明示的に導入することによって、「現地に流通する言説を対象化すること」を意図している。すなわち、「その地域の常識を、現代政治分析の常識と比べてみること」によって、現地の言説を疑い、あるいは理論的説明を疑うなどして、両方の理解が深まる効果が期待できると考えている[8]。

　第二に、本書は、**中国の政治体制を解　体し、あえて争点ごとの具体的な制度を取り上げ、その時系列的な変化を説明するという形式をとっている**。こうした形式の採用には二つの意味が含まれている。一つにそれは、本書が理論的土台とする新制度論の問題関心を反映している。周知のように、比較政治学における新制度論の台頭は、「強い国家論」とパラレルに、さらにはそれに向けられた批判を乗り越えようとする意図のもとで進行してきた。すなわちそれは、「国家の復権」を提唱するにとどまらず、政策に影響を与える個々の制度を特定し、比較することで、国家の強弱が具体的にどこに由来するかを解明しようとした[9]。こうした従来の問題関心を本書は基本的に共有している[10]。そしてもう一つ、本書が制度の「時系列的な変化」に着目するということは、新制度論のなかでも「歴史的要因」を重視する理論的立場をとっていることを意味する。この点については後ほど詳述する。

　もっとも、当然であるかもしれないが、類似した問題関心による現代中国政治の分析は本書が初めて試みるものではない。明示的かどうかはともかく、日本においても新制度論（または制度派経済学）の直接的、間接的な影響を受けた中国政治研究の成果はすでに登場してきている。そこで次節では、関連する最近の主要な研究をいくつか取り上げ、そこに現れた制度への視点と問題関心をその限界とともに概観し、本書の特徴をより一層明確にしておこう。

2 現代中国政治研究の新動向と制度

　最初に取り上げたいのは、中国の政治体制とガバナンスの現状に焦点をおき、共産党支配の持続可能性を論じた菱田雅晴・鈴木隆の研究である[11]。この研究は、明示的に新制度論を分析枠組みと据えているわけではなく、特定制度の因果効果に関心があるわけでもない。しかし、中国政治への現状認識は既存研究のそれとかなり異なっている。つまりそれは、政治体制の面では、「党・国家アクター」それぞれの内部における「断片化」、「細分化」、「多元化」の動きであり、共産党の統治戦略の面では、「新興エリート層の政治的取り込みや、一部民衆の利益に配慮した政策形成メカニズムの整備・改善」を含む、「さまざまな政治的努力」である[12]。すなわちここで確認されているのは、共産党一党体制の単なる強化でもなければ、民主化の可能性を含んだ体制の危機でもない。そしてこうした中国政治の現実は分析視座の刷新を要請しており、コーポラティズムをはじめとする既存の国家・社会関係の「理想型」からの脱却と、具体的な制度の働きへの注目を、著者たちは主張している[13]。

　こうした現状認識と視点変更の要請が、前述した本書の問題認識と共鳴する部分があることは明らかであろう。だが、菱田・鈴木の指摘は、とくに近年の比較権威主義（comparative authoritarianism）の研究動向からすれば、むしろ一般的な観察結果であるといえよう。つまり最近の権威主義体制の研究は、従来の政治変動論に即した体制移行への関心から、統治戦略や制度発展の態様、およびその政策的帰結に焦点を移しつつあり、並行して分析手法にも多様さが現れているのが現状である[14]。

　そこで、こうした権威主義政治研究の動向を明確に意識しつつ制度分析を行っているのが、加茂具樹の研究である[15]。最近の理論的知見によれば、権威主義政治において議会や政党といった民意機関は、民主化をうながすような働きをするよりは、むしろ「（政権の）代理者として体制の意思を社会に伝達し、諫言者として社会の動向を体制に伝達」する役割を担うことが多い。加茂によれば、同様のことは中国の人民代表会議と政治協商会議にもいえ、これらの制度は、共産党と政府が社会動向の変化に応じた柔軟な政策を展開することを可能にしている[16]。さらに近年の「代表者」としての役割

拡大も、それが共産党政権に負の影響を与える可能性については慎重である[17]。

　もっとも、権威主義国家の政治制度が常に体制安定という帰結に結びつくわけではない。それは時には自己崩壊し、結果として政権の安定性を阻害する要因ともなりうる。この点は、文化大革命期の軍部統治に関する林載桓の研究に確認される[18]。そこでは、人民解放軍を軸として形成された統治システムが時間の経過とともに崩壊していく過程を、その政治的・政策的帰結とともに考察している。分析の土台をなしているのは、権威主義体制の制度に内在する問題に関する理論的知見である。

　このように、比較政治学における権威主義政治制度への関心の高まりが、日本の現代中国政治分析にも影響を及ぼしつつあることは確かである。しかし同時に、制度への注目をうながすもう一つの背景として、（政治）経済学からの影響をも指摘しなければならないであろう。近年、経済的パフォーマンスに及ぼす政治制度の影響が改めて注目されているなか、中国政治研究との関連でとくに興味を引くのが、制度の「曖昧さ」を鍵概念に中国の経済システムの特徴を分析した加藤弘之の研究である。そこで提示された「曖昧な制度」仮説は経済システムのみならず、中央・地方関係から官僚制に至る中国政治の主要領域をもその適用範囲に収めている。もちろん、制度の「曖昧さ」にどれだけ中国的特質が見出せるか、また分析枠組みとしてどれほど明示的な因果仮説が導かれるかなど疑問は残るが、制度を分析の中心に据えた当研究が中国政治の理解に新たな光を当てていることは間違いない[19]。

　要するに、以上のレビューが明らかにしているのは、中国政治に対する新たな現状認識にもとづいた制度分析への動きが、争点領域を異にする日本の研究者たちの間ですでに始まっていることである。しかし、現在のところ、それはまだ限定的で断片的な動きにとどまっており、中国政治の現状と将来に関するより総合的な知見を生み出せるだけの「幅とつながり」を獲得しているわけではない。もちろん、そのための試みはさまざまな方面で進行していってしかるべきであり、必ずしも制度分析の方向に収斂する必要はない。しかし、政治的・政策的帰結に作用する制度の重要性についての一定の合意が定着しているうえ、同様の指向性をもつ実証研究の試みが日本の中国政治

研究においても現れつつあることに鑑みれば、現代中国政治の本格的な制度分析の機はすでに熟しつつあると考えられる。

II 歴史的制度論と現代中国政治

　さて、本節では、本書が分析の視座として用いる歴史的制度論の要点を紹介し、それが現代中国政治の分析にどのような効用をもつかについて議論する。本節の作業は、各章で展開される個別な制度分析における基本的なスタンスと焦点を明確にするうえで重要である。あわせて、本節では、本書のアプローチに対して予想される疑問、すなわち、中国政治の「歴史研究」はすでに十分なされてきているのに、改めて「歴史的制度論」なる手法を用いて中国政治を論じる意義はどこにあるか、といった疑問にとりあえずの答えを出しておきたい。端的にいえば、分析アプローチの採用にあたっての本書の狙いは、中国政治における過去と現在のつながりをより体系的に理解し、またその将来へのより確かな展望を獲得することにあるだけでなく、共通の理論枠組みをあえて用いることで、広く比較政治学の関連研究との対話を試みることにある。以下、分析手法としての歴史的制度論の特質と位相、およびその主要な論点について簡単な考察を加えた後、現代中国政治分析への適用の意義と効用について論じてみたい。

1　比較政治研究と歴史的制度論

　歴史的制度論は、特定の制度や制度の帰結を、とりわけ歴史的要因に注目して説明する分析アプローチである。こうした意味での歴史的制度論は、もちろん制度分析の唯一の手法でもなければ、もっとも主流な手法でもない。むしろ歴史的制度論は、1970年代後半以降の「新制度論」の興隆を牽引しつつも、徐々にその影響力を弱め、代わって最有力な枠組みとして浮上した合理的選択制度論に対する一種の補完的視座としての意義が強調されるようになった[20]。同様の傾向は日本の政治学界にもみられ、1990年代初めに真渕勝の研究などで一大ブームが起こった後は、概念のアドホックな借用を除き、体系的な分析枠組みを構築し事例分析に適用した研究は、あまり行われ

てこなかった[21]。

　しかしながら、近年、歴史的制度論は、再び制度分析の重要かつ主流な分析視座としての位置を取り戻しつつあるようにみえる。背景として、二つの要因が考えられる。一つは、制度の多様性への注目である。具体的には、グローバルな経済統合の度合いが強まりつつあるにもかかわらず、多様な政治経済制度が共存・競争している現状をとらえるために、改めて「歴史への転回」が起こっていることである。制度構造の頑強さと強い経路依存性を軸に資本主義システムの多様性を説明するピーター・ホール（Peter Hall）とデイヴィッド・ソスキス（David Soskice）らの研究がその代表例であるが、青木昌彦の提唱する比較制度分析も同様の問題関心を有している[22]。

　関連して、もう一つの重要な要因は、こうした動きに刺激され、またそれとの差別化をはかるかたちで、歴史的制度論の理論的発展が進んでいることである。そこでは、どのようなかたちで「歴史」――より正確には「時間の経過」――が政治的帰結に影響するのかが明示され、さらには、制度を静態的なものでなく、発展や進化を遂げていくものとして考えるようになり、その具体的なあり方について活発な議論が行われている。その中心に、『ポリティクス・イン・タイム』に集約されたポール・ピアソン（Paul Pierson）の一連の論考があることはいうまでもない[23]。しかし同時に、そうした理論的発展を裏づける方法論の考察も、徐々にその精緻さを高めていることをも見逃してはならない[24]。

　こうした理論的・方法論的発展の具体的論点については次節でより詳細に扱うことにして、ここでは、その最重要なポイントとして本書が認識している、「歴史」から「時間性（temporality）」への概念置換の意義について一言付け加えておきたい。というのも、近年の歴史重視の動向については、その理論的斬新性（novelty）や現実的妥当性（relevance）への疑義が一方で根強く存在しているからである。すなわち、国ごとに政治経済の制度に違いが存在するのは各国それぞれ歴史が異なるからだという答えは、正しいかもしれないが面白いものではない[25]。また、制度変化のあり方が関心の的になったことは理論的には重要な進展かもしれないが、現実政治の問題を考えるうえでそれほどの意義はない、といった指摘が可能なのである[26]。

しかし、歴史的（初期）条件を重視する初期の構造的制度論は、もはや歴史的制度論と同義語ではない[27]。「時間性」への視点移動が示唆する歴史的制度論の焦点とは、出来事のタイミングや配列、また時間の経過といった要因が政治制度や公共政策に影響する多様で観察可能なメカニズムの析出と検証にある。この点をさらにいえば、歴史的制度論の主たる関心は制度発展そのものではなく、制度発展をもたらすメカニズムの解明におかれているともいえよう[28]。そして制度発展のメカニズムを明らかにすることは、制度の現在を理解し、さらにその今後を展望するための有効な手がかりを提供してくれるはずであり、ここに歴史的制度論の現実的妥当性を見出すこともできる。

　繰り返しになるが、本書の主たる目的は、**制度発展のプロセスをたどることによって、中国政治の過去と現在のつながりをよりよく説明すること、さらにそれを通じて、中国政治の今後へのより確かな展望を得ることである。**そして、それを手助けしてくれる一つのツールが、歴史的制度論なのである。

2　歴史的制度論の主要論点

　では、歴史的制度論は、制度発展のプロセスを解明するのにいかなる知見を与えてくれるのか。本節では、歴史的制度論の中核的概念を紹介しつつ、各章における制度分析の焦点を明確にする。もっとも、歴史的制度論の精緻化はなお途上にあり、それぞれの概念をめぐってさまざまな議論が展開されている。ここでは、各概念の意味内容、さらにより重要なことであるが、それらの概念の間の関係を明確に論じることで、制度発展のプロセスに関して本書の想定する一つのイメージを抽出してみたい。具体的に取り上げる核心概念は、次の三つである。

　　・決定的分岐点（critical juncture）
　　・経路依存（path-dependence）
　　・制度変化（institutional change）

　第一に、歴史的制度論の鍵概念の一つであり、おそらくもっとも論争的な

序章　現代中国政治研究と歴史的制度論　9

概念が、制度形成の起点としての**決定的分岐点**である。論争の焦点は、制度形成や分岐に内在する状況依存性（contingency）にあり、この点はしばしば、歴史的制度論全体に対する批判の種にもなる。すなわち、決定的分岐点での事柄の発生は、それ以前の出来事や当初の諸条件からは説明できず、それゆえ「偶然に左右される歴史的要因が絡み合った結果として違いが生じるという、当たり前の結論しか示さない」との批判がなされる[29]。

では、決定的分岐点は単なる偶然の産物なのか。この点に関して、たとえばピアソンは、制度形成の局面に現れる「開放性」や「随意性」に注意する必要を認めつつも、そのことは、特定の経路へと進ませた要因がランダムで理論的根拠のないものであることを意味しないと指摘する[30]。言い換えれば、制度形成や選択の偶然性を過度に強調する必要はないということである。むしろ、なぜその経路が選択されたのかということを納得のいくように説明しようとするのが一般的であり、実際、最近の研究はそのためのいくつかの有効な方法を提案している[31]。

このような留保のもとで、本書のとらえる決定的分岐点の性質を明確にしよう。まずそれは、**政治体制やイデオロギーなどに由来する構造的制約が弛緩し、結果として、アクターの決定や行動の空間が拡大、その影響が強化される局面**である。この場合、分析上とくに重要なのは、その時点での権力分布、つまり権力の非対称性の捕捉である。というのも、制度派経済学と異なり、決定的分岐点に対する政治学の関心は、偶発的に発生する小さな出来事（small events）の影響ではなく、政治エリート（政治指導者、政策決定者、官僚、裁判官など）の具体的な決定に向けられるからである。もう一つ、決定的分岐点の性質として指摘しておきたいのは、それは必ずしも制度の「変化」をともなう必要はないことである。既存の、または過去の制度配置の回復、または再確立もその結果になりうる。なおこの点は、複数の決定的分岐点の可能性、すなわち、それぞれの制度に異なる決定的分岐点が存在しうる可能性を示唆している[32]。

第二に、**経路依存**という概念である。歴史的制度論の台頭にともない、経路依存が言及される場面が近年多くなっている。もちろん、明確かつ一義的な概念定義がされているわけではない。そこで経路依存を、単に「過去の時

点での政策決定がその後の政策発展や方向性を規定する」ものとしてとらえるのは、分析上、ほとんど役に立たない[33]。経路依存を指摘する際は、制度発展のプロセスに**正のフィードバック、すなわち何らかの自己強化のメカニズムが働き**、結果として、**他の経路への方向転換がますます困難になる**、という性質を明示することが重要である[34]。

　では、こうした意味で経路依存性を引き起こす要因にはどのようなものがあるか。さまざまな考え方があるが、本書の観点から関心を引くのは、権力政治的要因である[35]。具体的には、権力の非対称性と制度の配分的影響が、相互に作用し合って自己強化メカニズムを生み出すことである。政治的権威を付与されたアクターは、権力の行使により、権力の非対称性をさらに拡大しようとする。さらに、制度自体が中立的な調整メカニズムではなく、政治における特定の権力配分パターンを反映し、再生産し、拡大する。すなわち、制度は特定集団の組織化や権限付与を積極的に促進する一方、他の集団の周辺化と解体を推し進める。こうして現行の制度的配置において優位に立つアクターは、権力や権威を行使して、現行制度を再生産しようとする[36]。要するに、権力の非対称性が正のフィードバックを生み出す要因になると同時に、制度の配分的影響によって、時間の経過にともない権力の不均衡が一層拡大していくのである。

　一方、ピアソンは、正のフィードバックを開始させるこうした要因に加え、次のような政治固有の特徴が経済の領域以上に、いったん歩み始めた経路の逆転を困難にしているという。すなわち、①競争や学習といった修正メカニズムの欠如ないし弱さ、②政治的アクターの近視眼的傾向、③政治制度の強い現状維持傾向、である。しかし、阪野智一の指摘どおり、経路依存の単なる同語反復にすぎない③はともかく、競争の欠如や学習の困難、そしてアクターの近視眼的傾向を政治固有の特徴と断言できるかどうかは疑問の余地があり、それらは議論の前提というより、むしろ実証されるべき課題に当たるといえよう[37]。

　いずれにせよ、経路依存論の重要な含意の一つは、時間的に離れた事象や過程がもつ因果的重要性を浮き彫りにした点である。この点は、分析の時間範囲を拡大することの必要性という、方法論上の課題にもかかわってくる。

さらに重要なのは、自己強化メカニズムないし正のフィードバックが示す、権力分析への含意である。経路依存性の議論は、自己強化メカニズムによって、当初の時点ではそれほど大きくなかった権力の不平等が、時間の経過にともなっていかに強化、拡大され、制度のなかに深く埋め込まれていくかを明らかにしており、歴史的動態的な権力分析の可能性と必要性という点で、示唆するところが多い。

　最後に、**制度変化**という問題がある。制度変化への関心は、歴史的制度論にもとづく制度分析において、比較的新しい動きである。すなわち、初期の歴史的制度論が独立変数としての制度の働きに焦点を当てていたのに対し、近年の関心は従属変数としての制度、すなわち制度の形成と持続、そして変化の説明へと移り、とりわけ制度変化の分析が注目を集めつつある。

　このような動きは、実は、歴史的制度論が暗示的または明示的に依拠してきたある制度観への問題提起でもある。つまり、決定的分岐点と経路依存という概念は、制度発展の「かたち」として、短期間で生起する急激な制度革新と、その後の長期間にわたる制度的安定や持続とを峻別する、いわゆる「断絶された均衡 (punctuated equilibrium)」モデルを想定しており、そこでは、ある経路を生み出す要因とそれを持続させる要因とは明確に区別して分析されるのが常であった。

　問題は、こうした見方に立つと、制度の持続か、それとも従来の制度が完全に崩壊し、別のものに取って代わられるかのゼロ・サム的な理解しか生まれないことである。しかし現実には、歴史の転換点と思われる過程に多くの連続性がみられたり、表面上は安定した制度配置の背後で制度変化が進行したりするケースも少なくない。そこで、とりわけ後者の側面に着目したキャスリーン・セレン (Kathleen Thelen) らが強調しているのが、急激な変化による制度の崩壊でも、小さな適応変化による制度の再生産でもない、長期にわたる微細な変化の積み重ねによって引き起こされた制度の断絶、すなわち漸進的な制度変化である[38]。

　注意すべきは、制度変化への関心が、決定的分岐点と経路依存といった既存の概念を否定し、あるいはそれとの両立不可能性を主張しているわけではないことである。それどころか、その主な関心事は、**経路依存の過程から生**

まれてくる制度変化の契機を突き止めること、すなわち、**内生的な制度変化のメカニズムを解明すること**にある。換言すれば、制度変化の動因を探求するには、制度持続のメカニズムを理解するところから始めなければならないのである。

一例をあげれば、先に述べた制度の権力配分的効果による経路依存は、そうしたプロセスから排除されたり、持続的に不利益を被ったりする敗北者（あるいはその連合）を生み出し、彼らによる制度修正をうながすといったメカニズムを内蔵している。もちろん現時点において、制度変化の分析に活用できる多様でポータブルな理論的知見が十分に蓄積されているとは思えない[39]。ただ、「時間性」への視点変更と概念の精緻化にともない、制度の形成から持続、そして変化までを一貫して説明できる理論体系構築に向けた動きが加速化していることは指摘できよう。

以上、歴史的制度論の主要概念と論点を、とりわけその政治過程への含意を中心に考察してみた。続いて次節では、これらの理論的知見が現代中国政治の分析にどのような効用をもちうるか、また逆に、中国政治の実証分析が歴史的制度論のさらなる理論的発展にどのような貢献ができるかについて、考えてみよう。

3 現代中国政治と歴史的制度論

現代中国政治の分析に歴史的制度論の分析枠組みを明示的に用いる試みは、日本ではもちろん、早くから制度の重要性に注目してきた欧米においても、かなり稀である。ここでは、中国政治の過去と現在、そしてその将来をめぐるいくつかの論点を取り上げ、歴史的制度論の視座を導入することの意義と効用について改めて論じてみたい。

まず、**中国政治の「過去」**については、個々の出来事の真相についての議論はもちろん、それぞれの出来事の意義をどう評価し、また全体としてどのような時期区分を行うか、といった問題がある。いうまでもなく、現代中国政治は、劇的ながら画期的含意をもつ出来事に満ちており、当然ながら、その評価をめぐっては多様な見解が存在する。一例をあげれば、「78年の画期性」をめぐる議論がある[40]。多くの研究が指摘しているように、1978年12

序章　現代中国政治研究と歴史的制度論　13

月（第11期3中全会）の時点で改革開放への転換が始められたという言説がいささか乱暴であることは間違いない。しかしにもかかわらず、3中全会の意義を丸ごと否定するのも、実質的な政策展開からして、またいささか乱暴である。そこで、たとえば決定的分岐点に関する理論的知見は、個別の制度および政策への注意を喚起する一方で、それぞれの制度・政策の発展のプロセスにおいて過去の事象がもつ「重大性」を具体的に分析、評価するための基準と条件を提供する。実際の分析は各章にゆずりたいが、本書の視座は、1978年を含め、現代中国政治のさまざまな節目の画期性をよりニュアンスに富んだかたちで多面的に考察することを可能にするものと考えられる。

　次に、**中国政治の「現在」**にかかわる、おそらく最大の論点は、いわゆる「共産党一党独裁」の持続をいかに説明するかという問題である。さまざまな見方が提示されているなか、比較政治学の領域でもっとも有力な説明として定着してきたのが、体制維持の原動力を、共産党の生存能力、具体的にはその適応能力（adaptive capacity）の高さに求める見方である[41]。この「適応説」は、経済成長（開発）を共産党独裁の持続に漠然と結びつける従来の通説的見解（たとえば開発独裁論）と異なり、とりわけ1990年代以降に採られた共産党の新たな統治戦略が独裁の存続、さらにその強化をもたらしたとの明快な因果関係を含めており、それゆえ他の分野でも広く受け入れられてきた[42]。

　しかし、この説はいくつか重大な問題を抱えている。その最たるものは、共産党の示した高い適応能力の「根源」とは何かという肝心の問題が十分に論究されていないことである。もちろん、取り込みから抑圧まで、体制全般にわたる適応の戦略とその働きは具体的に示されている。しかし、それではどのような要因がそうした適応の試みを引き起こしたかといえば、それはおおむね、外部環境の変化に対する共産党指導部の覚醒、または敏感性に求められる。制度論の視点からいえば、これは典型的な機能主義的説明であり、そこには、制度形成あるいは政策選択を規定し、またその働きに影響したであろう、歴史的要因への視点がまるで欠落している。その結果、共産党独裁の持続を共産党の生存能力に求めるという、ある種のトートロジーに近い結論を導き出している[43]。

そこで、本書の依拠する歴史的制度論の有効性は明らかである。つまりそれは、中国政治の現在を時間的文脈のなかにおき直し、長期間にわたる共産党支配の「進化」の様相を探ることを通じて、体制持続の根源、なかでもその制度的基盤なるものを動態的に解明することである。とりわけ、経路依存および制度変化に関する理論的知見は、「適応説」の示唆する共産党支配の持続・強化のメカニズムに再検討を加え、それを補完、または修正した別のメカニズムを作り出すうえで大変有効な手がかりになると考えられる。

　加えて、制度発展の分析に時間性を導入すること、とりわけその権力政治への含意に着目するということは、中国の経済成長の原因、より正確には改革開放路線の形成と持続の要因をめぐる従来の議論に示唆を与えるものである。すなわち、従来の説明は、一方で改革開放初期に存在した中国特有の構造的要因（たとえば、文革直後の失業問題）を、他方では、改革開放を主導した一部のエリートの選好と戦略を、それぞれ重んじる立場をとってきた[44]。本書のアプローチは、これらの説明を統合し、さらに発展させる視点を提供する。それはすなわち、初期条件の形成に作用した状況依存的要素を考慮しつつ、同時にいったん動き出した政策や制度がアクター間の力関係や相互作用のパターンに影響を及ぼし、それがさらに既存の政策路線にフィードバックするといったプロセスを体系的にとらえるための視点にほかならない。もっとも、改革開放路線の政策的展開を詮索することがここでの課題ではないにせよ、本書の制度分析からは、中国の政治経済をいまなお規定している当該路線の多面性とダイナミズムをよりよくとらえるための視点が得られるはずである。

　最後に、**中国政治の「将来」**をめぐる論点である。中国政治の将来を論じるうえでとりわけ重要なのは、現に政治・経済・軍事の広範な領域において進行している制度改革の展開を、体制全体に与えうる影響を含め、いかに展望するか、という問題である[45]。将来の予測は容易でない。しかし確かなことは、本書の金野純の言葉を借りれば、「中国の特殊な制度や政策を『一党独裁国家にありがちな現象』として単に自明視」し、また「一部の象徴的事件や人権抑圧だけに注目してステレオタイプな捉え方を繰り返す」だけでは、「時間軸に沿った制度変化の側面を見落とすことになってしまう」こと

である[46]。中国におけるそれぞれの制度がどのような歴史的経路を経て構築されたのかを理解しない限り、その制度が今後どのように変化していくかの可能性を探ることは難しい。すなわち本書は、単に「歴史は重要である」、というだけにとどまるものではない。本書の各章は、それぞれの制度形成の決定的分岐点と発展のメカニズムを明らかにすることに主眼をおいており、この点にこそ、現に進行中のさまざまな領域での制度改革の背景を理解し、改革の成否と方向性を展望するための鍵が潜んでいよう。

Ⅲ　本書の構成および各章の内容

最後に、本書の構成と各章の内容を簡単に紹介したい。

第1章（加茂）は、中国の中核的な民意機関である「**全国人民代表大会**」（全人代）の制度発展を取り上げる。加茂は、人代の分析に時間要因の作用を取り入れることにより、人代と共産党統治の有効性の関係に注目する従来の機能主義的見方を相対化しようとする。具体的に本章は、制度形成の決定的分岐点を1970年代末の人代改革に求め、文革の再演の防止、ならびに近代化建設の環境整備がその主たる動機をなしていたことを指摘する。ただし、こうした初期の動きが制度の持続と強化に自動的につながっていたわけではなく、そこには、政治システムにおける全人代の権威向上に対する彭真の思惑と政策が重要な要因として介在していたことを、本章は明らかにしている。

第2章（金野）で分析されるのは、中国特有の取締り活動である「厳打」とそれを生み出した**刑事司法制度**の変遷である。厳打とは、中央政府が政治運動形式で行う取締り活動（campaign-style policing）であり、改革開放初期に導入され、現在もなお実施され続けている。金野は、こうした厳打の制度的「強靭さ」の主因として、刑事司法部門における党と公安・警察機関の優位に注目する。その起源は建国以前の根拠地での経験にあり、さらに朝鮮戦争の勃発はその後の制度進化を方向づけた決定的分岐点となっている。つまり、厳打は改革開放初期の犯罪増加に対応して誕生した新しい手法ではなく、長期的な制度進化の産物なのである。厳打が、効率の低さや司法環境の変化にもかかわらず生命力を維持している所以はここにある。

第3章（林）は、中国共産党の集団指導体制を支える「**集団領導制**」の制度展開について議論する。林は、集団領導制を、政治局常務委員会を中心に行われる集団的意思決定と職務分担、および権力継承にかかわる複数のルールの「束」としてとらえ、各々の制度要素が相互に影響を与え合いつつ、時間の経過とともにいかなる変貌を遂げてきたかを、改革開放期中国におけるエリート政治の展開を追いかけながら分析している。結論として、集団領導制は、個人支配の防止に向けた政治的意志と持続的な幹部制度改革の成果などに支えられ、制度化のレベルを確実に上げてきていること、そして総体としてみれば現在なお安定的に機能しているという知見が提示されている。

つづく第4章（山口）で取り上げるのは、現代中国の政策決定過程の特徴的かつ核心的制度である「**中央領導小組**」である。山口は、制度変化のメカニズムやパターンに関する理論的論議をベースに、建国以来の領導小組の制度的展開を、「重層化（layering）」のプロセスとして整理している。具体的に、中央領導小組は、政策決定における党と政府部門間の権限配分とそれをめぐるアクターの相互作用を制度基盤として、大きく党のコントロール、政策諮問、政策調整といった三つの機能を果たしてきた。とはいえ、制度の実質は時期によって大きく異なる。すなわち、時間の経過とともに、党のコントロールに政策諮問と政策調整の機能が加えられ、さらに常設機構として領導小組の制度化が進んだ1990年代以降は、政策調整の比重が大きくなるといった変化を確認している。

続いて、こうしたエリート政治を基底から形作ってきた**幹部選抜任用制度**の変遷を取り上げているのが、第5章（高原）である。高原は、ポスト文革期における能力主義的幹部制度の成立と発展について、権力政治の影響にも注意を払いつつ、詳細な検討を加えている。具体的には、鄧小平主導で推進した能力（「才」）重視への人事基準の変更は、政治性（「徳」）を重んじる保守派の意見をも取り入れながら、国家公務員制度の導入をはじめとする制度改革の進展にも助けられ、幹部選抜任用制度の核心要素として定着してきた、ということが明らかにされている。本書の分析視点を明示的に採用しているわけではないにせよ、文革後に始まった制度変更の動きが、権力競合のアリーナそのものを再規定しつつ、一定の経路依存性を示してきたということ

序章　現代中国政治研究と歴史的制度論　17

は、本章の分析からも容易に看取される。

　第6章（倉田）は、一見しては説明困難な香港の民主化運動の粘り強さを、香港特有の**選挙制度**の歴史的形成過程に着目することで説明しようとする。制度変化の基盤をなしたのはイギリス政府・中国中央政府・香港社会の力関係であり、三者間の駆け引きは、制度選択の各局面において大いに異なっていた。異なる時期に作られた制度は、「一国二制度」の硬直的な枠組みのなかでそれぞれ残存し、結果として政治問題の複雑化を余儀なくさせるかたちで、現在の香港の政治制度を構成している。つまり、現在の中央政府と香港民主化運動の膠着状態は、過去の力関係にもとづく制度の多重的な蓄積によってもたらされたものであることを、倉田論文は明らかにしている。

　最後に第7章（梶谷）は、中国経済に対する従来の「特殊論」（類型論）と「普遍論」（発展段階論）をともに退け、他の新興国にも適用可能な中国経済の制度的源泉を探求している。具体的に梶谷は、中国経済のダイナミズムを、(1)曖昧な財産権下の持続的イノベーション、(2)取引における仲介者の役割の重視、(3)公式制度の裏で成立する自生的秩序という三つの特徴として整理し、それらの特徴が描き出す中国特有の政治経済のあり方を「**分散的権威主義体制**」と特徴づける。この概念の想定する公権力と民間経済主体の間の「馴れ合い」の状態が、長期にわたる歴史的発展の産物として、「民意」と乖離したままの権威主義国家によって再生産されているということを、梶谷論文は強調している。

　以上の紹介に明らかなように、本書の各章が分析対象としているそれぞれの制度は、国家（立法と司法機構）の働きから、共産党内部の権力競合と意思決定、さらには中央・地方関係と政治経済システムのあり方を規定する、核心的エレメントである。またそれのみならず、これらは、それぞれの領域における中国政治の特徴的様相を典型的に示している制度群である。こうした、日本ではもちろん国際的に例のない、制度へのまなざしを通じて、中国政治の過去と現在に対するより多角的な理解とともに、その将来への新しい視点と展望が生まれてくることを期待してやまない。

1) もちろん、従来の研究が現代中国政治の「鳥瞰図」なり「全体像」を抽出する努力を怠ってきたわけではない。初期の試みとして、たとえば衛藤瀋吉は、中国政治の四つの波動のリズムを析出し、とりわけ「社会主義化の穏歩と急進のリズム」と現代中国政治の整合性を強調している。衛藤瀋吉「中国政治における波動リズム」衛藤瀋吉編『現代中国政治の構造』国際問題研究所、1989 年、25-28 頁。同時に、従来の研究が理論化への志向を否定したり拒否したりしてきたわけでもない。たとえば国分良成は、実証主義に徹した日本の地域研究の伝統を重視しつつも、「それぞれの地域研究をより大きな理論や歴史の中で再構成する努力を怠るべきではない」と説いている。国分良成『中国政治から見た日中関係』岩波書店、2017 年、20-21 頁。同様の観点から、毛里和子は、全体主義体制や権威主義体制に代わる「政府党体制モデル」の適用を提案し、唐亮は「開発独裁モデル」を軸に中国政治の変容を論じている。それぞれ、毛里和子『現代中国政治』名古屋大学出版会、2004 年、291-296 頁と唐亮『現代中国の政治―「開発独裁」とそのゆくえ』岩波書店、2012 年を参照。しかし、これらの試みは、中国政治の特質をとらえるためのいわば「了解モデル」ないし「理念型」の抽出であって、仮説を生み出し、検証可能な含意を提供する理論枠組みの構築を意図していたものではないという点に注意が必要である。関連して、単一国家研究における緻密性と包括性の両立可能性については、待鳥聡史「現代アメリカ政治研究は何を目指すべきなのか――一つの試論」『レヴァイアサン』40 号、2007 年、80-86 頁。

2) 代表的な業績のみをあげてみれば、共産党に関しては、毛里和子『現代中国政治―グローバル・パワーの肖像（第 3 版）』名古屋大学出版会、2012 年、とくに第 5 章、官僚制については、国分良成『現代中国の政治と官僚制』慶應義塾大学出版会、2004 年、人民代表会議については、加茂具樹『現代中国政治と人民代表大会―人代の機能改革と「領導・被領導関係」の変化』慶應義塾大学出版会、2006 年、党政関係については、唐亮『現代中国の党政関係』慶應義塾大学出版会、1997 年、人民解放軍および党軍関係については、川島弘三『中国党軍関係の研究（上、中、下）』慶應通信、1987 年、中央・地方関係については、三宅康之『中国・改革開放の政治経済学』ミネルヴァ書房、2006 年が、それぞれの組織および、制度規定の成り立ちと歴史的変遷などについて詳細な考察を加えている。

3) 数少ない比較研究の試みとして、近藤邦康・和田春樹（編）『ペレストロイカと改革開放―中ソ比較分析』東京大学出版会、1993 年、日本比較政治学会『日本比較政治学会年報―比較のなかの中国政治』早稲田大学出版部、2004 年、辻中豊（編）『現代中国の市民社会・利益団体―比較の中の中国』木鐸社、2014 年を参照。

4) この点で注目に値する研究として、前掲の川島『中国党軍関係の研究』がある。限られた資料の徹底した精査を通して得られた知見は、その多くが新資料による検証に耐えうるものとなっている。関連して、日中の特殊な関係からくる資料収集の利点について言及している論考として、Ryosei Kokubun, "The Current State of Contemporary Chinese Studies in Japan," *The China Quarterly*, Vol.107, 1986, pp.505–518。

5) この特徴を典型的に示しているのは、国分良成の官僚制研究である。官僚機構とし

序章　現代中国政治研究と歴史的制度論　19

ての国家計画委員会の盛衰をたどった当研究の本質は、著者自身が述べているように、「官僚制という一つの側面から見た中華人民共和国政治史としての性格」である。国分『現代中国の政治と官僚制』、ii頁。

6) こうした意味で既存研究の制度観を示している一例として、中央工作会議についての毛里和子の指摘をあげることができる。毛里によれば、「中国共産党の政策決定はほぼ一貫して非制度的であり、80年代末及び2000年代に入って少し『透明化』が進んだ以外、全く公開されて」おらず、とりわけ「50年代末からの中国の政治過程を見れば、制度化されていない中央工作会議が政策形成と決定で極めて重要な役割を果たした」。毛里『現代中国政治』、229-230頁。

7) 徐々に研究の裾野が広がりつつも、戦後中国政治を対象とする政治史研究は、その多数が建国初期や文化大革命期、または改革開放初期に集中している。1980年代後半から現在に至る中国政治の歴史的展開については、通史的記述が行われ始めたのも最近のことである。後者の例としてたとえば、高原明生・前田弘子『開発主義の時代へ1972-2014』岩波書店、2014年。

8) 大西裕「地域研究と現代政治分析の間」『レヴァイアサン』40号、2007年、78頁。

9) 河野勝「新しい比較政治学への序奏」河野勝・岩崎正洋『アクセス比較政治学』日本経済評論社、2006年、116-117頁。

10) 類似した観点から、Tsaiは、一般理論の構築に中国政治研究が貢献するための鍵は、比較政治学の従来の問いを、関連したプロセスを構成する個別な要素に関する問いへと分解（break down）することにあると指摘している。たとえば、権威主義政権はなぜ持続するかという問いからすれば中国はかなり特殊な事例かもしれない。しかし、政権維持のために用いられている具体的な戦略と統治技術に焦点を絞れば、中国は特殊な事例ではなくなるのである。Lily L. Tsai, "Bringing in China: Insights for Building Comparative Political Theory," *Comparative Political Studies*, Vol.50 No.3, 2017, pp.296-297.

11) 菱田雅晴・鈴木隆『共産党とガバナンス』東京大学出版会、2016年。

12) 同上、77-86頁。

13) 同上、84-85頁。

14) 同様の指摘として、たとえばJonathan D. London, "Introduction," in Jonathan D. London, ed., *Politics in Contemporary Vietnam: Party, State, and Authority Relations*, New York: Palgrave, 2014, pp.14-17を参照。類似した傾向は日本の権威主義体制研究にも観察することができる。すなわち、権威主義体制への関心は、体制の存続または転換の説明から、体制を構成する具体的な制度の作用や変化を説明するものへと移りつつある。たとえば、宇山智彦「権威主義体制論の新展開に向けて―旧ソ連地域研究からの視角」日本比較政治学会編『体制転換／非転換の比較政治』ミネルヴァ書房、2014年、1-26頁。もっとも、多くの研究は、いわゆる「競争的権威主義」の選挙制度のあり方に関心を示しているものの、権威主義統治を形作る、より多様な制度の働きに注意が及んでいるのは確かである。最近の研究成果として、山田紀彦編『独裁体制に

おける議会と正当性—中国、ラオス、ベトナム、カンボジア』アジア経済研究所、2015年、今井真士『権威主義体制と政治制度—「民主化」の時代におけるエジプトの一党優位の分析』勁草書房、2017年。

15) 加茂具樹「現代中国における民意機関の政治的役割—代理者，諫言者，代表者。そして共演。」『アジア経済』54巻4号、2013年、11-46頁。

16) 同上、43-44頁。

17) それは、著者の言葉を借りれば、「中国の民意機関における議論が形式的なものから実質的なものになるにつれて、中国の政治体制に対する信頼性は高まり、執政党である中国共産党の政治的権威は却って高まるかもしれない」との可能性である。加茂「現代中国における民意機関の政治的役割」、44頁。

18) 林載桓『人民解放軍と中国政治—文化大革命から鄧小平へ』名古屋大学出版会、2014年。

19) 加藤弘之『「曖昧な制度」としての中国型資本主義』NTT出版、2013年。

20) たとえば、Elizabeth Sanders, "Historical Institutionalism," *The Oxford Handbook of Political Institutions*, New York: Oxford University Press, 2008, pp.41-43.

21) 真渕勝『大蔵省統制の政治経済学』中公叢書、1994年。こうした現状から、河野は、「歴史的制度論として括られる一群の研究は、歴史を重視せよという一般的立場を表明しているだけなので、歴史的制度論とあらためて命名すべきではない」と評していた。河野勝『制度』東京大学出版会、2002年、55頁を参照。

22) Peter A. Hall and David Soskice, eds., *Varieties of Capitalism: The Institutional Foundation of Comparative Advantage*, Oxford University Press, 2001; 青木昌彦『比較制度分析序説—経済システムの進化と多元性』講談社学術文庫、2015年、275-276頁。同様に、日本でも近年明示的に歴史的制度論を採用した制度分析が静かな活況をみせつつある。主な業績として、岡部恭宜『通貨金融危機の歴史的起源—韓国、タイ、メキシコにおける金融システムの経路依存性』木鐸社、2009年；北山俊哉『福祉国家の制度発展と地方政府—国民健康保険の政治学』有斐閣、2011年；佐々田博教『制度発展と政策アイディア—満州国・戦時期日本・戦後日本にみる開発型国家システムの展開』木鐸社、2011年、などがあげられる。

23) Paul Pierson, *Politics in Time: History, Institutions, and Social Analysis*, Princeton: Princeton University Press, 2004（『ポリティクス・イン・タイム—歴史・制度・社会分析』（粕谷裕子監訳）勁草書房、2010年）。

24) 時間性のモデル化にともなう方法論的課題と可能性については、Tim Buthe, "Taking Temporality Seriously: Modeling History and the Use of Narratives as Evidence," *American Political Science Review*, Vol.96 No.3, 2002, pp.481-493 を参照のこと。より一般的な議論として、Gary Goertz and James Mahoney, *A Tale of Two Cultures: Qualitative and Quantitative Research in Social Sciences*, Princeton: Princeton University Press, 2012。

25) 上川龍之進「書評　歴史的制度論の新しい可能性あるいはポリティカル・サイエンスの呪縛—岡部恭宜『通貨金融危機の歴史的起源』」『レヴァイアサン』48号、2011

年。

26）稗田健志「書評論文　日本政治研究における歴史的制度論のスコープと課題」『レ
ヴァイアサン』51 号、2012 年。

27）Kathleen Thelen, "Beyond Comparative Statics: Historical Institutional Approaches to
Stability and Change in the Political Economy of Labor," *The Oxford Handbook of Institutional Analysis*, New York: Oxford University Press, 2012, p.54.

28）変数とメカニズムの相違についての有効な概念整理として、Tulia G. Falleti and Julia
A. Lynch, "Context and Causal Mechanisms in Political Analysis," *Comparative Political Studies*, Vol.42 No.9, 2009, pp.12-34.

29）上川「書評　歴史的制度論の新しい可能性あるいはポリティカル・サイエンスの呪
縛」、123 頁。類似した批判として、Guy B. Peters, *Institutional Theory in Political Science: The 'New Institutionalism'*, New York: Continuum, 2005, pp.27-30.

30）Pierson, *Politics in Time*, p.27.

31）たとえば、Dan Slater and Erika Simmons, "Informative Regress: Critical Antecedents in
Comparative Politics," *Comparative Political Studies*, Vol.43 No.7, 2010, pp.886-917 では
決定的先行条件（critical antecedent）の詮索を、Hillel David Solifer, "The Causal Logic
of Critical Junctures," *Comparative Political Studies*, Vol.45 No.12, 2012, pp.1572-1597 で
は分岐を許容する条件（permissive conditions）とそれを産出する条件（productive conditions）との区分を提案する。他方で、Giovanni Capoccia and R. Daniel Kelemen, "The
Study of Critical Junctures: Theory, Narrative, and Counterfactuals in Historical Institutionalism," *World Politics*, Vol.59 No.3, 2007, pp.341-369 は決定的分岐の状況依存性を強調
する立場をとるが、それはその時点で起きた事象の「説明不可能性」を示唆するもの
ではない。

32）Capoccia and Kelemen, *ibid*, pp.348-354.

33）阪野智一「比較歴史分析の可能性―経路依存性と制度変化」日本比較政治学会編
『比較政治学の将来』早稲田大学出版部、2006 年、71-72 頁。

34）ピアソン自身はあまり厳密に論じていないが、経路依存のメカニズムとしてよくあ
げられる、正のフィードバック（positive feedback）、自己強化（self-reinforcement）、
そして収穫逓増（increasing returns）とロックイン（lock-in）はそれぞれ異なるロジッ
クをもっており、厳密に区別して使う必要があると指摘する論考として、Scott E. Page,
"Path Dependence," *Quarterly Journal of Political Science*, No.1, 2006, pp.88-89 を参照。

35）他方の、より一般的な考え方として、ブライアン・アーサー（Brian Arthur）の提
示した四つの要因、すなわち初期費用の大きさ、学習および調整効果、そして適応期
待（adaptive expectations）がある。W. Brian Arthur, *Increasing Returns and Path Dependence in the Economy*, Ann Arbor: The University of Michigan Press, 1994.

36）Kathleen Thelen, "Historical Institutionalism in Comparative Politics," *The Annual Review of Political Science*, Vol.2, 1999, pp.369-404.

37）阪野「比較歴史分析の可能性」、75-76 頁。

38) Wolfgang Streeck and Kathleen Thelen, "Introduction: Institutional Changes in Advanced Political Economies," in Streeck and Thelen, eds., *Beyond Continuity: Institutional Change in Advanced Political Economies*, New York: Oxford University Press, 2005, pp.1-39; Kathleen Thelen, "How Institutions Evolve: Insights from Comparative Historical Analysis," in Mahoney and Rueschemeyer, eds., *Comparative Historical Analysis in the Social Sciences*, New York: Cambridge University Press, 2003, pp.208-240.

39) たとえば、セレンらによって提唱された内生的制度変化のパターンは、日本の関連研究でよく引用されているが、制度変化の起こる条件と文脈の具体化が進まない限り、現段階では発見的価値以上の意義は乏しいといわざるをえない。ピアソン『ポリティクス・イン・タイム』、180-183頁。早川有紀「制度変化をめぐる新制度論の理論的発展—James Mahoney and Kathleen Thelen, "Explaining Institutional Change"を手がかりに」『相関社会科学』、2010年、80-81頁。

40) 日本における関連論争の詳細については、『現代中国』83号、2009年（特集：78年画期説の再検討）の所収論文を参照。

41) David Shambaugh, *China's Communist Party: Atrophy and Adaption*, Berkeley: University of California Press, 2008; Bruce J. Dickson, *Wealth into Power: The Communist Party's Embrace of China's Private Sector*, New York: Cambridge University Press, 2008; Bruce J. Dickson, *The Dictator's Dilemma: The Chinese Communist Party's Strategy for Survival*, New York: Oxford University Press, 2016; Andrew J. Nathan, "Authoritarian Resilience," *Journal of Democracy*, Vol.14 No.1, 2003, pp.6-17; Kerry Brown, *Friends and Enemies: The Past, Present, and Future of the Communist Party of China*, New York: Routledge, 2009; 菱田雅晴編『中国共産党のサバイバル戦略』三和書籍、2012年。なお、中国政治への観察をもとに、「適応的制度変化（adaptive institutional change）」のモデルを構築し、（旧）共産主義諸国の体制帰結の違いを説明しようとした比較研究として、Martin K. Dimitrov, ed., *Why Communism Did Not Collapse: Understanding Authoritarian Regime Resilience in Asia and Europe*, New York: Cambridge University Press, 2013。主たる反論としては、Cheng Li, "The End of the CCP's Resilient Authoritarianism? A Tripartite Assessment of Shifting Power in China," *The China Quarterly*, No.211, 2012, pp.595-623; Minxin Pei, "Is CCP Rule Fragile or Resilient?" *Journal of Democracy*, Vol.23 No.1, 2012, pp.27-41。

42) 「適応説」の政治経済分野への適用として、Barry Naughton and Kellee S. Tsai, eds., *State Capitalism, Institutional Adaptation and the Chinese Miracle*, New York: Cambridge University Press, 2015。

43) 例外的試みとして、抗日戦争と国共内戦期に形成された根拠地での統治手法に、中国共産党の適応能力の根源を見出す、Sebastian Heilmann and Elizabeth Perry, eds., *Mao's Invisible Hand: The Political Foundations of Adaptive Governance in China*, Cambridge: Harvard University Press, 2011がある。同様の観点から、改革開放期の断絶性を過度に強調することを警戒する論考として、Elizabeth J. Perry, "Studying Chinese Poli-

tics: Farewell to Revolution?" *The China Journal*, No.57, 2007, pp.1-22.

44) Thomas P. Bernstein, "Resilience and Collapse in China and the Soviet Union," in Martin K. Dimitrov, ed., *Why Communism Did Not Collapse*, p.47.

45) 菱田・鈴木『共産党とガバナンス』; David Shambaugh, *China's Future?*, Malden: Polity, 2016; Joseph Fewsmith, ed., *China Today, China Tomorrow: Domestic Politics, Economy, and Society*, Maryland: Rowman & Littlefield Publishers, 2010.

46) 金野純、本書第2章「現代中国の刑事司法制度と『厳打』―起源、経路依存、制度進化」。

第 1 部

国家——包容と強制

第1章 民主的制度の包容機能
――人代改革の起源と持続

加茂具樹

はじめに

　中国共産党による一党支配はなぜ持続しているのか。これは現代中国政治を専門とする研究者のみならず、権威主義国家の政治に関心をもつ研究者にとっても興味深い問いである。中国がこれまで歩んできた道は、フィリピンや韓国、インドネシアなどの権威主義国家の政権が歩んだ道とは異なっているようにみえる。1980年代以来中国は市場経済化の道を歩んできた。この結果、経済は急速な成長を実現し、社会は多様化した。一方で、中国共産党による一党支配という一元的な政治は安定し、持続してきた。多くの人の目には、こうした「豊かな権威主義国家」という中国の姿は、特異な政治現象のように映っているのである。

　先行研究は、この問いに答えるために中国共産党と社会の主要なアクター（政治的行為主体）との関係に注目し、体制が持続してきた要因を明らかにしようとしてきた。たとえばある先行研究は、中国共産党が社会の要求に適応するために設計した制度に、体制持続の働きを見出した[1]。また別の先行研究は、中国共産党が市場経済化をつうじて台頭してきた新しい社会勢力とのあいだに利害を共有する関係を構築して、彼らを体制のなかに取り込んできた制度に、体制の安定を持続させてきた要因があるとした[2]。さらに別の先行研究は、中国共産党が社会にたいする強制力を行使する制度とその運用メカニズムを強化してきた実態に注目した[3]。本章は、中国における民主的制度の政治的役割に注目する[4]。

　民主主義国家と同様に、権威主義国家にも政党がある。そして選挙がおこなわれ、議会がもうけられている。これまで、権威主義国家における民主的

27

制度の活動に関心をもつ研究者は、それが権威主義体制の民主化をうながす働きをするかどうかに注目してきた。この問題にかんする先行研究は、すでに一つの結論を導き出している。権威主義国家の民主的制度は政治体制の民主化をうながす働きをすることはほとんどなく、むしろそれは政治体制の安定性を高めて体制の持続に貢献している、というものである。

　先行研究は、権威主義国家の議会の働きを「体制エリートの離反を防止する」機能、「反体制勢力の抑制と弱体化」の機能、「統治の有効性の向上」機能の三つに分類している[5]。本章はこの三つの機能を総称して「包容」機能とよぶ[6]。権威主義国家中国における民主的制度にかんする先行研究もまた、人民代表大会（以下、人代）や中国人民政治協商会議（以下、政協）という民意機関[7]の活動に、「包容」という体制持続に貢献する働きを見出している[8]。

　かつて現代中国政治研究は、中国の民意機関を「ラバースタンプ（Rubber Stamp）」、「政治的花瓶」、あるいは「党委揮手、政府動手、人大挙手、政協拍手」（党委員会が指揮し、政府がその指揮にもとづいて政策を執行し、人代がその指揮と政策執行を事後承認し、政協がそれを拍手して評価する）と評し、その政治的機能を低く見積もってきた。先行研究は、中国共産党による一党体制を究明するための研究課題として、中国の民意機関に十分に注目してこなかったのである。近年、民意機関をふくむ中国の民主的制度の活動に光が当てられるようになってきたことは、中国政治研究における大きな研究動向の変化の一つといってよい。

　現在、中国の民主的制度にかんする研究は二つの課題に直面している。課題の一つは、既存の研究成果が体制の持続に貢献する民主的制度の起源、つまり制度がどこから来たのか、という問いに答えていないことである。先行研究の成果は、民主的制度が体制の持続にどのように貢献しているのか、という問いには答えているが、それは研究者が調査した時点の分析と評価である。「時間の経過」がどのようなかたちで政治的帰結に影響するのかという視点をふまえて、政治をかたちづくっている制度の束を分析する歴史的制度論の知見からすれば、中国の民主的制度にかんする先行研究のアプローチには改善すべき余地が残されている[9]。今日の民主的制度の働きを評価するためには、決定的分岐点（critical juncture）、経路依存（path-dependence）、そして

制度変化（institutional change）という概念で説明される制度発展という視点が必要である。そうすることによって中国政治の過去と現在のつながりをよりよく説明することが可能であり、また中国政治の今後へのより確かな展望を得ることにつながる（本書序章を参照）。

いま一つの課題は、中国の民主的制度が体制の持続に貢献しているという研究成果が、中国共産党が支配の正統性を訴える材料となっていることである。民主的制度の働きに注目したいくつかの文章は、今日の中国における民主的制度の政治的機能にかんする海外の研究者による研究成果を引用しながら、中国の現政治体制の統治能力の高さを主張している[10]。そこでは、中国の民主的制度が誕生した時点から、それが体制持続に貢献してきたかのように論じられている。しかし、制度発展という視座を重視する歴史的制度論のアプローチをふまえれば、現在の民主的制度の政治的機能の説明が、そのまま過去の機能の説明にはなりえないはずだ。

これらの課題を克服して、今日の中国の政治をかたちづくっている制度の働きを評価するためには、「時間の経過」に留意する必要がある。上記の二つの課題は、表裏一体の関係にある。現体制の持続に貢献する民主的制度の起源を明らかにすることは、中国の民主的制度にかんする研究に求められている。

以下、第Ⅰ節では本章の問いを提示する。本章において、中国の民主的制度である人代が現体制の持続に貢献する政治的機能を発揮するようになった起源を探ることの意義を確認する。第Ⅱ節は、人代改革が着手された時期（1980年代）に立ち返り、当時、指導者たちが改革に着手した動機を明らかにする。その結果、人代は新しい政治アクターとして中国の政治空間に登場した。どのような政治環境のもとで人代改革ははじまったのか。第Ⅲ節は人代改革が1980年代以降、継続していった理由を検討する。改革への着手と改革の持続は、異なる政治力学で説明する必要がある。なぜ人代改革は持続したのか。その後結論にすすみ、中国における民主的制度にかんする研究が今後取り組むべき課題を議論する。

I 「統治の有効性の向上」機能はどこから来たのか

　権威主義国家における民主的制度の政治的機能を考察するためには、権威主義国家の最高指導者が政治体制を持続させるために克服しなければならない政治課題とは何か、を理解しておく必要がある。

　先行研究によれば、権威主義的な国家における最高指導者は二つの課題に常に向き合っている。その一つが最高指導者と、彼とともに指導部を構成している他の指導者たち（体制エリート）とのあいだでの、「権力の分有」をめぐる問題である。最高指導者は一人で統治しているわけではなく、複数の体制エリートと任務を分担しながら国家を統治している。体制維持のために最高指導者は、体制エリートとの対立や離反を未然に防ぎ、安定的な関係を構築する必要がある。いま一つが最高指導者と社会とのあいだの問題である。最高指導者と体制エリートは、自らを取り囲むように存在する大衆の動向に常に注意し、もし彼らが敵対的な行動を選択する場合には、断固として対抗する必要がある[11]。

　これらの課題を克服するための手段の一つとして、権威主義国家の最高指導者は民主的制度の政治的機能を活用してきた。それが「包容」である。久保慶一によれば、それは「体制エリートの離反を防止する」機能、「反体制勢力の抑制と弱体化」機能、「統治の有効性の向上」機能に腑分けすることができる[12]。

　「体制エリートの離反を防止する」機能とは、最高指導者と体制エリートとのあいだでの、「権力の分有」をめぐる問題を解決する働きのことである。「権力の分有」問題の要は、最高指導者と体制エリートとのあいだの相互不信であり、これを「コミットメント問題」という。最高指導者は、体制エリートが離反して体制が不安定化する可能性を疑い、それを防ぐために彼らが協力する動機づけ（インセンティブ）となる公約を提示する。しかし体制エリートの視点に立てば、公約の提示だけでは協力するインセンティブにならない。最高指導者が公約を必ず履行するかどうかは疑わしく、体制エリートは公約が履行される確約を要求する。これにたいして最高指導者は、公約を履行する確約として、民主的制度をつうじて公約を自らの意思から国家の意思、す

なわち決議や法律に置き換える。最高指導者が国家の意思となった公約を破ることの政治的リスクは高い。体制エリートは、この最高指導者が公約を決議や法律のかたちに落とし込む行動を公約履行の確約と評価するのである。そうすることによってようやく最高指導者と体制エリートとのあいだの相互不信は解決され、相互信頼を構築して関係は安定するのである。

「反体制勢力の抑制と弱体化」機能と「統治の有効性の向上」機能は、最高指導者と社会とのあいだの問題を解決する機能の一端を担っている。

「反体制勢力の抑制と弱体化」機能とは、潜在的あるいはすでに明示的な存在となっている反体制勢力の勢力の伸張を抑えるための場としての働きである。最高指導者は、反体制勢力に議席の提供や予算の分配、法律の制定をつうじて政治的資源を分けあたえることができる。最高指導者は、その分与をつうじて反対勢力を分断し、彼らの団結を阻止して勢力を弱体化させることができるのである。

「統治の有効性の向上」機能とは、政策決定に必要な情報、すなわち社会の要求や不満を収集し政策決定者と執行者に伝達する機能である。議会の議員は選出された選挙区であったり、深く関係している業界（利益団体）の事情に詳しい。そうした議員は議会において選挙区や業界の利益を代表する行動をしばしば選択する。最高指導者は、議会での議員の行動をつうじて収集した社会のさまざまな情報を、社会の期待に順応的な政策を形成し、政策を執行するために活用する。こうして体制にたいする国民の支持は高まり、国民の不満を抑制することができる、というわけである[13]。

権威主義国家中国における民意機関にかんする先行研究は、他の権威主義国家の民意機関と同様の政治的機能を発揮していることを論じている。中国は閉鎖的権威主義国家として分類されることから、先行研究が中心的に論じている民意機関の機能は「統治の有効性の向上」機能である[14]。先行研究は、単に会議に出席するだけで何ら行動をしない人代代表や政協委員が存在する一方で、政権の「代理者」として政策決定者である中国共産党と政策執行者である政府の意思を社会に伝達する役割を担う者、「諫言者」として社会の動向を政策決定者や執行者に伝達する役割を担う者、中国共産党や政府の「諫言者」というよりも社会の「代表者」として社会の要求を政策決定者

と執行者に伝達する役割を担う者が存在していること、その結果として人代や政協が社会の要求や不満の所在にかんする情報を収集して中国共産党や政府に伝達する場としても機能し、社会動向の変化に応じた順応的な政策の形成と執行に貢献していること、を論じてきた。

中国における民意機関の「統治の有効性の向上」機能に、最も早く注目した先行研究はケビン・オブライエン（Kevin O'Brien）によるものである[15]。同研究に続く先行研究は、いずれもオブライエンが提示した「代理者」や「諫言者」といった人代代表の政治的機能の分類をふまえて、それが変化しつつあることを論じている[16]。今後、中国の民意機関をふくむ民主的制度の政治的機能にかんする研究が取り組むべき課題は、一つには、分析事例数を増やし要因分析の精度を高めることである。同様に重要なことは、いつから、どのように「統治の有効性の向上」機能を発揮しはじめたのかを明らかにすることである。この起源を理解することは、単に民主的制度の理解を深めることを意味するだけではない。それは中国政治をかたちづくっている制度の束の変化のダイナミズムを理解することでもある。

中国における民主的制度の「統治の有効性の向上」機能は、人代代表が人代会議に提出する議案や「建議・批評・意見」（以下、建議）のかたちで観察することができる[17]。議案や建議とは、県級の行政級以上の人代代表による政府をはじめとする国家機関の活動にたいする問題の提起であり、これを言い換えれば、権力機関である人代が権力の執行機関である政府の活動を監督する行動である[18]。議案や建議の数の増減は、「統治の有効性の向上」機能の活性度を表しているといってよい。

政府、そして政府の活動を領導する中国共産党にとって、人代の監督活動の活発化の意味は、政策の決定と執行に際して必要な情報量の増加であり、「統治の有効性の向上」機能の強化である。しかし他方で、人代の監督活動の活発化は、人代と政府、人代と中国共産党とのあいだの関係に、影響をあたえうるものともいえよう[19]。

もちろん人代の監督活動の活発化は、現代中国政治における重要な政治的原則である、1979年3月に鄧小平が掲げた「四つの基本原則」（現代化路線を中国が歩むうえでの前提として「社会主義の道」、「人民民主主義独裁」、「中国

32　第1部　国家——包容と強制

共産党の領導」、「マルクス・レーニン主義、毛沢東思想」の堅持）への直接的な挑戦を意味しない。しかしそれは、間接的には政府を領導する中国共産党の政策決定にたいする問題提起と理解される可能性をはらんでいる[20]。

全人代会議において、全人代代表が提出する議案や建議の数は、1979年6月に開催された第5期全人代第2回会議以降、飛躍的に増大した。この活発化は、中国政治の新しいアクターとして人代が登場してきたと政府と中国共産党に再認識させたはずである。なお、それは中央よりも地方においてより大きなインパクトとして受け止められたはずだ。なぜなら、第5期全人代第2回会議において採択された中華人民共和国憲法が、地方人代に常設機関として常務委員会（以下、常務委）を設置すると規定したよりも前の県級の行政級以上の地方では、人代会議が閉会している期間は政府が人代の職権を代行していたからである。人代の監督活動の対象である政府が、人代会議閉幕中は権力を代行していたのである。それまで地方人代は地方政治における政治アクターとして認知されておらず、「ゴム印」や「政治的花瓶」のほかにも、「第二線」、「養老院」と揶揄されていた。

人代の監督活動が活発化してまもない1980年代半ばには、人代による政府の活動にたいする監督のありかたは、当時の指導者たちが関心をよせた政治改革の重要な論点の一つとなった。指導者たちの具体的な問題関心についての分析は別稿に委ねるが、その問題の大きさは、人代の監督活動を制度化するための立法過程がうまく説明している。監督法の制定の必要性が公式に提起されたのは、1990年3月に開催された中国共産党の会議でのことである。この直後の同年5月には立法作業がはじまり、その10月には草案が完成し、全人代常務委が審議に着手している。しかし同草案はすぐに廃案となり、再度、草案が取りまとめられて全人代での審議がはじまったのは、12年後の2002年8月になってからのことであった。この12年という時間は、人代の監督活動がはらんでいる、人代と政府、人代と中国共産党との関係にあたえる影響の大きさを示唆していよう。

興味深いのは、人代の監督活動が多くの「敏感」な問題を内包していたにもかかわらず、1980年代以来、今日に至るまで、中国共産党の指導者たちは監督活動の活発化に反対を唱えることはなく一貫して支持してきたことで

ある。この結果、中国の民主的制度の活動を研究対象とする研究者は、その活動に「統治の有効性の向上」機能を見出している。人代の「統治の有効性の向上」機能は、なぜ、活発化し、持続してきたのか。以上の理解をふまえて本章は、今日、中国共産党一党体制の持続に貢献する民意機関の政治的機能の起源と、その機能が持続してきた要因を明らかにする。

II　改革への着手

1970年代末から監督活動が活発化した重要な契機は、人代の機能改革がはじまったことにあった。

当時掲げられていた人代の機能改革を推進する目的は、二つに整理することができる。一つは文化大革命の再演を防ぐことであり、いま一つは経済の近代化建設の推進への貢献であった。具体的には、前者については文化大革命中に乱れた公民の権利の保障と権力の過度の集中を防ぐための法整備であり、後者については中国国内外の企業間の合作経営の環境をととのえるための法整備であった。

中国共産党の公式説明によれば、1978年12月に開催された中国共産党第11期中央委員会第3回全体会議（以下、11期3中全会）は、文化大革命からの決別と改革開放の道を歩みはじめた起点である。そして人代改革の起点が、この会議の直後の1979年6月に開催された第5期全人代第2回会議であった。この会議では、1978年憲法を修正したほか、地方各級人代と地方各級人民政府組織法、選挙法、人民法院組織法、人民検察院組織法が修正された。この結果、県級の行政級以上の地方に人代の常設機関として人代常務委員会を設置すること、県級行政級の人民代表大会代表を直接選挙によって選出すること、地方に設置された革命委員会を人民政府に改称することが決まった。加えて、公民の権利を保障するために刑法や刑事訴訟法が修正され、また国内外の民間企業間の合作経営をおこなう環境をととのえるために中外合作経営企業法が制定された。

この後の1982年12月に開催された第5期全人代第5回会議は、新たに憲法を制定（82年憲法）し、国家権力が過度に個人集中することを防止する規

定（国務院総理、副総理、国務委員が2期10年を越えて連任することを禁止し、終身制を防止する）、効率的で効果的な立法をおこなうための規定（全人代だけに限定されていた立法権限の一部を常務委員会にもあたえ、全人代の常設機関である全人代常務委員会の権限を拡大)[21]、効率的で専門的な議案審議を保障するための規定（全人代の下に専門委員会を増設)[22]を定めた。加えて同会議は、全人代常務委の議事運営の準備など、重要な日常業務を処理するための組織として、全人代常務委常務委員長および副委員長、秘書長で構成される委員長会議（10名程度）の設置と、その定期的な開催（2カ月に1回）を書き込んだ全人代組織法の修正案を採択した。2000名を超える全人代と200名を超える全人代常務委の活動の司令塔的役割を担う全人代常務委員長会議が定期的に開催されることを規定した同法の制定は、全人代が安定的に、効率的に運営されるための環境がととのったことを意味する[23]。

　周知のとおり、1980年代をつうじて中国共産党は政治改革に注力していた。そして人代改革は一貫して、その重要課題に据えられていた。中国共産党がはじめて公式に政治改革の青写真を提示した1987年10月の第13回党大会で報告された党活動報告もまた、人代改革の方向性を示していた[24]。この結果、上述した1980年代前半に着手された人代の機能改革の歩みは、同党大会以降に一気に加速し、全人代の各種会議の議事規則が整備されるなど、人代の活動の規範を法律法規として整備する取組みが進展した。また法律の起草や審議のために必要な機構の整備と人員の拡充がすすんでいったのもこの時期である[25]。

　こうした、人代の活動の具体的手続きの制度化は、活動の一層の活発化をうながし、現代中国政治における人代の政治アクターとしての存在感を高め、人代の政治的権威の確立に貢献した。一連の変化は、好循環となってさらに一層の活動の活発化をうながしていった[26]。1979年6月に開催された第5期全人代第2回会議以降、全人代会議に全人代代表が提出する議案や建議の数の飛躍的な増大の背景には、こうした人代の機能改革の進展があった。

第1章　民主的制度の包容機能　　35

Ⅲ　改革の継続

1　共通認識のない改革

　人代の監督活動は活発化したが、興味深いことは、当時、監督活動をふくむ人代機能の改革の具体的な中身について、中国共産党の政治指導者たちのあいだで十分な共通認識がなかったようにみえることである。

　すでに述べたように、人代改革が着手された1970年代末、その問題関心は、きわめて個別具体的なものであった。人代改革の起点ともいえる1979年6月に開催された第5期全人代第2回会議の目的は、憲法の修正、刑法、刑事訴訟法、地方各級人代と地方各級人民政府組織法（組織法）、選挙法、人民法院組織法、人民検察院組織法、中外合作経営企業法の七つの法律を審議し、採択することにあった。

　一方で、人代改革の方向性については大きな方針が示されるだけであった。1978年12月の11期3中全会公報は立法活動の強化の必要性を確認しているだけであり、また、当時、1980年代以降の政治改革の方針を示した文書としても認識された、1981年6月の11期6中全会が採択した「中国共産党の建国以来のいくつかの歴史的な問題にかんする党中央の決議」も、立法活動の強化の必要性と、人代の機能強化の必要性を確認するにとどまっていた[27]。監督活動の活発化がはらんでいる、人代と政府、人代と中国共産党との関係のありかたについては、これらの文書は論じていなかった。

　後に「改革開放の総設計師」と呼ばれ、当時、有力な政治指導者の一人であった鄧小平も同様であった。鄧は、人民民主を保障し、社会主義民主制度の健全化を図り、民主の制度化と法律化をすすめるために、関連する法律を立法化することが必要だと認識し、そのために人代を「権威ある人民の権力機関として築きあげる」ことを確認してきた。しかし「築きあげた」あとについては論じることはなかった。

　11期3中全会の直前に開催された中央工作会議の閉幕会において、鄧小平は次のように発言していた[28]。「人民の民主を保障するには、法秩序を強化しなければならない。民主の制度化、法律化につとめ、領導者が代わったからといって、あるいは領導者の考え方や注意力の振り向け方が変わったか

らといって、すぐに制度や法律が変わるようなことを防がなければならない」。「今の問題は、法律がととのっておらず、多くの法律がまだ制定されていないことにある。とかく領導者の言葉が『法』とみなされて、領導者の言葉に賛成しなければ『違法』とされ、領導者の言葉が変われば『法』もそれにともなって変わる。それゆえ、刑法、民法、訴訟法、その他の必要な法律、たとえば工場法、人民公社法、森林法、環境保護法、労働法、外国人投資法などの制定に力を注ぎ、一定の民主的な手続きを経て、討議にかけ、成立させるとともに、また、検察機関や司法機関も強化して、依拠すべき法を作り、法があるからには必ず依拠し、法を執行するからには必ず厳正を旨とし、法に違反したからには必ず追及する、というようにしなくてはならない」。

中国共産党が後に政治改革の綱領として位置づけた、1980年におこなった鄧小平の講話（「党と国家の指導体制について」）も同様だった[29]。鄧は、「社会主義制度の優位性を十分に発揮させるため」に、「経済面では、社会的生産力を急速に発展させて、人民の物質的生活と文化的生活を改善してゆく」こと、「政治面では、人民の民主を十分に発揚すること。つまり効果的な各種形態をつうじて国を管理する権力、とくに末端の地方政権や各種企業や事業体を管理する権力を真に全人民にもたせ、また公民の諸権利を真に全人民にもたせるようにする」ことを確認していた。そしてこの二つの目的を実現するための方法の一つとして憲法改正に言及し、その目的を「各級人代の制度を改善する」ことだと述べていたが、人代と政府との関係については論じていなかった。この演説のなかで鄧は「社会主義制度の優位性を十分に発揮させるため」の措置の一つとして、中国共産党と政府の関係のありかたについて言及していた。鄧は、政府の権限に属する活動について中国共産党は直接的な指示や決定を下すのではなく、政府が責任をもって討議して決定するべきであるといい、また中国共産党が政府に直接的に指示しなくても政府の活動が中国共産党の政治的領導のもとにおこなわれるのであるから、政府の活動の強化というのは中国共産党の領導の強化を意味する、と発言していた。

どうやら人代機能改革がはじまったばかりの時期、改革の結果として人代が「権威ある人民の権力機関として築きあげられた」とき、人代と他の政治

アクターはどのような関係を構築するべきかという問題については、十分な議論がなされていなかったようである。中国共産党による一党支配体制を政治原則とする中国政治において、人代が中国共産党の領導を受けることは必然であって、「権威ある人民の権力機関」である人代の政治的位置のありかたは、問題にすらならなかったのかもしれない。

鄧小平は、1979 年 3 月に「四つの基本原則」を提起して「中国共産党の領導」を堅持すべき政治原則と確認したほか、1987 年 10 月の第 13 回党大会で示された政治改革の青写真を起草する舞台となった中央政治体制改革研討小組において、人代や政協の機能強化の結果、三権分立制をふくめた西側の政治制度の導入は絶対にあってはならないと繰り返し確認し、またそうした議論を主張する論者を厳しく批判していたという[30]。しかし鄧が示した方針はそれだけである。鄧は「中央とは、党中央、国務院である」と述べていたように[31]、鄧の認識のなかで人代は中国共産党と政府に比べてはるかに弱小な政治アクターであり、人代とは、中国共産党や政府の政策を法律に置き換える機関にすぎないとの認識であったのであろう。鄧小平の人代観は原則的なものにとどまっていた。

2 彭真と人代

しかし、人代改革が着手された当時、全人代の幹部であった彭真の人代観は、鄧小平と比較して、きわめて明確であった。人代機能改革の結果が、人代と政府、人代と中国共産党との関係に影響をあたえうることをよく理解していた。

彭真は全人代での活動が非常に長い中国共産党党員である[32]。彭は、第 6 期全人代常務委委員長を務める以前、第 1 期全人代常務委副委員長兼秘書長、第 2 期全人代常務委副委員長兼秘書長、第 3 期全人代常務委副委員長、第 4 期全人代常務委副委員長兼秘書長、そして常務委法制委員会主任を務めていた。第 5 期全人代常務委法制委員会主任として憲法の修正の指揮をしたほか、第 5 期全人代第 2 回会議で採択された法律の起草と審議を担当していた。

彭真の前任の全人代常務委委員長である葉剣英が示していた人代改革の方針は、鄧小平と何ら差異はない。彭真との相違ははっきりしている。葉は鄧

38　第 1 部　国家——包容と強制

とおなじように 11 期 3 中全会の直前に開催された中央工作会議の閉幕会で講話をおこなっていた[33]。葉は、「人民の民主的権利を保障し、またわれわれの政権を強固なものにするために全人代常務委は、一刻も早く民法、訴訟法、刑法、婚姻法と各種の経済法などの修正を検討し、わが国の法制をよりよいものにしてゆく必要がある」と述べていた。また、「人代常務委員会が、仮にこれらの法律の制定や社会主義法制をよりよいものにするための責任を担うことができなければ、そうした常務委は有名無実なものとなってしまう」と述べ、また「われわれは社会主義建設の歩みを早めなければならない。四つの近代化を実現することがわれわれの目的である。この目的を実現するために、われわれは民主を発揚しなければならず、法制を強化しなければならない。十分に民主を発揚するという基礎があってこそ、よりよい社会主義法制の建設をすることができる。社会主義法制を真剣に実行することができてこそ、人民の民主的な権利を実現できる」と発言していた。ほとんど鄧と発言内容に相違はない。そして鄧小平とおなじように、その先の党と人代、人代と政府との関係についてはやはり論じていないのである。

　彭真が委員長を務めた第 6 期全人代および常務委員会は、自らの組織制度をととのえ、また各組織の活動にかんする法律法規を制定した。その結果人代の政治的権威は向上した。

　彭真の全人代は、まず組織制度を整備した。全人代には、全人代および常務委に提出する法律の作成や、他の機関が提出した法律法規の草案を審議するための資料の作成、あるいは関連する問題を調査研究する組織として専門委員会がもうけられている。第 1 期全人代以来、第 5 期全人代また民族委員会、法案委員会、予算委員会、代表資格審査委員会がもうけられていた。これを第 6 期全人代は、従来の民族委員会に加えて、法律委員会、財政経済委員会、教育科学文化衛生委員会、外事委員会、華僑委員会を設置した。また全人代常務委に直接的に所属して、法律草案などの審査審議や調査を専門的におこなう組織として法制工作委員会をもうけた。第 5 期全人代常務委にも同様の目的をもつ組織として法制委員会が設置されており、同委員長は彭真が務めていた。提出された議案を審議するために必要な、組織の充実を図ったのである。

第 1 章　民主的制度の包容機能　39

彭真の全人代、つまり第6期全人代常務委の委員の多くは、全人代に異動する前は中国共産党や政府の幹部であった。委員長である彭真が第12期中共中央政治局委員（1982年選出）であったほか、副委員長の陳丕顕（中共中央政法委員会書記でもある）と偉国清も中共政治局委員であった。また耿飆と彭冲は第11期中共中央政治局委員（1977年選出）であり、彭冲と王任重は第11期中共政治局書記処書記であった。また、十数名の常務委委員は前職で中国共産党の中央や国務院の部長級幹部の職に就いていた人物であった（彭真は意識してそうした人々を全人代常務委に選抜したのかもしれない）[34]。こうして、第6期全人代常務委の構成員は中国政治において大きな政治的な発言権を有していた。

3　権威を高めるための環境整備

彭真は、全人代をふくむ各級人代と人代常務委が権力機関にふさわしい活動をするために必要な政治環境の整備にも取り組んだ。「権威のある人民の権力機関」をめざす措置である。

1982年の第12回党大会で採択した党規約のなかで「中国共産党は憲法と法律の範囲内で活動しなければならない」と規定された。この規定の存在を背景に、彭真は全人代の政治的権威の確立を図った。たとえば1984年4月19日に中国共産党中央は、彭真全人代常務委委員長の同年3月30日の講話である「各省、自治区、直轄市人代常委会責任者座談会上での講話要点」および同年1月24日の「全人代常務委在京委員座談会上での講話要点」を「彭真同志の二つの講話の配布にかんする通知」（1984年党中央第8号文件）として通達し、各級中国共産党委と党組にたいして「各級の中国共産党委員会は定期的に人代の活動を討論し人代および常務委の活動を支持し、国家権力機関としての作用を充分に発揮させるようにすること、および人代常務委の活動にたいする中国共産党の領導と支持を得やすくするために『地方各級人代常務委主任が中国共産党委員会の常務委委員でなければ、常務委会議に列席させるようにする』との中国共産党中央の決定の実施」を指示した[35]。人代の政治的存在をひろく再認識させるためである。

また、1984年4月に中国共産党は「国家機関指導者の任免は、厳格に法

手続きに従わなければならないことにかんする通知」（1984年党中央第9号文件）を通達した[36]。この通知には、1983年9月8日付の「中国共産党中央組織部による国家機関およびそのほか行政指導者の職務は法手続きに従わなければならないこと、および関連規定手続きにかんする通知」が付されていた。同通知は、中国共産党組織の一切の活動が憲法と法律を逸脱あるいは違反してはならないとする基本原則をあらためて確認するとともに、各級党委が厳格に法にもとづいて行動し、人代常務委が関連する法律によって賦与された職権を充分に尊重しなければならないこと、中国共産党と人代とのあいだで「張り合ってはならない」こと、仮に人代代表や常務委委員が中国共産党委の人事決定に反対する場合は、中国共産党は人代代表および常務委委員の意思を尊重するよう要求したのであった。

第6期全人代常務委委員長の職にあった時期の演説のなかで彭真は、「中国共産党は憲法と法律の範囲内で活動しなければならない」との中国共産党規約の規定に繰り返し言及し、中国共産党と人代とのあいだの関係のありかたを確認するのであった。たとえば1984年3月の各省、自治区、直轄市の人代常務委員会幹部との座談会で次のように述べていた。「中国共産党中央が決定したことのなかで、国家にかんすることは、全人代と国務院を通過しなければならない。法が定めたように国家機関のなかでの討論をへて決定しなければならない」。「中国共産党が領導する国家、労働者階級が領導する国家のあらゆる決定を、党は当然遵守し、執行しなければならない。党の活動が法律の範囲内でなくてもよいのか。駄目である。絶対に駄目である。この十年間の動乱が、それを証明している。党規約、そして憲法はかくも明確に規定しているのだ」[37]。

また、1987年11月の第6期全人代常務委が採択した「全人代常務委議事規則」は、人代と政府との関係に大きな影響をあたえうるものであった[38]。同議事規則は全人代常務委への出席者、提出された法律草案や国家機関の活動報告など議案の審議のすすめかた、常務委委員の発言の方法など全人代常務委の議事進行のありかたについて詳細に規定した。わずか34条のこの規則をつうじて、全人代常務委は国家権力の常設機関として政府よりも上位にある関係の構築を試みているといえるかもしれない。たとえば同規則第7条

第1章　民主的制度の包容機能　41

は、通常 2 カ月に 1 回開催される全人代常務委に国務院、中央軍事委員会、最高人民法院そして最高人民検察院の責任者の列席を求めている。

このほか、同議事規則によれば、国務院と中央軍事委員会、最高人民法院、最高人民検察院、そして全人代の各専門委員会は全人代常務委に議案を提出することができるが、彼らが提出した議案を審議するかしないかの判断は、全人代常務委員会委員長会議（全人代常務委委員長、副委員長および秘書長によって構成されている事実上の全人代常務委の意思決定機関）に委ねられている。また常務委員会では常務委員はいくつかの小グループに分かれて議案を審議する（分組会議）際、常務委員から質問が出たときには関係する部門の責任者が説明するように要求している（第10条）。このほか、第14条と第19条は、提出された議案（法律草案、人事任免案）を審議するにあたって必要があれば（その判断は全人代常務委による）、議案を提出した部門がその趣旨を説明する資料を用意するように要求し、また責任者が補足説明をしてもよいと規定している。第25条から第28条では、常務委員は提出した国務院および最高人民法院、最高人民検察院にたいして質疑（「質詢」）することができると規定され、これにたいして関係する部門は口頭あるいは書面（この場合は、部門長の署名が必要）で回答しなければならないことが規定されている。

こうした彭真の演説や議事規則の制定は、中国共産党と人代との関係のありかた、人代と政府との関係のありかたにたいする全人代としての意思表示であり、またそれは全人代常務委員会が国家の最高権力機関としての権威を高めようとする取組みといってよい。

このほか彭真は、全人代常務委が立法する必要のある法律の一覧表と法律制定の時間管理表を作成し、国務院から提出される法律草案を全人代が審議するという、立法活動にかんする全人代の受動的立場を見直すための取組みの必要性にも言及していた[39]。さらには、国家権力機関として全人代が有している、自らが選出した国家機関への監督権行使のありかた、また監督法の制定の重要性を確認していた[40]。こうした発言もまた全人代や全人代常務委が政府にたいして、国家権力機関としての政治的権威を強く訴えることが目的であったといえるだろう。

4 復活する 1950 年代の改革案

すでに指摘したとおり、第6期全人代常務委委員長の彭真は、長期にわたって全人代を自身の活動の場としてきた。とくに第1期全人代常務委副委員長兼秘書長であった時期には、全人代の機能改革にかんするいくつかの案を作成する役に就いていた。具体的には 1956 年に毛沢東の建議をうけて劉少奇全人代常務委委員長が全人代にたいして、国務院の各部、各委員会と機能的に対となる専門委員会の設置の必要性について研究するように指示し、これにたいして彭真が中心となって同問題を研究した経緯がある[41]。彭真は、1957 年 5 月 8 日に全人代常務委機関党組の名義で党中央宛に提出された「人民代表大会制度健全化のための数点の意見報告」を受領しており、当時の最先端の人代改革の議論に接していた。その後同年 5 月 20 日には第1期全人代常務委第 4 回会議にたいして「憲法修正草案」、「修正全人代組織法草案」が提出されていた。「修正組織法草案」では、全人代常務委に所属する常設の組織として「政治法律委員会」、「工業委員会」、「交通委員会」、「商務委員会」、「農業委員会」、「社会福利委員会」、「文化教育委員会」、「外交委員会」の八つの委員会（後の専門委員会）の設置が提案され、既存の「法案委員会」（提出された法案の内容に応じて審議・調査を担当する委員会を決定すればよいので、提出された法案の審議を担当する同委員会の機能は各委員会に分散し、同委員会は廃止することにした）、「民族委員会」、「予算委員会」、「代表資格審査委員会」の改組の必要性がいわれた。これらの改組は国務院の各部委の機能に対応することがめざされていた。このほか、1979 年になってようやく実現した地方人代の常設機関として人代常務委の設置の提案もふくまれていた[42]。

1980 年代に彭真によってすすめられた第6期全人代および常務委員会の改革の取組みは、あたかも 1950 年代に彭真が取り組んだ改革法案を具体化したものであったという印象すら抱かせるのである。

おわりに

これまでの考察をふまえた本章の結論は以下のとおりである。

人代による監督活動の活発化をうながした人代の機能改革は、文化大革命の再演の防止と近代化建設を推進させるための環境整備を目的としていた。1970年代末に、中国共産党が人代の機能改革に着手したことは、中国における民主的制度が、今日、体制の持続に貢献する「統治の有効性の向上」機能を発揮するに至る「決定的分岐点」であったといえよう。

　ただし、人代の機能改革に着手した当時、中国共産党の指導者たちは、改革の推進が人代の監督活動の活発化をうながすという認識を共有していなかった。たしかに彭真という当時の全人代において中心的な役割を担っていた指導者は、人代を「権威ある人民の権力機関」にして中国政治の主要なアクターとなるようにつとめてはいたが、中国共産党の指導者たちが一丸となって人代を用いて「統治の有効性を向上させよう」という戦略があったと説明する材料はみつかっていない。明らかなことは、当時、彭真をのぞいて人代の監督機能の強化をうながすことができる指導者はいなかったということであり、彭真の存在が経路依存としての役割を発揮したといえよう。ただし留意すべきことに、このときの彭真に、自らの権力基盤である全人代の政治的権威を高めることは自らの党内における政治的権威を高めることにつながるという政治的打算があり、これが動機となって人代の機能改革が持続し、その結果、中国の民意機関が「統治の有効性の向上」機能を手にするようになったと評価するための材料はみつかっていない。この点の分析は今後の研究課題となる。少なくともいえるのは、今日の一部の研究が語っているように「統治の有効性の向上」機能を獲得し、強化するために、1970年代の末から中国共産党が戦略的に人代改革に着手したという理解は不正確だということである。

　今後、先行研究が明らかにしている中国共産党による一党体制の持続に貢献する民主的制度の政治的機能にかんする研究には、現在の民主的制度がどのようにして今日の機能を獲得するに至ったのかという「時間の経過」に留意した分析がより一層求められる。

　今日、中国共産党による一党体制の持続に貢献していると評価されている政治制度について、その起源を明らかにするための研究課題は多く残されている。

※本論文は、加茂具樹「彭真と全国人民代表大会―文革後の人代改革と人代の可能性」加茂具樹・飯田将史・神保謙編著『中国　改革開放への転換―「一九七八年」を越えて』（慶應義塾大学出版会、2011年所収）について、新たな分析枠組みと資料を利用して大幅に書き直したものである。

1）David Shambaugh, *China's Communist Party: Atrophy and Adaptation*, CA: University of California Press, 2008. Teresa Wright, *Accepting Authoritarianism: State-Society Relations in China's Reform Era*, Stanford, CA: Stanford University Press, 2010.

2）Andrew Nathan, "Authoritarian Resilience," *Journal of Democracy*, Vol.14, No.1, 2003, pp. 6-17. Kellee Tsai, *Capitalism without Democracy: The Private Sector in Contemporary China*, Ithaca: Cornell University Press, 2007. Bruce J. Dicson, "Cooptation and Corporatism in China: The Logic of Party Adaptation," *Political Science Quarterly*, Vol.115, No.4, 2000-2001, pp.517-533. Bruce J. Dickson, "Dilemmas of Party Adaptation: The CCP's Strategies for Survival," Peter H. Gries and Stanley Rosen eds., *Chinese Politics: State, Society and the Market*, London: Routledge, 2010.

3）Yuhua Wang and Cark Minzner, "The Rise of the Chinese Security State," *The China Quarterly*, Vol. 222, 2015, pp.339-359.

4）「中国の民主的制度」という表現について、中国をふくむ権威主義国家の民主の実態は、日本をはじめとする民主主義国家における民主とは異なるのだから、「中国の『民主』的制度」と表現するべきだという指摘がある。本章は、権威主義国家も民主主義国家とおなじように政党、選挙、議会という制度をもうけて国家運営にあたっている実態に注目し、「民主的制度」という表現を用いる。

5）久保慶一「特集にあたって　権威主義体制における議会と選挙の役割」『アジア経済』第54巻第4号、2013年、2-10頁。

6）権威主義国家の政治指導者が国家を統治する手法を二つに整理するのであれば、一つは「強制」であり、いま一つが「包容」である。「強制」とは国家の意思を社会に強制する働きのことであり、軍や警察、司法がそうした役割を担う。「包容」とは「強制」の対にある働きであり、社会の多様な集団を政治指導者（体制）のなかに取り込む働きのことである。

7）中国の民意機関である人代や政協の構成員（人代は人代代表、政協は政協委員）は自由選挙をつうじて選出されているわけではない。人代や政協は日本をはじめとする民主主義国家の「民意機関」とは異なることから、「『民意』機関」と表現するべきだという指摘がある。本章は、中国で人代代表を選出するために選挙をおこない、政協委員を選出するために推薦をおこなっているという形式に注目して、人代と政協を民意機関と表現する。

8）拙稿「現代中国における民意機関の政治的役割―代理者，諫言者，代表者。そして共演。」『アジア経済』第54巻第4号、2013年、2-10頁。

9）同上拙稿はその典型的な事例である。

10）たとえば、同上拙稿は、中国共産党の統治能力の高さを説明することを目的とした書籍のなかで紹介されている。頼海榕主編『海外中国研究報告書 2014』北京：中央編譯出版社、2014 年、230-261 頁。

11）Milan W. Svolik, *The Politics of Authoritarian Rule*, New York: Cambridge University Press, 2012, Ch. 1.

12）久保「特集にあたって　権威主義体制における議会と選挙の役割」。

13）Jennifer J. Gandhi, *Political Institutions under Dictatorship*, New York: Cambridge University Press, 2008.

14）閉鎖的権威主義国家である中国の民主的制度は、「体制内エリートの離反を防止する」機能と「反体制勢力の抑制と弱体化」機能を発揮していないと評価すべきではない。中国の最高指導者は、民主諸党派といった中国共産党以外の体制エリートが離反する可能性に無警戒ではないからである。また、反体制勢力が生起する可能性について、常に注意を払っている。江沢民中国共産党総書記は、2001 年 1 月に土井たか子社民党党首との会談において、当時、中国社会において影響力を高めていた IT 関連知識で富をなした企業家をはじめとする私営企業家の中国共産党への入党の是非について、党内で検討していることを告白していた。江は、私営企業家の入党を拒否し、彼らが中国共産党以外の政党である民主諸党派に入党した場合、中国共産党が「遅れた、貧乏人の政党になってしまう」ことを危惧していた（『朝日新聞』2001 年 1 月 18 日）。土井社民党党首との会談から数カ月後に、中国共産党は、彼らの入党を認める決定を下した。これは、市場経済化の道を歩んできた結果として誕生し、次第に社会的影響力を拡大させてきた私営企業家にたいする、中国共産党の警戒心を多分にふくんだ政策決定といえよう。

15）Kevin J. O'Brien, "Agents and Remonstrators: Role Accumulation by Chinese People's Congress Deputies," *The China Quarterly*, Vol.138, 1994, pp.359-380.

16）先行研究の動向については拙稿を参照されたい。拙稿「現代中国における民意機関の政治的役割」、12-46 頁。また、李翔宇「中国人大代表行動中的"分配政治"：対 2009-2011 年 G 省級人大大会建議和詢問的分析」『開放時代』2015 年第 4 期、140-156 頁、あるいは劉杉・劉暁玉・胡丹菲「海外中国人民代表大会研究新動態」『国外社会科学』2016 年第 5 期、38-46 頁、虞崇勝・温粛俊「海外学者研究中国人代代表角色転変的向度與動因」『人代研究』2017 年第 1 期、31-37 頁、でも先行研究の動向が詳細に説明されている。

17）人代代表が提出する議案と建議のほか、政協会議において政協委員が提出する提案がある。

18）議案と建議・批評・意見は、人代代表が提出するにあたっての要件が異なる。本章の議論とは本質的には関係しないため、ここでは、その差異については言及しない。

19）ここで「影響力」という表現を選択したのは、議案や建議の提出によって生じた政治的インパクトを価値中立的に説明するためである。なお、現在の段階においては、

政府を領導する中国共産党が下した政策決定を批判する議案や建議、提案を人代や政協が提出することがあっても、中国共産党一党体制に反対する議案や建議、提案を提出する可能性は低い。

20) 人代の監督活動が現代中国政治における政治原則にあたえる影響については、拙著『現代中国政治と人民代表大会—人代の機能改革と「領導・被領導」関係の変化』（慶應義塾大学出版会、2006 年）を参照されたい。

21) 憲法は、刑事や民事、国家機構をはじめとする国家の基本的法律をのぞいた法律については、全人代常務委に立法とそれを修正する権限を賦与した。

22) 1954 年の第 1 期全人代以来、設置された委員会（1982 年憲法以後は「専門委員会」と呼称が変更になった）は以下のとおり。第 1 期は、民族・法案・予算・代表資格審査の四委員会。第 2 期と第 3 期は第 1 期と同様。第 4 期は設置されず。第 5 期は民族・法案・予算・代表資格審査の四委員会。第 6 期は、民族・法律・財政経済・教育科学文化衛生・外事・華僑・代表資格審査の七つの委員会。

23) 彭真「関於中華人民共和国憲法修改草案的説明（1982 年 4 月 22 日）」『三中全会以来　重要文献選編　下』北京：人民出版社、1982 年、1261-1275 頁。

24) 趙紫陽「沿着有中国特色的社会主義道路前進（1987 年 10 月 25 日）」『十三大以来　重要文献選編　上』北京：人民出版社、1991 年、4-63 頁。

25) 劉政・於友民・程湘清主編『人民代表大会工作全書』北京：中国法制出版社、1999 年、377-405 頁。

26) たとえば、こうした経緯を論じた研究に以下のものがある。唐亮著『変貌する中国政治—漸進路線と民主化』東京大学出版会、2001 年。鄭永年『政治漸進主義：中国的政治改革和民主化前景』台北：中華欧亜教育基金会、2000 年。Murray S. Tanner, "The National People's Congress," in Merle Goldman and Roderick M. Farquhar, eds., *The Paradox of China's Post-Mao Reforms*, London: Harvard University Press, 2001.

27) 「中国共産党中央委員会関於建国以来党的若干歴史問題的決議（一九八一年六月二十七日中国共産党第十一届中央委員会第六次全体会議一致通過）」中共中央文献研究室編『三中全会以来　重要文献選編　下』北京：人民出版社、1982 年、788-846 頁。

28) 「解放思想、実事求是、団結一致向前看（1978 年 12 月 13 日）」中共中央文献研究室編『三中全会以来　重要文献選編　上』北京：人民出版社、1982 年、19-34 頁。

29) 鄧小平「党和国家領導制度的改革」『三中全会以来　重要文献選編　上』北京：人民出版社、1982 年、510-534 頁。

30) 呉国光『趙紫陽與政治改革』香港：太平洋世紀研究所、1997 年、20-40 頁。

31) 鄧小平「中央要有権威」『鄧小平文選』北京：人民出版社、1993 年、277-278 頁。

32) 「彭真」『新華網』　URL http://news.xinhuanet.com/ziliao/2003-01/17/content_694270.htm

33) 「在中央工作会議閉幕会上的講話」『葉剣英選集』北京：人民出版社、1996 年、493-502 頁。

34) 彭真「加強民主輿法制建設、加強人大常委会工作」『論新時期的社会主義民主輿法

制建設』北京：中央文献出版社、1988 年、324-331 頁。

35）全国人大常委会弁公庁研究室編『人民代表大会文献選編』北京：中国民主法制出版
社、1992 年、149-159 頁。

36）同上。

37）「不僅要靠党的政策、爾且要依法弁事」『彭真文選』北京：人民出版社、1991 年、
384-386 頁。

38）劉政・於友民・程湘清主編『人民代表大会工作全書』北京：中国法制出版社、1999
年、60-71 頁。

39）「関於立法活動」『彭真文選』、503-508 頁。

40）「関於全国人大常委会的工作」『彭真文選』、560-570 頁。

41）劉政『人民代表大会制度的　歴史足跡』北京：中国民主法制出版社、2007 年、93-
100 頁。なお 1950 年代の彭真の活動は《彭真伝》編写組編『彭真年譜』中央文件出
版社、2012 年においても十分に明らかではない。

42）全国人大常委会弁公庁研究室『人民代表大会制度建設四十年』北京：中国民主法制
出版社、1991 年、73-76 頁。

第2章 | 現代中国の刑事司法制度と「厳打」
──起源、経路依存、制度進化

金野　純

はじめに

　中国の支配は、しばしば「強権的」と表現される。そのイメージを増幅するのが、さまざまな報道、ルポルタージュ、声明文などを通して告発されている共産党独裁下の不明瞭な刑事司法制度であろう。

　たとえば、2003年に出版されユリシーズ大賞を受賞した陳桂棣・春桃の『中国農民調査』は、農民を取りまく悲惨な環境と公正な法が機能しない中国の現実を描き出し、日本だけでなく世界的に中国の法治問題に対する関心を高めた。ドイツのアンゲラ・メルケル（Angela D. Merkel）首相は06年に訪中した際に著者の2人をドイツ大使館に招いて会談したといわれる。また08年、中国の知識人らが発表した○八憲章は、「法律はあるが法治がなく、憲法はあるが憲政がない」中国の状況を批判し、起草者の1人である劉暁波は当局に逮捕された。その劉暁波が10年のノーベル平和賞受賞にもかかわらず、当局の拘束により授賞式に出席できなかったことで、中国型「法治」への疑念はさらに世界へと広がった。15年には7月以降、当局によって人権擁護の活動家や弁護士、彼／彼女らの支持者、家族などが相次いで拘留されるなどして、ヒューマン・ライツ・ウォッチが批判声明を公開し、習近平政権下における人権状況の急速な悪化に注意をうながしている[1]。

　制度論的にみて中国の刑事司法制度の問題とは、法院・検察・公安それぞれの独立性の低さであり、共産党の政治的意図が介入しやすく外部に不透明なメカニズムとなっている点にある。実質的に、法院は行政機関と分離しておらず、政治的判断が司法に介入する。さらに国家政権転覆扇動罪──流言蜚語、誹謗またはその他の方法で国家政権および社会主義制度の転覆を扇動

49

したとされる罪——の適用事例からも明らかなように、罪の規定の曖昧さが政治による恣意的な取締りを容易にしているうえに、「労働教養」のような、司法手続きを経ずに行政機関が事実上の強制労働を科すことのできる行政処罰も長期にわたって存在した[2]。労働教養制度は 2013 年に廃止が決まったものの、アムネスティ・インターナショナルは当局が代わりに非公式の拘禁施設を利用していると批判している[3]。

　法に対するこうしたプラグマティックなアプローチは、「一党独裁国家にありがちな現象」として単に自明視される傾向にあるが、一部の象徴的な事件や人権抑圧だけに注目してステレオタイプなとらえ方を繰り返すだけでは、時間軸に沿った制度変化の側面を見落とすことになってしまううえ、そもそも刑事司法のメカニズムは——旧ソヴィエト連邦と中国の司法へのアプローチが異なっているように——同じ一党独裁国家でも空間軸によって異なっている。それでは、中国において上記のような刑事司法制度はどのような歴史的経路を経て構築されたのだろうか。また、その制度は今後どのように変化していく可能性があるのだろうか。本章は「厳打」といわれる大規模な取締り運動を事例としつつ、その固有のメカニズムを中国の刑事司法制度全体の時間的・空間的次元のなかに位置づけて検証することによって、こうした問いについて考えてみたい。

　本章は大きく二つの分析軸によって構成されている。一つは厳打のメカニズムとそれを規定する時間的・空間的要素の分析である（第Ⅰ節、第Ⅱ節）。この分析を通して、中国で厳打を生みだす土壌となった刑事司法制度の経路依存性についても検討したい。もう一つは、厳打の導入、展開、進化をめぐる政治過程の分析である（第Ⅲ節、第Ⅳ節）。この分析から、厳打が導入されることになった重大局面と現在へとつながるメカニズムの進化の過程を明らかにしたい。

Ⅰ　厳打

1　中国の刑事司法制度と厳打

「厳打」（厳厲打撃刑事犯罪活動）とは、中央政府が政治運動形式で行う反

犯罪闘争を指す。この期間中、検察・裁判所・公安は協力し、市民も動員して取締りを行い、犯罪には通常より厳しい処罰が科される。坂口一成の研究によると、1983年厳打中においては発生から法による処刑までわずか5日間という事例もある[4]。このような運動形式の取締り（campaign-style policing）は、文化大革命後に深刻化した犯罪への対応として鄧小平時代に導入された。

　司法の独立が保障されている国からみれば、政治的影響で量刑が重くなるのは奇異に感じられるかもしれない。しかし、当時法制面での改革を主導していた彭真（中共中央政治局委員・人大常委会法制委員会主任）は、法によって社会治安に危害を加える刑事犯に厳格な打撃を与えることこそが、まさに「社会主義法制の体現なのである」と公言している。彭真がその根拠としてあげたのが「国家は社会秩序を維持し、国家反逆と、その他の反革命活動を鎮圧し、社会の治安を乱す活動、社会主義経済を破壊する活動と、その他の犯罪活動に制裁を加え、犯罪者を処罰し改造する」とする82年憲法（第28条）であった[5]。

　犯罪は社会秩序を破壊するがゆえに国家への脅威として共産党によって認識され、したがって強い政治反応を惹起し、本来は刑事司法制度内部で専門的に処理されるような犯罪の取締りに対して政治が介入する結果となるのである。そして、厳打が中国の刑事犯罪への政治的処方箋として導入されたのは、文化大革命後の改革開放期だった。文革の終焉とその後の改革開放政策は社会経済構造に大きな変化をもたらしていた。大量の下放青年が都市へ流入し、失業者も増加して社会が不安定化し、不完全な統計ではあるが、1978年におよそ53万件だった犯罪件数は、81年にはおよそ89万件と急増した。スーザン・トレバスケス（Susan Trevaskes）は、このような犯罪率の増加が中国共産党内の「モラル・パニック」を惹起し、それが厳打という反応を生みだした点を指摘しているが[6]、具体的な導入過程については後述する。

　厳打には大別して二つのアプローチがある。一つは厳打闘争といわれ、全国的に3年を上限としてさまざまな犯罪にターゲットを絞って行うものであり、もう一つは専項闘争といわれ、特定のカテゴリーの犯罪にターゲットを絞って数カ月から1年行うものである。これまでの主要な厳打闘争は、①1983～86年、②1996年、③2001～03年の運動があるが、そのほかにも毎

年のように専項闘争が行われ今日に至っている。

2　厳打の諸相

　厳打に関しては、世界各国で研究が行われてさまざまな側面が指摘されている。ここでまず、先行研究が指摘する厳打の諸相について、①起源にかかわる側面と、②作用にかかわる側面の二つの側面から簡単にまとめておきたい。

(1)起源にかかわる側面

　厳打の起源として第一にあげられるのが、毛沢東時代からの歴史的影響である。トレバスケスは厳打について毛沢東時代の政治的技術を再利用したものととらえている。すなわち、急速な経済的変化と犯罪の急増に対応した政府が以前から存在した刑罰の政治文化を維持・促進した進化形として厳打があるという見方である。同様にマレー・S・タナー（Murray Scot Tanner）も、厳打を毛沢東主義的な大衆運動的技術の再導入として認識している[7]。

　第二に、法学者がしばしば指摘するのが、そもそも法が権力の道具として存在しているという点である。坂口一成は「裁判が権力の道具となるのは厳打だからではなく、そもそも裁判というものが権力の道具だからなのである。厳打期においては、こうした『裁判』のあり方が集約的に表れているにすぎない」と述べる[8]。理論的にいえば、死刑のような重要事例に関して党委員会の決定に不賛成の場合、法廷はさらに上のレベルの党委員会に報告することができるが、実際にはグオ・シュエジ（Xuezhi Guo）も指摘するように、こうした事態はあまり発生しない。なぜなら「ほとんどの法廷の人員はトラブルによってキャリアを汚すことを恐れている」[9]からである。

(2)作用にかかわる側面

　厳打の作用としてあげられるのが、第一に、プロフェッショナリズムの阻害である。市民も巻き込んだ運動型取締りの展開が、警察の捜査スキルの向上やパトロールの改善などのプロフェッショナリズムの向上を阻害するだけでなく、時として統計的結果を出す必要性に迫られて拷問のような不法な強

制手段が増加する傾向も指摘されている。

　第二に、中央統制から逸脱しがちな地方の警察権力と中央との団結を強める効果である。一般的に警察は「二人の上司」——公安部の上級組織と地方の党・政府機関——をもつが、「厳打」が地方の党と中央を結びつけるイデオロギー的、組織的接着剤としての機能を果たしているというトレバスケスの指摘もある。

　第三に、長期的視点からみたときの非効率性である。厳打は「1人を殺して100人に警告を与える」といった抑止理論により正当化されているが、おそらくある程度操作されていると考えられる公式統計ですら、運動終了後に犯罪が増加することを示している。警察も逮捕率を上げるために犯罪歴のある者を「新たに捕まえた犯人」として逮捕する問題点が指摘されるばかりか、逆に目撃者を残さないための殺人が増加するなどの凶悪化作用（brutalizing effect）を指摘した研究もある[10]。

3　大衆の処罰意識

　ここで、われわれは社会の側の処罰意識についても考えてみる必要があろう。なぜなら、権威主義体制下の民衆を無意識に弱者と仮定しがちな外部の観察者にとっては強権的取締りにみえる現象も、実際には権力者が大衆の処罰意識に配慮し、犯罪に対して厳格に対応する姿をみせることで支持を獲得しようとしている可能性も存在するからである。

　この点に関して、パット・メイヒュー（Pat Mayhew）とジョン・ヴァン・ケステレン（John van Kesteren）の処罰に対する国際比較研究は興味深い結果を提示している[11]。図1は、「カラーテレビを盗んだことのある21歳の若者が、再び強盗で有罪となった。どのような罰が望ましいか」という問いに対する答えを国際比較したものである。この研究によると、アジア・アフリカでは投獄を選択する比率が非常に高く、逆に東西ヨーロッパではコミュニティ・サービスを選択する比率が高い。なかでもアジアでもっとも厳しい態度を示したのが中国・フィリピン・インドネシア・インド・カンボジアであった。

　この研究は、明らかに、中国社会の犯罪者に対する処罰意識の厳しさを示

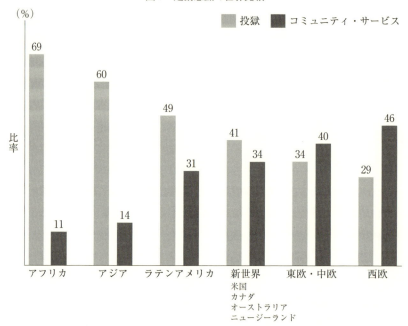

図1　処罰意識の世界比較

注：表のデータは主に1989年、1993年、1996年、2000年のICVS (the International Crime Victimisation Survey) のデータにもとづいて作成された。
出所：Pat Mayhew and John van Kesteren, "Cross-national Attitudes to Punishment," in Julian V. Roberts and Mike Hough, eds., *Changing Attitudes to Punishment: Public Opinion, Crime, and Justice*, New York: Routledge, 2011, p.69.

唆している。実際、厳打誕生の背景には大衆の処罰意識を重視した政権の意向があった。たとえば、鄧小平は1983年の講話で次のように述べ、厳しい取締りを求める世論に対応する必要を説いている。「最近、全国的範囲で深刻な刑事犯罪者に対し、法により重く速い集中的な打撃を実行しており、広く大衆の熱烈な支持を受け、非常に人心を得ている。大衆はただ将来の対処が寛大すぎて犯人が野に放たれ、犯罪者が再び復讐に来ることを恐れている。大衆はむしろ早くから厳しくやるべきだったと考え、やるのが遅いとわれわれを批判している。これらの反応や批判は高度に重視するに値する」[12]。

このような民衆の処罰意識は、なぜ21世紀に入ってもなお中国で厳打のような運動型取締りが行われるのかという問いに対する重要な答えの一つである。選挙のかたちで正統性を調達できない権威主義体制は、ある意味で世

論に対してより敏感であるが、民衆の「安全感覚」に影響を及ぼす犯罪に対して厳しく対処することで政権の評判を上げようとしている側面を無視してはならないだろう。すなわち厳打は、共産党が庶民の実質的価値観に対応しようとして手続的正義を軽視した結果でもあるため、単に司法の独立が欠如した国家の「抑圧の図式」でのみとらえることはできないのである。

II　起源と進化——革命、戦争、社会主義

1　厳打のメカニズムにおける空間的・時間的要素

さて、ここからは、厳打のメカニズム形成に重要な役割を果たしている空間的・時間的要素について、より具体的に分析したい。

21世紀になってもなお、中国で厳打のような政治的取締りが行われる背景に、刑事司法制度における党と公安機関の政治的優位があるのは明らかである。中国の司法制度を構成する大きな四つの要素、すなわち公安部・最高法院・最高検察院・司法部のなかで、公安部の力は相対的に優位に位置している[13]。その背景には、現代中国がたどった革命と戦争の歴史的経路が存在している。

中国共産党の公安・警察組織は革命期に誕生した。ここで重要なのは、当時の共産党は革命政党で外部からの脅威に直面しており、警察業務の主要な任務として「反革命分子」の排除が重要だったという点である。中国共産党の根拠地が形成されると、そのなかで「反革命分子」を粛清する粛反委員会が組織され、それらの組織は諜報、捜査、逮捕、裁判、そして処刑まで一括して実行した。その後、反革命鎮圧のための一時的な組織は政治保衛部として常設組織化され、さらに1931年に中華ソヴィエト共和国ができるとそれは国家政治保衛局と改編された。これは基本的にソ連のGPU（国家政治保安部）やNKVD（内務人民委員部）といった公安機関の構造を模倣したものであった。共産党がこの国家政治保衛局に強力な権限を与えた結果、中華ソヴィエト内では自白のための拷問や具体的な証拠がないなかでの処刑など極端な粛清が展開された[14]。

そのため1935年の遵義会議後、国家政治保衛局は厳しい批判を浴びる結

果となり、最終的に解体された。M・タナーとエリック・グリーン（Eric Green）の共同研究は、この国家政治保衛局による粛清が共産党に大きな歴史的・組織的教訓（Historical-Institutional Lessons）を与えた点を指摘している。粛清の行き過ぎが生じた背景に、「垂直領導」と公安組織の独立性があったと理解された結果、その後は地方の党組織による公安機関への統制——統一領導、分級管理、条塊結合、以塊為主——が強化される結果となった[15]。すなわち「統一領導」は、公安部による統一的な指導を指しており、「分級管理」は、地方の各級公安機関がそれぞれの地区の公安業務や公安組織を管理することを指している。そして「条塊結合」の条は公安組織における上下の組織系統を、塊は地方の各級党委員会と政府の指導を指している。したがって「以塊為主」とは、「公安組織内の上下関係」と「地方の党・政府による指導」においては相対的に後者を重視するメカニズムを意味する表現である[16]。

このような地方党組織による公安組織の統制は、垂直型指導の旧ソ連や他の社会主義国とは異なっており、これは現在まで続く中国の公安の制度的特徴となっている。この歴史的・組織的教訓がゆえに強化された公安業務の政治化と地方の分権化傾向は、現在の中国においては統一的・普遍的な法の適用の障害とも、また地方の汚職の原因ともなっている。

上記の経緯を経て、1939年2月中央に党の保安組織として社会部が組織され、公安局が根拠地の各政府下に設けられた。その後、公安総局が主要な共産党の根拠地で組織され、地区レベルから省レベルまで公安局が設けられ、当地の党委員会と政府の指導を受けるようになった。さらに延安では、治安科・社会科・司法科・警察・派出所を含む公安局が組織され、このシステムは人民共和国の公安局、地方の警察署、制服警察官のオリジナル・モデルとなった。その後の建国を経て、国家のための組織化された保安機関として公安部が組織されることになる[17]。

刑事司法の側面から歴史をみれば、共産党政権内部において、司法はそもそも革命の成果を脅かしかねない「敵の排除」を主目的としてデザインされてきたことが理解できる。そのため司法内部では公安部門が重視され、中華人民共和国の建国初期においては公安部が法廷と裁判所の管理まで行ってい

56　第1部　国家——包容と強制

た。1951年7月までにすべての省で公安分局が創設されたが、裁判所を設けていない地域が多かったことからも、共産党の司法分野における優先順位が理解できる。

　以上のように、革命と戦争が中国共産党の刑事司法制度の起源において重要な方向づけの作用を果たしたとすれば、1949年以降の建国初期において決定的分岐点（critical juncture）を形成したのは冷戦と朝鮮戦争であった。すでに歴史学の分野で指摘されているように、建国当初の人民共和国ははじめから社会主義をめざしたわけではなかったし、政権に関与した諸勢力の間においても社会主義政権の樹立は共通目標とはいえなかった[18]。そして刑事司法制度の未来も、当然ながら、いくつかの可能性に向けて開かれていた。確かに共産党が地方の一革命勢力だった時期において、その根拠地における司法は敵の排除を主目的とせざるをえなかったかもしれない。しかし、国民国家建設のプロセスにおいて――「党のための」ではなく――国家や国民のための司法として制度化・専門化される可能性も残されていた。

　しかし、1950年における朝鮮戦争の勃発は、中国共産党を中心とした政権からそのような選択肢を排除させる結果となった。戦争による政治的緊張、財政的経済的負担の増大を背景に、国民党のスパイ活動への恐怖、さまざまな謡言による社会の動揺……等々の不安定化する社会状況下で、中国の司法機関は国家機関としてのプロフェッショナリズムよりも、むしろ敵対的な階級に対する「プロレタリア独裁」のための機関としての役割が強化される結果となった。戦争は刑事司法の政治化を正当化して、治安に対する共産党の関与を強化し、決定や行動の空間を拡大させた。そして公安部は、立て続けに発動された反革命鎮圧運動、三反・五反運動、反右派闘争などの種々の大規模な政治運動・粛清において大きな役割を果たしたのである。

　朝鮮戦争、台湾海峡危機、中ソ論争、ベトナム戦争……等々の一連の外的緊張要因、また末端党組織の急速な整備による共産党の社会統治能力の強化は、共産党が司法を道具化する環境を形成した。そして、さらに重要な点は、共産党が大衆を動員・指導して取締り活動を行うという運動形式自体が、共産党独裁を正統化するメカニズム――大衆路線――のなかに組み込まれていったという点である。これは共産党が刑事司法を道具化する動因を生みだ

第2章　現代中国の刑事司法制度と「厳打」　57

しており、歴史的制度論の主要論点として本書序章で提示された経路依存
（path-dependence）と正のフィードバックを生みだす内的メカニズムを構成
しているのである。このメカニズムについては、次節の政治過程分析も踏ま
えて本章最後で具体的に論じたい。

　こうした状況下で、刑事司法分野の法整備が遅れるのは当然の結果ともい
えるが、刑事司法においては建国後も「反革命処罰条例」（1951年）や「汚
職処罰条例」（同年）のような条例が類推適用され、刑法の法律化は結局79
年までなされなかった。また小口彦太の研究によると、50年代後半には①
警告・過料・拘留、②監督労働、③労働教養のような行政機関による処罰の
範囲が拡大・制度化され、それが公安機関独自の裁量で科されることになっ
たため、制度的に公安権力が強化された。すなわち「検察や法院との対立が
予想されるときには、公安は無理に刑事罰にうったえずとも、この手段で
もって自由に裁判権を行使」[19]できるような制度的経路が生まれたのである。
このようにして恣意的な法利用が容易になるため、政治的意図が刑事司法に
影響を与えやすいメカニズムが構築された。

　刑事司法における法制度の不備は、最終的に、文革期に吹き荒れた野放図
な拘禁や暴力の悲劇につながった。司法機関による正規の手続きを経ない吊
るしあげが横行し、多くの人々が迫害された。文革が終焉した1970年代後
半以降、中国の法制度の整備に情熱を傾けた人物が、文革期に失脚して紅衛
兵に吊るしあげられた彭真であったのは偶然ではないだろう。しかしながら、
70年代後半以降に始まった厳打の理論的・実践的なメカニズムが、体系的
な刑法すら存在しなかった毛沢東時代の政治的取締りと全く異なっているの
かといえば、必ずしもそうではない。すでに述べたように、司法制度内にお
ける公安部の優位や党による政治統制など、厳打を可能にする制度的特徴の
多くは長期的な経路依存の産物である。また、そのような制度配置内で行わ
れる厳打実践の方法も過去の多くの政治運動とかなりの類似性を有している
のである。

2　厳打の方法論にみる経路依存性

それでは次に、現代中国における刑事司法の制度的特徴が、どのようなか

58　第1部　国家――包容と強制

たちで厳打に反映されているのかについて具体的に確認しておきたい。厳打を実践する際の具体的な方法論は次のようにまとめられる。①街道居委会、民兵など一般市民も含む保安に関係する人員を動員して捜査取締りを行う。②容疑者の家族を動員し、自首をうながすなどの活動を行う。③「検挙箱」の設置や告発ホットラインの開通などの告発工作（挙報工作）を行う。④逮捕した犯人の量刑は時と場合により柔軟に判断する。⑤公開裁判や展覧会を開催し、社会的宣伝工作を行う。⑥厳打で功績のある「英雄」を探して党の正義を体現するモデルを創出する。

　中国政府は1988年までに全国の2,784の検察院で告発センターもしくは告発ホットラインを創設し、158の大中都市すべてで告発センターを創設しており、地域によっては犯人検挙の80％以上が大衆の告発によるものだった。このような組織活動や容疑者家族は、まさに51～52年の三反・五反運動期に成功した運動形態であり、量刑を決める際の基準──「白状すれば寛大に、抵抗すればより厳しく」「功績をあげれば罪を減じ、大きな功績をあげれば奨励を受ける」──もまた、三反・五反運動期の「徹底した自白を行った者は寛大に処理し、自白を拒む者は厳しく罰する」と酷似しており、厳打の量刑の決定基準は、実際には建国直後の政治運動とほとんど変わらない基準となっているのである[20]。

　厳打終了後は「打撃刑事犯罪展覧会」のような展覧会が開催され、一般市民に加えて主要な政治家も「厳打」展覧会を参観するのが一般的である[21]。たとえば1996年の北京「厳打」展覧会では30万人が参観し、胡錦濤が訪れたことが報じられている。このような展覧会を通して犯罪を抑制する「法制宣伝教育」は、50年の反革命鎮圧運動で全国的に展開されたテンプレートである。公開裁判を通して「犯罪者を震え上がらせ、大衆を教育・鼓舞する」[22]ような犯罪抑止戦略も土地改革から反革命鎮圧運動に至るプロセスで頻繁に確認できる技術であり、「雷峰式検察幹部」のような「英雄模範称号」授与に関しても、そもそも「雷峰」の名が冠されていることからわかるように共産党の伝統的手法である。

　このような類似は、厳打が改革開放期に増加した犯罪に対応した新しい手法ではなく、むしろ共産党統治下の刑事司法制度の歴史的産物であることを

明らかにしている。改革開放後の政法業務を主導した彭真が、しばしば1950
年の反革命鎮圧の経験に言及することからもわかるように、過去の経験や教
訓から全く自由で合理的な政治アクターを想定することは難しい。彭真は
「五大都市治安座談会における講話」(1981 年 5 月 21 日、22 日) において、
次のように「各時期の情勢」に対応した法律運用の必要性を強調している。

> 各時期の情勢は異なっており、治安状況が悪い時には厳しくし、良い時には軽
> くする。たとえば全国解放の初期、反革命鎮圧運動が始まった時、多くの血な
> まぐさい罪悪、悪事の限りを尽くした反革命分子に対しては、殺さなければ人
> 民の怒りを鎮めることはできず、大衆はあえて立ち上がろうとせずに、社会秩
> 序を維持することは難しく、人民政権も強固にすることが難しかったため、そ
> の対処はどうしても厳しく、早くやらなければならなかった (傍点引用者、以下
> 同様)23)。

　彭真の講話からは、市場経済の導入などによる治安の不安定化に直面した
共産党政権が、1980 年代以降の司法的アプローチの選択に際して、50 年代
の政治運動の経験を参照していたことが理解できる。すなわち、改革開放以
降の共産党による司法へのプラグマティックなアプローチは、主要な政治ア
クターが毛沢東時代の刑事司法の体験を参照しながら選択したものだったと
もいえよう。換言すれば、先に述べたような厳打の非効率性にもかかわらず、
いまもなお刑事司法制度内の選択肢として生命力を維持しているという事実
は、中国における刑事司法制度の経路依存性の高さを示唆している。先に指
摘したような、党による取締りの道具化という中国の刑事司法制度にみられ
る傾向とそれが自己強化されていくメカニズムは、80 年代以降も依然とし
て機能し続けていたことが厳打を通して確認できるのである。

Ⅲ　重大局面——ポスト文革期の現代化と犯罪増加

　これまでみてきたように、中国の厳打は、刑事司法制度が辿った長期的経
路の延長線上に考案された方法である。しかし、その誕生の「契機」となっ

たのは 1970 年代後半の中国が直面した新たな重大局面であった。すなわち
ドラスティックな政策変更と現代化にともなう犯罪の急増である。

　彭真は当時の状況について次のように述べている。

　現在、新たな状況が発生している。それは社会治安を乱す者の出身家庭、階級
　成分が過去と大きく異なっていることである。過去においては、主に搾取階級
　分子と旧社会の残滓であったが、現在では主に人民内部において生まれており、
　大多数が青少年、青年労働者、学生であり、一般的な大衆（労働者、農民、知
　識人、幹部）の子弟であり、革命後の社会で成長した者たちである。彼らはな
　ぜ罪を犯すのか？　原因は多く、また複雑であるが、もっとも主要な原因は林
　彪と四人組に毒され、道を踏み外したというところにある。文化大革命中、と
　もすればすぐに家捜し、武力闘争、略奪、ナイフを振り回し、無法の限りを尽
　くしていた[24]。

　以上のような「文革の影響」は無視できない要素であるが、一方で急速な
対外開放にともなう現代化も犯罪増加の一因となった。1983 年 6 月の第 6
期全国人民代表大会の最高人民検察院工作報告においても、「わが国におい
て、対外開放を行い、国内における経済政策の新たな形勢のもと、社会治安
にもいくつかの注目に値する新たな問題が出現している」と指摘されており、
経済政策と治安との関係が注目されている[25]。

　表 1 は 1978 年から 2014 年までの犯罪件数の変化であるが、改革開放以降
の中国が経験している犯罪数の増加傾向が確認できる。一党独裁体制下の治
安維持は政権の正統性にかかわる問題であるため、政治的問題としてとらえ
られる。そのため大衆の「安全感」の悪化と不満は、鄧小平が「高度に重視」
する問題の一つだった。坂口一成も、厳打における「支配の正統性を維持す
るための努力」[26]の側面を指摘している。ただし、統計で明らかなように犯
罪件数は厳打期（1983～86 年、96 年、2001～03 年）には減少もしくは横ばい
に変化するものの、その実質的な効果は限定的であった。

　また、以上のような統計的次元とは別に、社会を震憾させる象徴的事件も
また、中国政府が厳打というかたちでキャンペーン型の取締りの開始へと動

第 2 章　現代中国の刑事司法制度と「厳打」　61

表1　犯罪件数の変化（単位：千）：1978-2014年

年	1978	1979	1980	1981	1982	1983	1984	1985	1986	1987
件数	530	594	750	890	749	611	514	542	547	570
年	1988	1989	1990	1991	1992	1993	1994	1995	1996	1997
件数	828	1,972	2,217	2,366	1,583	1,617	1,661	1,621	1,601	1,614
年	1998	1999	2000	2001	2002	2003	2004	2005	2006	2007
件数	1,986	2,249	3,637	4,458	4,337	4,394	4,718	4,648	4,653	4,808
年	2008	2009	2010	2011	2012	2013	2014			
件数	4,885	5,580	5,970	6,005	6,551	6,598	6,540			

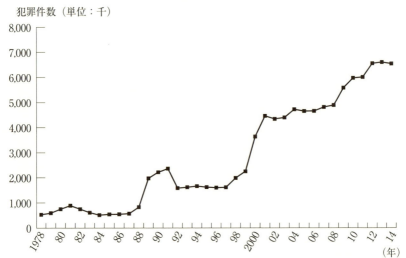

図2　犯罪件数の増減傾向（1000）：1978-2014年

出所：『中国法律年鑑』1987-2015年（北京：中国法律出版社）、Xuezhi Guo, *China's Security State: Philosophy, Evolution, and Politics*, New York: Cambridge University Press, 2012. 以上を参照して筆者作成。

機づける重大局面を形成した要素の一つである。坂口一成の研究が指摘するように、1983年に東北の「二王」（王宋方と王宋瑋）が民間人や警察官を20余名殺害した事件、96年の李沛瑶（全人代常委会副委員長）が護衛に殺されるという事件、そして2000年の石家荘の爆破事件などは、厳打が支持される社会的土壌を形成した。

さらに厳打が考案される直接的な契機としても、各地に発生した凶悪事件は象徴的な役割を果たしていた。有名なのが1979年に上海の控江路で発生

したチンピラ集団による暴行事件、80年に広州市浜江路で起きた警察官殺害事件、81年に北京の北海公園で起きた逃亡した労働改造犯による強姦事件である。これらの事件が与えた影響は大きく、たとえば85年1月の全国政法工作会議において、彭真は、「当時の上海の『控江路事件』、北京の『北海公園事件』、広東の『浜江路事件』などを思い出してみてほしい。あの頃、犯罪者は白日のもとに殺人や強姦をし、社会に有害な混乱をもたらし、人心は不安で、女性の同志は出勤退勤にも人の送り迎えを必要とし、社会秩序は非常に乱れていたではないか」[27]と述べて、これらの象徴的事件を例にあげながら厳打の必要性を強調している。

　すなわち、①急速に変化するポスト文革期の不安定な社会が1970〜80年代の重大局面を醸成し、さらに、②民衆の不安感を増大させるようないくつかの凶悪犯罪が治安悪化を示す象徴的役割を果たし、③上記①・②が政治的契機となって、中国刑事司法制度の歴史的経路の延長線上において厳打が考案されることとなったのである。中国の刑事司法制度全体における決定的分岐点が建国直後の朝鮮戦争だとすれば、厳打を生みだす重大局面を醸成したのが、ポスト文革期における社会の不安定化であった[28]。

Ⅳ　刑事司法制度の再構築と進化——「綜合治理」と厳打

1　刑法の制定

　文革が終焉した後、政治経済の立直しを図る中国共産党の新指導部において、もっとも切迫した課題となったのが司法制度の構築であり、その中心を担ったのはすでに古希を超えていた彭真だった。文革期に「彭（真）・羅（瑞卿）・陸（定一）・楊（尚昆）反党グループ」のリーダーとして迫害を受けて失脚した彭真は、文革が終焉した後、再び政治の第一線に復帰していた。1979年には全人代常委会の法制委員会主任となって刑事司法制度の構築に注力したが、その政治活動は自らの文革体験に深く根ざしていた。「社会主義法制に関するいくつかの問題」と題した講話のなかで、彭真は「社会主義の法制がなければ、社会主義の民主もない。これは林彪、『四人組』がわれ

第2章　現代中国の刑事司法制度と「厳打」　63

われに与えた教訓が証明している」と述べたうえで、「林彪と『四人組』は
われわれに教訓を与えてくれた。社会主義では法制を行わなくてはならない。
われわれの法律は未だ完全ではないけれども、しかし法があれば、善人が事
を行うのによりどころとなり、悪人が悪事を働けば取り締まり、法によって
制裁を加えることができる。公安、検察、法機関以外、どのような人も、ど
のような部署も人を拘留、逮捕する権力はもたない」[29]と強調した。

　彭真のこの報告から、政権内部で共有される文革の混乱や暴力の記憶が、
ポスト文革期の法制度構築において大きな推進力として作用したことが理解
できる。このようにして生まれたのが 1979 年に公布され、80 年 1 月に施行
された中華人民共和国刑法および刑事訴訟法であり、これらの法律こそが
「林彪・江青反革命集団」を裁く法的根拠となった。

　たとえ「林彪・江青反革命集団」裁判が──裁判官自身が文革の被害者で
あり、かつ 79 年刑法で 60 年代の行為を裁くという点をみても──ある種の
政治ショーであり形式的なものだったとしても、それまでの中国における政
治と司法の関係を考慮すれば、この刑法の公布と施行は現代中国の法制史に
おいて大きな意味をもった。たとえば法社会学者の李瑜青と張建は中国現代
史における司法制度の流れを以下のように概括している。19 世紀末から 20
世紀初めの中国は主にドイツや日本のような大陸法系の国家から司法制度の
モデルを学び、仲裁よりも審理・判決を中心とした司法モデルを構築したが、
49 年に中華人民共和国が建国されると今度はソ連の「超職権主義モデル」
を模倣したため、手続きや法律的原則の価値を重視せず、紛争解決において
は党と国家の政策的作用が突出し、主に仲裁によって問題が解決されるよう
になった。その後、文革を経た 80〜90 年代の全体的な司法改革期において
は、裁判・訴訟の当事者が主体となる当事者主義の傾向が強まり、逆に法院
による訴訟への介入や関与は弱まる結果となった[30]。

　このような一般化が正確かどうかは別として、少なくともポスト文革期の
1980 年代以降に中国の司法制度が歴史的にみても大きな変化の渦のなかに
あったことは確かだろう。しかし、こうした動きのなかで中国の司法制度が
一変したわけではなかった。とくに刑事司法の実態に目を向けてみれば、依
然として毛沢東時代と変わることなく「手続きや法律的原則の価値」が軽視

64　第 1 部　国家──包容と強制

されている実態があり、その重要な一例としてかつての大衆路線的要素が色濃く反映された厳打をあげることができる。

2　厳打の誕生と「綜合治理」

1979 年 11 月の全国城市治安会議において、彭真は次のように述べて刑事犯罪への厳打の必要性を訴えた。

> 近頃、いくつかの大・中都市の刑事犯罪活動がかなり猛威をふるっている。殺人、略奪、強姦、集団的な殴り合いなど、重大な刑事事件も起こっており、社会秩序に重大な影響を及ぼし、人民大衆の安全をおびやかし、四つの現代化の建設を妨害している。多くの大衆はこの状況にかなり不満をもっており、党と政府に有効な措置をとり、刑事犯罪活動に厳しい打撃を与え、すみやかに都市社会の治安を立て直すように、強く要求している[31]。

会議には江華（最高人民法院院長）、黄火青（最高人民検察院検察長）、趙蒼璧（公安部部長）、魏文伯（司法部部長）、程子華（民生部部長）らも出席しており、工場、鉱山、交通、建築、商店、学校、機関各単位から、街道、家庭まで密接に協力して社会治安を回復するよう意見がだされ、文革で傷ついた居民委員会の回復・強化と治保委員会との調停が必要とされた。

上記の状況認識からわかるように、①治安の悪化は（四つの現代化のような）政策実現の障害であり世論に不満を惹起することから、政治的対応が必要とされている点、②取締りに際しては警察組織を通した専門的捜査ではなく、工場のような経済単位から学校のような教育単位、さらには家庭も動員したキャンペーン方式が採用されている点、③政府、裁判所、検察、警察などの政治・司法組織が、一致協力して治安回復にあたろうとしている点に、厳打の独自性がある。

このような政治的社会的資源を総動員した中国の総合的治安対策は「綜合治理」と呼ばれる。綜合治理が強調された背景には、1970 年代半ばまで続いた文革の影響がある。文革期の混乱で司法機関が機能不全に陥ってしまい、専門的組織に頼った治安維持が難しいという組織的事情が存在したのである。

第 2 章　現代中国の刑事司法制度と「厳打」　65

たとえば検察も78年5月になって再建がはじまり、80年代前半にようやく全国の県以上で人民検察院が成立し、正常な業務が可能になった[32]。教育も麻痺し、法院の人材不足も深刻だった。そのため85年に全国法院幹部業余法律大学が創設されて人材育成が行われて82〜87年までに全国法院の人員数は35.8%増加したものの、法院が受理する案件は逆に89.75%も増加して、人材育成が裁判の増加に追いつかない時期が続いた。

刑事司法分野における資源不足は深刻で、そのため政治・社会のあらゆる部署を動員する綜合治理が必要とされたのである。それでは厳打は、この綜合治理のメカニズムにおいて、どのように位置づけられたのだろうか。この点について当時の公安部部長の劉復は、1983年の全国人民代表大会常務委員会で次のように述べている。

> 綜合治理は多くの内容を包括している。専制の手段であり、法律の手段であり、行政の手段であり、教育、感化の手段などである。法に依拠して重く速く深刻な刑事犯罪犯を処罰するのは、綜合治理の主要な一つである。とくに、刑事犯罪活動がひどい時期において、刑事犯罪分子を厳格に打撃せず、十分に専制の脅しを発揮できなければ、説得教育やその他の措置もまたあるべき作用を発揮できなくなってしまう[33]。

すなわち、教育と感化による犯罪予防活動が一つの柱となっている一方で、専制的な「脅し」としての厳打はもう一つの重要な柱として位置づけられていたのである。このような刑事司法のあり方は、すでに指摘したように、歴史的にみれば強い経路依存が確認されるものの、綜合治理のメカニズムとその内部における厳打の位置づけや性質は、改革開放以後の時局に応じてマイナーチェンジを繰り返しながら進化していくことになる。

3　時代に合わせた制度進化

改革開放以降に中国の刑事司法制度が経験した大きな変化が、経済犯罪への対応だったことは想像に難くない。1970年代後半以降、経済審判工作は人民法院の新たな任務となった。人民法院は79年後半から経済審判組織を

徐々に整備して経済審判工作を展開し、83年末までに最高人民法院、各高級人民法院、中級人民法院（個別の遠い地区を除く）と87％の基層人民法院で経済審判廷を組織した[34]。それは87年には36万5,848まで増えて、83年と比較すると8倍となった。

　経済犯罪への厳打の必要性も認識されるようになり、鄧小平は1982年、経済犯罪活動への打撃をしなければならないと指摘、「われわれには両手が必要だ。片方の手は対外開放と国内の経済活動活性化であり、もう片方の手は経済犯罪活動への断固とした打撃である」[35]と述べた。そして82年3月8日第5期全国人民代表大会常務委員会第22回会議で「経済破壊犯を厳重に処罰することに関する決定」がなされ、82～85年末まで全国の各級法院は汚職、賄賂の授受、密輸、投機的取引、詐欺、公共財産の窃盗など、各種の経済犯罪事件18万3,000件あまりを結審し、判決が下された犯人は22万4,000名あまりに達した。重大な経済犯罪はかかわる職場や人間が非常に多いため、公安・検察・法院等々の規律検査部門と整党領導機構が緊密に連携するかたちで行われ、50年代の三反・五反運動のより洗練されたリバイバルともいえる内容だった。実際、89年の反汚職・収賄・投機の運動は、「1952年に展開した反汚職、反浪費、反官僚主義を内容とした『三反』運動と1982年の厳重な経済犯罪活動への打撃後の大きな反汚職、贈収賄の闘争であり、大衆を動員し、大衆に依拠した反汚職、賄賂の成功実践である」[36]と報告され、52年、82年の延長線上に位置づけられている。

　また増加する流動人口への対応も大きな課題となった。改革開放政策のもと、流動人口が大量に増大し、80年代において、大・中都市や沿海部の都市でそうした人びとの犯罪は全体の40％前後を占めるまでになっていた。こうした人口流動に警察だけで対応するには限界があるため、市民からの告発を受けつける戦略（「挙報工作」）がとられた。これは「検察機関が大衆路線を歩むよい形式である」とされた。1989年、最高人民検察院の「人民検察院挙報工作の若干の規定」は「挙報」の受理、調査と処置、フィードバック（反饋）、奨励などの具体的な規定を定めて挙報工作を制度化・法制化し、91年には「公民の挙報権利を保護することに関する規定」も定められた。このような変化の結果、検察院が受ける告発数は増加し、たとえば88年に

各級検察院が受理した汚職や賄賂に関する告発は6万7,000件だったのが、89年には15万8,000件、さらに90年には15万9,000件へと増加し、90年に立件、捜査した汚職・賄賂事件のうち約60%の手がかりは市民の告発によるものだった[37]。

　以上のほかにも、各時期の犯罪のトレンドに応じて細かい規定が追加されるようになる。たとえば1990年代前半には「麻薬の厳禁に関する決定」、「婦女、児童を誘拐・連行した犯罪者を厳重に処罰することに関する決定」、「売買春の厳禁に関する決定」などがだされ、市場経済の進展と人口流動にともない増加する種々の犯罪への対応がなされている。

　それでは、こうした法の整備によって綜合治理の役割は縮小したのかといえば、必ずしもそうではなかった。1991年の『人民日報』では綜合治理が次のように位置づけられている。

　　いわゆる綜合治理とは、党と政府の指導下、われらが特有の政治優位を十分に
　　発揮し、全社会の力を動員し、各部門がそろって共同管理を行い、各戦線（各
　　分野での闘争の場）が力を合わせて協力し、広範な人民大衆に依拠し、政治、
　　経済、行政、法律、文化教育などの多様な手段に依拠して、社会治安を改善し、
　　違法犯罪を減少させ、社会の安定を保証するものである。これは中国の特色あ
　　る社会治安維持の新たな道であり、また社会主義制度の優越性の、治安工作中
　　における体現である[38]。

　中国共産党独裁下の大衆路線は1980〜90年代の改革期を経ても変わらず司法制度の内部にビルトインされていたのである。確かに90年代後半から2000年代にかけての時期において——少なくとも法制度的な表層においては——刑事司法の中国的独自色を薄めて、より「標準化」したメカニズムをめざすという方向性が確立してきたように思われる。97年に改正された刑法典で「反革命」という文言がなくなったことは、そうした変化を象徴するような出来事であった。しかし進展する法制度の整備は、むしろ綜合治理を経常化・制度化・法律化する作用を果たすことになり、綜合治理戦略の全面的な見直しへと向かうことはなかったのである。

68　第1部　国家——包容と強制

綜合治理を制度的枠組みのなかに位置づけようとする傾向は2000年代に入ってさらに強くなり、2003年以降になると、厳打の正規化・制度化の必要性が盛んに議論されるようになった。たとえば2004年に中央政法委員会研究室によってまとめられた「厳打：経常的工作メカニズムへ」は、「厳打の経常的工作メカニズムとは、系統的、規範的、経常的に厳打方針を貫徹する工作制度と工作方式である。それは厳打闘争の経験とやり方に対する制度化、規範化である。この工作メカニズムを打ち立て整えることで、厳打方式を進歩させ、重大な刑事犯罪の厳打工作の主動性、方向性、実効性を増強することができる」[39]と指摘し、かなり詳細な提案をしている。具体的なメカニズムに関する内容は以下のようにまとめられる。

①治安状況の分析評価と事前警戒メカニズム
　治安状況に関する指標を定めて、治安情報の監視測定通報ネットワークや治安情報検討評価制度を創設。各級党委政法委、綜治委と政法部門は治安状況検討評価制度を作る。定期的に治安状況の報告を聞き取り、治安の形勢を研究・分析し、犯罪発生の法則を探しだし、犯罪の趨勢を正確に予想する。
②工作の戦略決定部署メカニズム
　収集した治安情報を十分に利用し、綜合研究を行い、迅速に決定をし、厳打の重点や方法、人的配置などを決める。党委・政府が統一して指導する。各級党委が全体を指導し、政法部門と人民大衆の広範な参加を組織・動員する。具体的な決定・手配の主導権はできるだけ市・県の一級に与え、基層のその土地の事情に合わせて手配を行い、犯罪が目立てばそこで打撃を加える。
③刑事政策運用メカニズム
　「法にもとづき（依法）」と「重く、早く（従重従快）」のバランスをとる。法律の定める量刑の範囲内で司法の公正と効率を統合する。厳打の対象と範囲を把握し、人権の保障に注意する。恩威と並び行う刑事政策で、犯罪分子を分化・瓦解させ、大多数を教育し救う。新類型の犯罪が増加する状況に対して、適宜研究し、立法と司法解釈の建議を行い、刑事政策と刑事法律制度を補完する。厳打とともに犯罪予防にも力を入れ、予防を主として問題が小さいうちに処理する。

④政法部門の協力・制約メカニズム

公安機関内部の各種警察部門間の協力制度を構築する。刑事事件捜査専門集団（刑偵専業隊伍）を主力として各部門が協力する。検察の監督機能を強化し、政法各部門間の協力と制約メカニズムを構築する。捜査の情報や実践の面において、区域間の政法部門の協力を強化する。

⑤監督検査・審査評議と激励メカニズム

科学的・合理的な審査評議指標の体系を制定し、定性的な審査評議と定量統計を結合して厳打の実情を正確に把握する。また監督検査と審査評議を通して、厳打に著しい効果を上げた単位や個人に対しては表彰を行う。

⑥経費保障メカニズム

経費の保障は、政法部門が厳打方針を貫徹するための物質的基礎であるため、適切に事件処理の経費を財政予算に取り入れる。貧困地区の事件処理経費の転移支払いの程度を拡大し、貧困地区でも厳打の経常的工作が順調に展開できることを保障する。科学技術による捜査力強化を加速させ、政法工作の情報化、ネットワーク化、インテリジェント化の程度を高める。政法部門は無駄を省き現在の予算を有効に使うようにする。

以上のような厳打の制度化は2000年代に入って具体的に論じられるようになり、それと並行して厳打を過去の政治運動と同列化して言及するような文章はあまりみられなくなった。トレバスケスの研究によれば、中国の公安は2002〜03年の間に公安関係のジャーナルに一連の批判を提起して厳打政策への過度の依存に反対しており[40]、ちょうどその時期に、このような厳打の制度化・規範化が唱えられたことは偶然ではないだろう。またこの時期に人権の尊重という原則が取り入れられていることも注目される。

2007年には「和諧社会」提唱を背景として、最高人民法院・最高人民検察院・公安部・司法部が「さらに厳格に法により事件を処理し、死刑案件処理の質を保証することに関する意見」[41]を出し、そのなかでは死刑執行への慎重なアプローチが提起されている。これは明らかに、厳打の厳罰主義とは距離をおいた意見であり、刑事司法制度内部における厳打的方法論の位置づけが徐々に低下していることを示している。すでに指摘したように、1990

年代後半から 2000 年代にかけて刑事司法における中国的独自色を薄めるような変化が――少なくとも制度の表層においては――進展しているが、その経路の全体的な方向性は、2013 年の労働教養制度の廃止からもわかるように、習近平政権以降も継続している。もちろん、そうした制度的変化が中国の刑事司法の実践面に対してすぐに影響を及ぼすわけではないものの、制度進化の側面からみれば長期的には無視できない動きであろう。

おわりに――展望

　厳打を研究したトレバスケスは、中国の刑事司法はポスト毛沢東時代において脱政治化（depoliticized）ではなく、再政治化（repoliticized）されたと指摘している[42]。すなわち本章でみてきた過程からもわかるように、中国の刑事司法制度と厳打は、反革命粛清運動のような、革命から建国初期にかけての政治運動のエートスを受け継ぎながら時代とともにメカニズムを変化させてきている。図 3 は、その長期的な制度進化の過程をモデル化したものである。決定的分岐点と重大局面は同質的概念だが、刑事司法制度全体における決定的分岐点（critical juncture）と厳打の誕生にかかわるそれとの混同を避けるため便宜的に二つの表現を併用した。

　朝鮮戦争を重要な分岐点として形成されてきた中国の刑事司法制度の諸特徴は、1980 年代以降もなお厳打のようなかたちで生命力をもち続けている。こうした経路依存を生みだし、強化している内的メカニズムとはいかなるものなのだろうか。

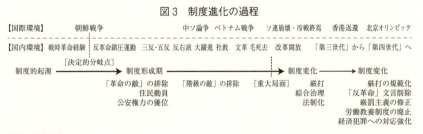

図 3　制度進化の過程

出所：筆者作成。

すでに本章の歴史的分析のなかで繰り返し触れたように、犯罪が複雑化する現代社会においてもなお、政府による刑事司法の道具化、社会全体を巻き込んだ治安対策、党主導のキャンペーン・スタイルによる取締りのような諸現象を生みだし続ける内的動因として重要なのが、大衆路線という中国共産党の統治イデオロギーである。大衆路線という考え方は建国以前から存在し、党と民衆を結びつけて党の指導を正統化する装置として、イデオロギー的にも、また実際の政治手法としても利用され続けてきた。1943年6月、「指導方法に関する若干の問題について」という指令のなかで、毛沢東は「分散的で系統立っていない」大衆の意見をくみ上げ、「系統立った意見」へ集約し、再び大衆のなかへもち込み、宣伝し、実行する党の役割を強調した。人民とは内部に層をなしており、自らの意見を体系化できない存在であるため、意見集約装置また指導役としての党が必要とされるというわけである[43]。こうした考え方は中国の「人民民主主義独裁」において共産党の一元的指導に政治的正統性を付与しており、いわば正統性維持装置の役割を果たしている。

　大衆路線は現在も一党支配を正統化する装置として、変わることなく重要な役割を果たしている。たとえば政治学者の角崎信也は、経済発展にともなう政府——民衆関係の悪化および党中央の危機感を背景として、2010年代に入って大衆路線が強調される傾向にあることを指摘している。角崎によると2001年から2005年の『人民日報』紙上で大衆路線に言及した記事は718本、2006年から2010年にかけては550本であったのが、2011年から2015年には1,974本にまで増大した[44]。本章で検討した政治過程をみてもわかるように、刑事司法制度もまた大衆路線という共産党の正統性維持装置のなかにビルトインされており、それが厳打のような現象を生みだし続ける内的動因として作用している。

　中国の治安維持戦略の分野においては、大衆路線に代表される革命的伝統と複雑に専門化する司法制度という異なる方向性のなかで、あるべき法治の姿をめぐる政治的模索がいまだに続いているのである。したがって歴史的な経路依存性があるからといって刑事司法制度の諸特徴が全く変化しないわけではない。本章で検討した政治過程を踏まえて、制度的変化をまとめたものを図3で示したように、国際的に注目を集めるイベントや主要政治アクター

72　第1部　国家——包容と強制

の交代といった国内外の環境変化と密接に結びつきながら司法制度分野においてもさまざまな変化が発生している。それでは今後、中国の刑事司法制度はどのように変化していくのだろうか。

　すでにみてきたような経路依存性や中国民衆の処罰意識を考慮に入れると、司法への政治的関与が大きく弱まることは当面考えられない。厳打に関しても単なる取締りというだけでなく政権による正統性の誇示という側面もある以上、刑事司法の選択肢として生命力をもち続けるであろう。習近平は2013年の工作会議において「大衆路線は党の生命線であり、根本的な活動路線である」とし、「長年の模索と実践を経て、われわれは大衆路線を貫徹し、大衆と密接に結びつく方面では比較的系統的な制度と規定を作ってきた。それらの多くは効果があることが経験済みで、大衆にも認められており、引き続き堅持しなければならない」[45]と述べており、大衆路線的要素が強い綜合治理戦略も継続すると思われる。

　一方、先に述べたような厳打の規範化の進展によって、1980年代の厳打のような急進的かつ広範囲な運動の発動は抑制されるだろう。たとえば、雲南省の麻薬取引や新疆ウイグル自治区のいわゆる「三つの悪」（テロリスト・分離主義者・原理主義者）などを対象とした厳打のように、地域の治安・政治状況に応じて限定的に行われる「専項闘争」が今後の主流となると考えられる。さらに刑事司法の実践における情報技術の利用は、今後、中国の治安維持戦略に大きな変化を生じさせる可能性がある。治安状況に関するデータベースの充実は今後、刑事司法分野におけるエージェント（現場の執行者）とプリンシパル（政策決定者）間の情報ギャップを縮小させる可能性を秘めている。新たな技術的進歩と組織的制度化の進展は分散的な法執行の弊害を克服し、中央統制を強化するかもしれない。2018年から予定されている国家監察委員会の設置も中央統制の強化を予感させるが、それは建国以前から続く地方の党・政府組織による公安機関への統制——統一領導、分級管理、条塊結合、以塊為主——の原則を大きく変化させる可能性を秘めている。

　そして今後、中国社会の情報化が進展してクラウドコンピューティングが主流となれば中国政府が巨大な個々人のデータにアクセスすることが可能となるが、そのデータは刑事司法分野においても利用価値がある。すでに最高

人民検察院検察長の曹建明は検察業務における「互聯網＋（インターネットプラス）」の重要性を強調する文章を発表しており[46]、また現在、最高人民法院が行っているインターネットにおける裁判文書の公開は、量刑の平準化、とくに死刑のような判断を下す際の公平性確保に一定の役割を果たす可能性があろう。

日本では、人権派弁護士の拘束事件のような一部の象徴的事件だけを取り上げて、習近平時代の刑事司法のメカニズムを毛沢東時代のアナロジーで語る向きもある。しかし、中国の刑事司法制度全体を面として時間軸で分析してみれば、そのメカニズムはいくつかの重大局面を経ながら進化し続けており、素朴な歴史的類推は通用しないだけでなく、むしろ上記のような新たな変化を見落とす原因になってしまう危険性がある。そのため中国の刑事司法を理解して今後の変化について考えるためには、象徴的事件の個別事例分析に加え、歴史的制度論の視野から経路依存と進化を含めた全体的メカニズムを考察する必要があるのである。

1）"China: Open Letter to States for Joint Action to Address Worsening Crackdown on Human Rights Defenders and Lawyers"（August 11, 2015）, Human Rights Watch: https://www. hrw. org / news / 2015 / 08 / 11 / china-open-letter-states-joint-action-address-worsening-crackdown-human-rights（最終閲覧日：2017 年 11 月 1 日）.

2）小口彦太『現代中国の裁判と法』成文堂、2003 年。

3）"Amnesty Report: China's Abolition of Labor Camps a 'Cosmetic Change'"（December 17, 2013）, CNN: http://edition.cnn.com/2013/12/16/world/asia/china-labor-camps-report/（最終閲覧日：2017 年 2 月 24 日）.

4）坂口一成『現代中国刑事裁判論—裁判をめぐる政治と法』北海道大学出版会、2009 年、133 頁。

5）「彭真発表談話記念新憲法頒布一周年　進一歩実施憲法　厳格按照憲法辦事」『人民日報』1983 年 12 月 4 日。

6）Susan Trevaskes, *Policing Serious Crime in China: From 'strike hard' to 'kill fewer,'* New York: Routledge, 2013, p.17.

7）Murray Scot Tanner, "Campaign-Style Policing in China and Its Critics," in Borge Bakken, ed., *Crime, Punishment, and Policing in China*, New York: Rowman & Littlefield Publishers, Inc, 2005, pp.171-188.

8）坂口『現代中国刑事裁判論』、241 頁。

9）Xuezhi Guo, *China's Security State: Philosophy, Evolution, and Politics*, New York:

Cambridge University Press, 2012, p.100.

10) Borge Bakken, ed., *Crime, Punishment, and Policing in China*, p.17.

11) Julian V. Roberts and Mike Hough, ed., *Changing Attitudes to Punishment: Public Opinion, Crime, and Justice*, New York: Routledge, 2011.

12) 鄧小平「党在組織戦線和思想戦線上的迫切任務」(1983 年 10 月 12 日) 中共中央文献研究室編『改革開放三十年重要文献選編』上、北京：中央文献出版社、2008 年、311 頁。

13) 司法面を指導する中央の政法委員会の人事において、2000 年以降は元公安部長が書記となっていることからも公安部門の優位性が理解できる。

14) Xuezhi Guo, *China's Security State,* pp.25−71.

15) Murray Scot Tanner and Eric Green, "Principals and Secret Agents: Central versus Local Control Over Policing and Obstacles to "Rule of Law" in China," in Donald C. Clarke, ed., *China's Legal System: New Developments, New Challenges*, New York: Cambridge University Press, 2008, pp.96−97.

16) 公安部政治部人事局編著『公安人事管理（政法機関内部発行)』北京：群衆出版社、1997 年、71-72 頁。

17) Xuezhi Guo, *China's Security State,* pp.45-58.

18) たとえば久保亨『社会主義への挑戦　1945-1971―シリーズ中国現代史④』岩波新書、2011 年、44 頁。

19) 小口『現代中国の裁判と法』、13 頁。

20) 拙稿「建国初期中国社会における政治動員と大衆運動―「三反」運動と上海社会 (1951-52 年)」『アジア研究』第 51 巻第 3 号、2005 年 7 月、1-22 頁。

21) 「胡錦濤参観北京"厳打"展覧時希望保持厳打態勢加強綜合治理」『人民日報』1996 年 11 月 28 日。

22) 「最高人民法院工作報告　一九八四年五月二十六日在第六届全国人民代表大会第二次会議上」『人民日報』1984 年 6 月 7 日。

23) 「在五大城市治安座談会上的講話」『彭真文選 (1941-1990 年)』人民出版社、1991 年、407 頁。

24) 「在五大城市治安座談会上的講話」『彭真文選』、406 頁。

25) 「最高人民検察院工作報告　一九八三年六月七日在第六届全国人民代表大会第一次会議」『人民日報』1983 年 6 月 26 日。

26) 坂口『現代中国刑事裁判論』、203 頁。

27) 「在全国政法工作会議上的講話」『彭真文選』、509 頁。

28) 決定的分岐点と重大局面は同質的な概念だが、本章では刑事司法制度と厳打の双方の過程を説明するにあたって、混同を避けるために二つの表現を併用した。

29) 『彭真伝』編写組編『彭真年譜』第 5 巻、北京：中央文献出版社、2012 年、32 頁。

30) 李瑢青・張建「司法実践中『案結事了』理念―以法社会学為視角」熊明輝主編『法治中国與法律方法』北京：中国政法大学出版社、2016 年、39-40 頁。

31)「党委統一領導　専門機関與群衆相結合　教育與懲辦相結合　打撃刑事犯罪活動　整頓城市社会治安　全国城市治安会議研究当前城市社会治安存在的問題、討論整頓城市社会治安的方針、任務和措施。彭真同志出席会議作重要講話」『人民日報』1979年12月9日。

32)「最高人民検察院工作報告　一九八三年六月七日在第六届全国人民代表大会第一次会議」『人民日報』1983年6月26日。

33)「搞好綜合治理的首要措施依法　従思従快懲処厳重刑事犯」『人民日報』1983年8月26日。

34)「鄭天翔在六届全国人大二次会議上　做《最高人民法院工作報告》」『人民日報』1984年5月27日。

35)「最高人民法院工作報告―一九八六年四月八日在第六届全国人民代表大会第四次会議上」『人民日報』1986年4月20日。

36)「最高人民検察院工作報告―一九九〇年三月二九日在第七届全国人民代表大会第三次会議上」『人民日報』1990年4月11日。

37)「最高人民検察院工作報告―一九九一年四月三日在第七届全国人民代表大会第四次会議上」『人民日報』1991年4月13日。

38)「狠抓綜合治理　維護社会治安」『人民日報』1991年1月21日。

39)「厳打：走進経常性工作機制」『人民日報』2004年2月4日。

40) Trevaskes, *Policing Serious Crime in China*, p.172.

41)「関於進一歩厳格依法辦案確保辦理死刑案件質量的意見」中華人民共和国最高人民検察院ウェブサイト：http://www.spp.gov.cn/site2006/2007-03-12/0001412724.html（最終閲覧日：2015年11月7日）。

42) Trevaskes, *Policing Serious Crime in China*, p.164.

43) 拙著『中国社会と大衆動員―毛沢東時代の政治権力と民衆』御茶の水書房、2008年、55-66頁。

44) 角崎信也「習近平政治の検証②―『大衆路線』」日本国際問題研究所ウェブサイト：https://www2.jiia.or.jp/RESR/column_page.php?id=268（最終閲覧日：2017年8月2日）。

45)『習近平　国政運営を語る』北京・外文出版社、2014年、421頁。

46) 曹建明「做好互聯網時代的検察工作"＋"法」全国人大代表全国政協委員聯絡専網：http://llzw.spp.gov.cn/yw/201508/t20150821_103298.shtml（最終閲覧日：2015年11月7日）．

第2部

エリート政治

第3章 「集団領導制」の制度分析[1]
——権威主義体制、制度、時間

林　載桓

はじめに

　習近平執権後の中国政治の「異変」に注目が集まっている。具体的には、政権基盤が非常に早い段階で確立したこと、複数の機構が新設され、その指導権が習に集中していること、さらに、反腐敗キャンペーンにみられる、従来の慣行によらない果敢な政策展開など、前政権との相違が目立っているためである。多くの観察者は、こうした中国政治の「異変」を、習近平への急速な権力集中の結果とみなし、「皇帝の誕生」や「毛沢東の再臨」などの言葉で形容している[2]。それらの言説によれば、現にわれわれが目にしているのは、中国政治の個人独裁への回帰にほかならない。しかし、それは本当だろうか。

　習近平時代の中国政治をどうみるかという問題は、実は、中国共産党における集団指導体制の現状をどう評価するかという問題と密接に関連している。というのも、習近平を皇帝や毛沢東にたとえる最近の言説が妥当だとすれば、それは、ここ30数年の間、中国共産党が一貫して標榜してきた集団指導体制になんらかの問題が生じ、現に機能不全に陥っていることを意味するからである。では、そもそも中国共産党の集団指導体制は、当初どのような意図や構造を有して形成され、それは時間の経過とともにどのように変化し、現在どのような状態にあるのだろうか。

　本章の第一の課題は、序章で展開した歴史的制度論の主要概念をベースに、中国共産党における集団指導体制の形成と変容のプロセスを再検討し、習近平体制、さらには中国のエリート政治の現状を的確に理解、評価することである。先に結論を述べれば、現在の習近平体制は、集団指導体制——正確に

は「集団領導制」——の破綻ではなく、その定着と進化を示しており、その背後には、改革開放以降の中国政治、とくにそのエリート政治の制度化の影響が色濃く反映されている、ということである。

さらに本章は、中国の集団指導体制の検討を通し、そもそも権威主義政治において集団支配を成り立たせる制度的条件とは何かという問題を改めて考えることを、もう一つの課題とする。現代中国政治の分析が権威主義政治制度の理解にいかに貢献できるか、その一つの道筋を示すことがここでの狙いである。

以下、第Ⅰ節では、本章の分析視座を提示し、第Ⅱ節で展開される集団指導体制の制度分析の具体的な焦点を抽出する。そして第Ⅲ節では、こうした中国の歴史的経験がもつ理論的含意について議論し、結論に進む。

Ⅰ　集団領導制の分析視座

1　理論——権威主義体制と集団支配

習近平への最近の関心の高まりは、彼の独特な出自や性格、または政治スタイルにのみ由来するものではない。その背後には、中国政治に内在する「個人独裁」への志向、つまり権力の個人化に対する根強い懸念が存在している。現代中国政治に限っていえば、その原型はもちろん毛沢東時代にある。だが、後に述べるように、同様の傾向は鄧小平時代にも観察することができ、そうした政治の「変質」を防ぐためのさまざまな方策が自覚的に施されてきたというのが正確な理解であろう。

もっとも、こうした個人独裁への傾向は、何も中国政治に特殊な現象ではない。権力の個人化は、中国のような一党支配体制はもちろん、チリのピノチェト政権のような軍事政権においても頻繁に起こってきた。そこで、最近の比較政治学の知見では、こうした個人独裁は、従来考えられてきたように権威主義体制の一つのサブタイプでなく[3]、程度の差こそあれ、権威主義政治に共通して存在するダイナミズムととらえる傾向が強まっている[4]。

では、なぜ、権威主義体制は個人独裁に転じやすいのか。旧ソ連共産党政権の崩壊を新制度論の視座から分析したフィリップ・ローダー（Philip Roe-

80　第2部　エリート政治

der）は、権威主義体制における「集団支配」（collective rule）の脆弱性の根源を、関連制度における二つの曖昧さに見出している。それは一つに、中央政治局や軍事評議会のような集団指導部と、内閣や議会のような他の意思決定機構の関係の曖昧さである。言い換えれば、体制内における意思決定権力の所在をめぐる曖昧さである。もう一つは、集団指導部の議長とその他のメンバー間の関係の曖昧さである。換言すれば、集団指導部内における意思決定権限の所在またはそのあり方をめぐる曖昧さである。

　ローダーによれば、このような制度的曖昧性により、権威主義体制には、個人支配と集団支配が交互して登場する一種のサイクルが存在するという。つまり、権力継承やクーデタのあとに、新たな指導者は、政権の正統性を確保し、対抗勢力の形成を防ぐため、集団支配に依存する傾向がある。しかし、上記の制度的曖昧さに乗じ、その指導者は、意思決定のプロセスからほかのメンバーを排除したり、または自分の息のかかった別の機構に意思決定を委ねたりして権力の個人化を図り、結果として集団支配が形骸化して個人独裁に転じることが起こるのである[5]。

　類似した観点から、集団支配の崩壊を権威主義政治に内在するコミットメント問題の帰結としてとらえるのがミラン・スヴォリック（Milan Svolik）である。彼によれば、独裁者は集団支配へのコミットメントを信頼に足るかたちで他の成員に伝えることができない。その結果、独裁者の変心に対する疑心暗鬼がエリート政治を不安定化させ、集団支配の安定した作動を困難にする、という論理である。つまり問題の根源は、独裁者に対する不信を軽減し、コミットメント問題の緩和を可能にするエリート内部の相互作用のルールや監視メカニズムの不備にあり、ローダーと基本的に同様の認識を示している[6]。

　すると、もしそうした制度的曖昧さや不備を解消ないし是正することができれば、個人独裁への移行を抑えることができることになる。すなわち、たとえば集団指導部とその他の意思決定機関との関係、ならびに、集団指導部の議長とその他のメンバーとの関係を規定するルールが設定され、かつ広く認知されていれば、それだけ集団支配の基盤は硬くなり、個人独裁への回帰は難しくなるのである。

　ただし、注意しなければならないのは、ルールの設定と周知だけでは、集

団支配の「継続」を保証できないことである。当たり前のことだが、ルールは守られてこそ有効なものであり、それにはルールの「実効化」装置、すなわちルールを遵守させるインセンティブ・メカニズムの存在が必要である。ローダーやスヴォリックは必ずしも明示的な議論を行っていないものの、ルールを明確化することと、それを守らせることは、関連してはいるが、完全に一致する営みではない[7]。

　では、ルールの遵守を動機づける誘因（構造）はいかに生成されるか。まず、交渉（bargaining）（または再交渉）を通じ諸アクターの利益を実現する協力のメカニズムを作りだすことができる。だが、テリー・モー（Terry Moe）が指摘するように、政治の領域では、交渉にともなう取引費用が市場のそれより格段に高く、有効な交渉相手の特定さえ容易でない場合が多い[8]。政治の世界で通用するのはむしろ強制（coercion）であり、制裁のメカニズムである[9]。しかし、こと集団支配についていえば、強制の対象は独裁者であり、それゆえ独立した第三者による制裁の実施は不可能に近い。そこで、選択肢として残るのは、エリート内部の牽制、厳密には支配連合の共同制裁の可能性である[10]。スヴォリックが、集団支配存続の条件として、独裁者に対するモニタリングとともに、エリート同士の定期的かつ実質的な相互作用を保証する（すなわち制裁のための集団行動のコストを引き下げる）制度の備えを強調したのはこうした理由による[11]。

　まとめれば、集団支配の持続は、制度の曖昧さの低減とともに、それを遵守する誘因の創出によって初めて可能になる。すなわち、**集団支配の制度的基盤とは、体制内における集団指導部の権威およびその内部における権力分有を規定するルールが成立し、また同時に、ルールの遵守を動機づける誘因（構造）が作用していることであり**、そうした条件のもとで集団支配は持続するようになる。

　本章の理論的課題は、改めていえば、改革開放期における中国のエリート政治の歴史的展開を主たる材料として、集団支配の制度化に関する上記の命題を検証し、そのさらなる改善を試みることである。そこで次項では、上記の理論的考察に依拠しながら、現代中国政治において集団支配を体現する具体的な制度要素を抽出し、その歴史的展開の分析に進みたい。

2　制度の特定と分解──「集団領導制」と四つの構成要素

現代中国において集団支配に相応する政治制度を特定することは難しくない。というのも、ソ連共産党の経験に倣い、中華人民共和国成立後の中国共産党においては、集団支配は一つの組織原理として、実質はともあれ、その遵守が一貫して求められてきたからである。そうした、中国における集団支配を体現する制度が「集団領導制」である。

上記の理論的視点に準じていえば、中国の集団領導制を支えている制度要素として次の三つのルールを特定することができる。第一に、集団指導を体現する中核的機構としての政治局常務委員会に関するルールである（常務委員会制度）。第二に、集団指導部、すなわち常務委員会における集団意思決定のルールである（集団決定制度）。そして第三に、常務委員会における成員間の職務分担を規定するルールである（個人分業責任制度）。あえていえば、常務委員会制度は体制内における集団指導部の所在を、集団決定制度と個人分業責任制度は成員間の関係をそれぞれ規定しているルールと区分することができる。

このように、集団領導制は、単一の原則というより、関連した複数のルールの「束」（bundle）としてとらえるのが妥当である。すると、重要になるのは各制度要素間の関係であり、実際、各要素は他の要素との緊密な相互作用のもとで機能する。それはたとえば、最高意思決定機構としての常務委員会の権威が、各構成員が分担して担当する各組織機構の権限（個人分業責任制度）と、成員たちの集団的意思決定のプロセス（集団決定制度）により強化されるといった具合である。従来の研究は明示的でないものの、こうした「制度的補完性」を理解することは、集団領導制の制度的発展を説明し、その現状を評価するうえで決定的に重要である[12]。

ところが、中国の場合、これらの制度要素に加え、もう一つの要素が集団領導制を支えている。任期と年齢制限に関する一連のルールを中核とする、集団的権力継承制度（集団継承制度）がそれである。改革開放期の中国において発展してきた集団領導制の重要な特色はここにあり、それが他の要素と補完し合いつつ、全体として集団領導制の働きを形作っている。詳細は後述するが、前項の議論に関連づけていえば、集団継承制度は、時間の経過とと

もに、集団領導制の実効化メカニズムとしての機能を果たすようになったということができる。

　改めて整理すれば、中国の集団領導制は次の四つの制度的要素から成り立っている。

　　　・政治局常務委員会制度
　　　・集団的意思決定制度
　　　・個人分業責任制度
　　　・集団的権力継承制度

　こうして集団領導制を分解し、その構成要素を具体化することによって、中国における集団指導体制の現状に、より厳密かつ妥当な評価を与えることができると考えられる。次節では、改革開放から現在に至るまで、それぞれの制度がいかに成立し、かつ変化してきたかを、いくつかの時期に分けて考察してみる。繰り返しになるが、その際重要なのは、これらの制度がどのような相互関係をもちつつ変化してきたかということである。

Ⅱ　集団領導制の歴史的展開

　本節では、現代中国における集団領導制の歴史的展開を叙述する。前節で述べたように、焦点となるのは、集団領導制を構成する四つのルールがどのように形成され、またどのように持続、定着し、さらには結果としてどのように「束」としての自己強化メカニズムを有するようになったかという点である。当然のことながら、これらのプロセスが単線的な軌跡を辿りつつ進んできたわけではない。だが同時に、それが全く無軌道な発展を遂げてきたわけでもない。ここでは、歴史的制度論の知見を援用しつつ、制度発展に作用した要因を明らかにしながら、そのプロセスをなるべく体系的に論じてみたい。

84　第2部　エリート政治

1 制度の形成（1980-85）——決定的分岐

　制度形成の起点から話を始めよう。現代中国政治が画期的性質を帯びる出来事に満ちており、なかでも 1978 年 12 月の第 11 期 3 中全会の意義を強調する言説が広く存在するということは、すでに指摘したとおりである。そうした言説の流布と定着に潜められた政治的意図は看過できないものの、本章で取り上げる集団領導制に関しては、やはり 1970 年代末期を一つの転換点とする中国政治の新展開に注目せざるをえない。具体的には、毛沢東の死去により構造的制約が弛緩するなか、鄧小平を中心とする改革の連合勢力が政権の主導権を掌握し、まずは文化大革命（以下、文革）の残滓を処理しつつ、崩壊または形骸化した組織と制度の再建を図っていた、1980 年代初期から半ばまでの時期を集団領導制の制度的発展の決定的分岐点と位置づけることができる[13]。

　その意味を、前節で抽出した集団領導制の構成要素を軸に明確にしてみよう。まず、集団支配の中核機構としての常務委員会の再建を指摘できる。文革期の機能停止を経て常務委員会が再建されたのは 1977 年の第 11 回党大会の後である。1 人にまで減らされていた成員が 5 人に増え、また成員らの職務分担の内容でも、核心的権力機構としての体裁が回復された（表 1）。なお、1980 年の第 11 期 5 中全会では、「党の政治生活に関する若干の原則について」の通達により、各級党委員会における集団意思決定の原則が再確認された[14]。

　他方、集団継承制度に関連しては、この時期に行われた政策措置で以降の制度展開に大きく影響したのが、幹部制度の変革である。なかでも特記すべきは、幹部終身制の廃止と退職制度の導入であり、合わせて 1982 年の憲法に国家部門の幹部に対する任期制限が明記されたのは周知のとおりである[15]。こうした新たな「老幹部」政策と連動し、幹部の若年化と専門化を主な狙いとする新方針（「四化」政策：革命化、若年化、知識化、専門化）が打ち出され、幹部予備軍の体系的な養成が始まったのも見逃せない[16]。

　では、こうした制度形成のプロセスは、どれほど「偶然」であり、また、どれほどの「分岐性」を有していただろうか。鄧小平による一連のイニシアティブは、政治改革の基本文件としていまなお頻繁に参照される「党と国家

表1　歴代中央政治局常務委員会における職務分業（1977〜2012）

	人数	中顧委主任	軍委主席	軍委副主席	総書記	国家主席	国家副主席	国務院総理	国務院副総理	人大委員長	政協主席	組織工作	宣伝工作	規律検査工作	政法工作
1977年11期1中全会	5		○	○				○	○	○	○				
1978年11期3中全会	6		○	○				○	○	○	○			○	
1980年11期5中全会	7		○	○	○			○	○	○	○			○	
1981年11期6中全会	7		○	○	○			○	○	○	○			○	
1982年12期1中全会	6	○	○		○			○						○	
1985年12期4中全会	5	○	○		○	○		○						○	
1987年政治局拡大会議	5														
1987年13期1中全会	5			○	○			○						○	○
1989年13期4中全会	6		○		○			○				○		○	
1992年14期1中全会	7		○	○	○			○		○	○	○			
1997年15期1中全会	7		○	○	○			○	○	○	○			○	
2002年16期1中全会	9			○	○			○		○	○	○	○	○	○
2004年16期4中全会	9		○		○			○		○	○	○	○	○	○
2007年17期1中全会	9		○		○			○		○	○	○	○	○	○
2012年18期1中全会	7		○		○			○		○	○		○	○	

領導制度の改革」（1980年8月）に確認されるとおり、個人への過度な権力集中を防ぐことを重要な目的としていた[17]。背後で共有されていたのは、文革の発動をもたらした「個人専断」への反省であり、この意味で、文革否定の公式化作業とともに集団支配を唱える政策方針が発出されたことは偶然ではない[18]。重要なのは、こうした文革否定へのコミットメントが、この時期の政策方針に、文革とそれがもたらした混乱との決別という規範的正当性を賦与したことであり、ここに分岐性の一つの源泉を見出すことができよう。

　とはいえ、この時点でそれぞれの制度がただちに集団領導制の確立に向けた正の働きを始め、その意味で経路依存性を発生させていたわけではない。何より、回復された制度の内容、または制度間の関係が依然として曖昧なままであり、制度的補完性が発揮され曖昧さが軽減されるには、時間とさらなる政治的意志が必要であった。そうした曖昧さがもっとも顕著に現れ、集団

領導制の存続そのものを脅かす結果をもたらしたのが、集団指導部の所在、すなわち常務委員会の地位と権限をめぐる曖昧さであった[19]。

2 制度発展の蹉跌 (1986-92) ——個人独裁への揺り戻し

つぎに、1980年代半ばから1990年代初頭までの時期である。この時期は、集団領導制を構成するルールの強化や定着はみられず、全体としてはむしろ個人独裁への回帰を示唆するような動きが現れた時期である。いうなれば、ローダーとスヴォリックが指摘した、権威主義的政治制度の脆弱性が前面に露呈された時期として特徴づけられよう。

そうした脆弱性の主たる根源となったのが、最終意思決定権の所在、とくには復活した中央書記処と常務委員会の関係の曖昧さであった。1982年の党規約は、政治局とその常務委員会に加え、書記処を中央委員会の選出機構と定め、胡鞍鋼の表現を借りれば、「権力の二元構造」を創り出している[20]。こうした制度配置の表向きの名分は、一つは党委員会ひいては党書記への権力集中の防止、もう一つは近代化事業の指揮をとる「第一線」指導部の設置であった[21]。もっとも、書記処の設置に見え隠れしていたのは、改革の範囲とペースをめぐる指導部内の確執であり、そのなかで自らの選好に沿った近代化路線の確立を狙った鄧小平の思惑である[22]。

1986年、総書記として書記処を率いていた胡耀邦の失脚は、こうした鄧小平の試みがいったんは失敗したことを示す出来事であった。しかし他方で、それは集団支配の不安定をもたらすより根源的問題を露わにした出来事でもあった。権力継承の問題がそれである。つまり、制度化された権力継承メカニズムの欠如は、集団支配の文脈でいえば、独裁者のコミットメント問題を一層深刻にする要因となる。独裁者による後継者の指名や抜擢が集団支配を弱めようとするシグナルと受け止められやすいからである。この意味で、次第に先鋭化していく胡耀邦と元老たちの衝突は、政策選好の相違を超えた制度的根源をもっており、結果として常務委員会は周辺化し、やがてほとんど開催されなくなる[23]。

こうして常務委員会の地位に揺らぎが生じると、内部の分業制度も形骸化していった。表1に示されるように、1987年の第12回党大会において選出

された 5 人の常務委員の担当機構は、総書記、国務院、中央規律検査委員会、中央政法委員会のみになり、中央軍事委員会と中央顧問委員会は常務委員の担当機構ではなくなっている。両委員会の主席を常務委員から選出するという 1982 年の党規約の条項（第 11、12 条）は、1987 年の修正規約では姿を消していた[24]。

さらに、こうした常務委員会の弱体化は、公式には諮問機関にすぎない顧問委員会（1982 年設置）による院政を表面化させた。いわゆる「八大元老」の全盛期はこの時期であり、合わせて権力の個人化の傾向が濃厚になっていった。具体的には、1987 年の政治局拡大会議における非公式合意、そして 1989 年の趙紫陽の発言に示された鄧小平個人への権力集中は、集団領導制の発展に生じた蹉跌を物語っていた[25]。

もっとも、この時期のエリート政治の変質に、天安門事件で頂点に達した国家と社会の対立が影響していたことは明らかである。体制の存続を脅かす「非常事態」の発生は、既存の制度を停止させ、権力の集中を正当化する強力な名分を提供するからである。しかし上述したように、この時期に生じた集団支配の停滞は、もとより集団指導部の所在をめぐる制度的曖昧さに根源をもったものであり、社会からの圧力はエリート内部の対立を表面化または加速化したにすぎないという点に注意が必要である[26]。

3　制度の持続と強化（1992-2002）——経路依存性の生成

集団領導制の歴史的展開の次の段階は、おおむね江沢民の執政期と重なる。この時期は、端的にいえば、崩壊にさしかかっていた集団領導制が回復され、さらには、その制度基盤が強化されはじめた時期として評価することができる。具体的には、集団領導制を構成する各制度の内容と実質における曖昧さが軽減され、かつ制度間の相互補完性によりその行動的含意に対する期待がさらに強化されていったという意味で、集団領導制の制度発展に正のフィードバック、すなわち経路依存性の作用が観察できる時期である。

制度展開の主要な様相を概観してみよう。第一に取り上げるべきは、常務委員会の地位と権限の回復、およびその強化である。まず、曖昧となっていた書記処との関係は、1987 年の党規約修正案に、書記処は常務委員の指名

88　第 2 部　エリート政治

でその成員を決めること、また、その役割は政治局とその常務委員会の事務機構とすることが明記され、1992年の党規約はそれを踏襲した。なお、1992年の党規約で、1980年代半ば以降、実質的な政策審議の場となっていた中央顧問委員会が廃止されたのも、常務委員会の制度的地位を一層明確にした。

第二に、内部の分業体制については、1992年の第14期1中全会で誕生した常務委員会の職務分布が1982年の「原型」を取り戻していることは明らかである（表1）。同時に注目すべきは、総書記の職務権限の強化である。総書記が軍事委員会主席と国家主席を兼任する「三位一体制」がこのときはじめて成立した。加えて、全国人民代表大会と全国政治協商会議を常務委員会に組み込む、1982年以前の慣行も復活しており、これは一方で党政分離を主とする政治改革の後退を意味する半面、常務委員会の制度的権威を高める効果をもたらしたといえる。

第三に、意思決定のルールに関しては、多数に対する少数の服従という従来の原則のもと、重要問題の決定に「票決」を行うことが新たに明記された（1992年党規約）。この点は、1994年9月の第14期4中全会で提出した「党建設の強化に関するいくつかの重要問題に関する中共中央の決定」により具体化され、一方で集団討論と決定の対象になる「およその重要問題」の内容が明らかになるとともに、他方で、その実施の大枠の手順が定まるようになった（予備検討→調整→討議→多数決原則の票決)[27]。

なお当該文件は、党委員会内部の成員間の関係、とりわけ書記の地位と役割について、「書記と委員の関係は平等」であることを前提に、「書記は集団領導の主要な責任をとり、民主集中制の実施における基準」であることを記した。こうした集団決定のルールの明確化は、上述した1980年の「党の政治生活に関する若干の原則について」の通達以来のことであり、既定の原則を踏襲しつつも、その行動的含意をより一層具体化した点が評価できる。また、それ以降の分業制度の安定は、意思決定の集団的性質にフィードバックし、2002年の党規約は、「集団討論と決定」の原則に、「集団領導、民主集中、個別吟味、会議決定」という条件を加えている。

最後に、権力継承のルールである。この点で注目すべき事象は、何より、省部レベル以下ではすでに定着の様相を示していた党幹部の定年制が常務委

員会にも実施されるようになったことである。こうした、権威主義政治では極めて稀な制度展開の背景については種々の議論が存在する。一般的には、エリート内部の権力競合に端を発し、1997年の党大会に際して、「すべての高級幹部（常務委員と国務院正副総理を含む）は満70歳以降の場合に次の任期を求めない」ことを明記した内部規定が政治局に提出されたことを制度形成の起点としている[28]。しかし、後述のように、定年制の導入は、本章の視点からすれば、制度の「形成」というより、行動への期待の拡大という意味で制度の強化とみなすのがより適切であろう。

さて、それでは、江沢民執政期における集団領導制の持続と強化をいかに説明すればよいだろうか。先行研究はあまり疑問視していないが、1980年代後半のエリート政治の混乱を考えれば、そもそもこれほど迅速に集団領導制のルールが回復されたこと自体、説明を要する問題である。解答の鍵となるのは、1989年、現役引退を断行した鄧小平の意図である。さまざまな原因が考えられるが、1980年代からの連続性でみれば、一つに改革開放路線維持の政策選好と、もう一つにその政治的要件として指導部における世代交代の必要性の認識があったと考えられる[29]。

すると、次の問題は、いったん失敗した権力継承の試みが今回はなぜ、集団領導制の停滞を招かぬかたちで成功したのか、ということである。まず考えられるのは、上に記したルールの明確化と、それを支えた鄧小平のコミットメントの強化である。たとえば鄧小平は、1989年、曖昧な立場をとり続けていた常務委員会の役割について、「一つの良き政治局、とくに一つの良き常務委員会があり、団結して仕事をしてこそ模範となり、いかなる混乱にも耐えることができる」と述べ、常務委員会の中心性を明確にしている[30]。もちろん、そうした言明に信頼性を付与したのは、鄧小平自らの現役引退による「権力の二元構造」の解消であったことはいうまでもない。

加えて、こうして再び回復された集団領導制の定着をうながした構造要因として、元老たちの死去と政治からの退場という側面が作用していたことが指摘できよう。また、それと連動して、江沢民を中心とする新たな指導グループ（梯隊）の誘因構造に生じた変化も集団領導制の定着に重要な影響を及ぼした。すなわち、革命参加の経歴をもたない最初の指導部による統治の

90　第2部　エリート政治

実践は、新たな正統性原理の導入を通じた権力基盤の強化を動機づけ、それは制度による支配の強調を通じて、集団領導制の定着と強化にフィードバックしたということができる[31]。

　こうしてみると、上に述べた常務委員会への定年制提起とその実現は、特定の政治的状況（たとえば、江沢民と喬石の権力闘争）の産物というよりは[32]、1980年代初めより進んできた後継幹部養成の制度化を含む、集団領導制の制度的進化の帰結としてとらえることが可能である。その例証は、江沢民から胡錦濤への政権交替のプロセスそのものである。つまりその特質なり問題は、なぜ江沢民は、2002年に「予測どおり」総書記職を胡錦濤に譲りながら、軍事委員会主席には2004年まで居座っていたのか、ということである。さまざまな説明がありうるが、それを公式の任期制限（1982年憲法）の反映とみるのは短絡的すぎる[33]。重要なのは、前述した総書記の国家主席兼任という新たな制度展開と、その背後にある政治的意図である。こうした歴史的経緯と結果としての集団領導制の強化により、常務委員会と軍事委員会とでは議長の江沢民を取り巻く制度的条件は、ルールの内容と行動への期待の両面において根本的に異なっていたといえる[34]。

　いずれにせよ、江沢民の執政期を通じて集団領導制はそれを構成するすべての制度要素において一層具体化、明確化された。そして、こうした制度的曖昧さの減少は行動への予測を容易にし、さらにその予測の実現は制度の行動的含意をより厳密にするという、序章で提示した制度の自己強化メカニズム（self-enforcing mechanism）の作用が観察された。こうして、集団領導制は安定期に入りつつあったけれども、それは決して集団支配を不安定化させる要因がすべて払拭されたことを意味するのではなく、むしろ集団領導制の制度化に内在するもう一つの問題を浮き彫りにすることになる。胡錦濤時代の幕開けである。

4　制度の確立（2002-2012）——安定とその副産物

　次の時期は、胡錦濤が総書記に就任した2002年の第16期4中全会から2012年第18回党大会までの時期である。この時期は、前の時期に回復された集団領導制のルールが持続的に強化、確立されていく時期としてとらえる

ことができる。

　各制度要素の発展の様相を概観してみよう。まず、意思決定の中核として
の常務委員会の地位およびその内部の分業制度の持続と強化である。それは
一面では常務委員の職務分布に宣伝系統と政法系統が追加されたことに示さ
れ（表1）、他面では、個人分業責任制度の「責任」の意味がより明確になっ
たことに現れていた。とりわけ後者に関しては、2004年9月第16期4中全
会を通過した「党の執政能力建設に関する中共中央の決定」に、意思決定上
の失策に対する責任追及制度が規定されたことが注目される。

　次に、意思決定制度については、ルールのさらなる強化が行われ、集団的
意思の集約という点でいえば、胡錦濤執政期の常務委員会は一つの頂点に達
していたと評することができる。一つは、常務委員会における総書記の位置
づけである。この時期、江沢民に付着していた「核心」という用語が使われ
なくなったことは周知のとおりである。関連して、2003年末の全国組織会
議の場で、常務委員で組織部長の曽慶紅は、「党委員会内において書記は『班
長』であり、重大な問題は集団で決める」ことを明確にしたとされる[35]。
なお、数年間の党内議論を経て2004年1月に公布された「中国共産党党内
監督条例（試行）」は、「集団討論を経て決定すべき事項を、集団討論を経ず、
またほかの成員の意見を求めず、少数の人が決定することは、緊急状況を除
き、必ず主要責任者の責任を追及しなければならない」ことを定めている[36]。

　一方、集団的権力継承のルールに関しては、江沢民時代に「先例」が設け
られた常務委員の年齢制限が「慣例」化し、さらに強化（70歳→68歳）され
るようになったことがあげられる[37]。併せて、第18回党大会における胡錦
濤の「全退」、すなわち総書記と軍事委員会からの同時引退は、集団領導制
の対象外として残されていた軍事委員会にも年齢制限のルールが及ぶように
なったことを示す画期的な出来事である。現代中国政治において年齢制限の
適用を受けない「聖域」はもはや存在しなくなったのである。

　このように、胡錦濤執政期に入り、集団領導制は各制度要素のさらなる細
部化と、適用範囲の拡大により、確実に安定と確立の経路をたどっていた。
江沢民期に生成された経路依存性の作用が如実に現れているのである。

　ところが、こうした集団領導制の安定は、それに内在するいくつかの構造

92　第2部　エリート政治

的問題を表面化させた。最大の問題は、1980年の鄧小平の表現を借りれば、「議論だけして決定しない」常務委員会への変質である。つまり、文革の原因でも帰結でもある第一書記への過度な権力集中を防ぐために集団領導制は必要ではあるが、議論だけの会議政治になるのも困るとのメッセージである。しかし、その後の制度発展、とくに1990年代以降の集団的意思決定の制度化はこうした会議政治の影を顕在化し、迅速で大胆な政策決定（および政策転換）を阻害する場面が、とりわけ胡錦濤執政期の後半に目立つようになった[38]。

　こうした傾向と緊密な関係をもっているのが、胡錦濤任期後半に表面化し始めた、中国政治における「利益集団」の台頭である。もちろんこの現象は社会における利益分化の現状を基盤とするものともいえるが、それが共産党内の政治過程に急速に顕在化したのは、政策決定と実施の両面における分業制度の定着と強化の流れと無関係ではあるまい。中央エリート政治のレベルで問題認識の深刻さを示しているのは、政法系統すなわち強制機構を担当していた周永康をめぐる疑惑であり、この点は、第18回党大会に誕生した新しい常務委員会の職務分布に政法系統が落ちていることからその懸念の大きさが垣間みえる[39]。

　要するに、胡錦濤執政期は、1980年代以来の集団領導制の制度的発展が一つの頂点に達し、安定と確立の様相を著しく示しつつも、その結果として集団領導制の構造的問題が露呈され始めた時期であった。こうした集団領導制確立の強い経路依存性とその問題の顕在化のなかで、習近平政権が発足する。

5　制度の進化（2012〜現在）——集団領導制の崩壊？

　最後に、習近平政権が誕生した2012年第18回党大会から現在までの時期である。動いているターゲットの輪郭を摑み、かつその軌跡を予測することはもちろん容易でない。その実態が不分明である場合はなおさらである。しかし、これまで考察してきた集団領導制の歴史的発展のプロセスに照らしてみれば、習近平執政下の集団支配の現状について一定の評価を与えることは可能であろう。

　まず、常務委員会の制度的地位と活動にいまのところ「異変」はみられな

い。活動の面では、会議の頻度において胡錦濤時代よりさらにその回数が増えていることが報告されている[40]。また、常務委員の職務分布においても、政法系統の政治局への格下げを除けば、常務委員会の権威喪失を示唆するような重大な変化は生じていない。現在のところ、毛沢東時代のように常務委員会が活動を停止したわけでも、鄧小平時代のように最終意思決定の地位が別の機構に実質的に移転されたわけでもないことは、明らかである。

ただし、こうした観察に対して、たとえば2013年末に成立した中央国家安全委員会を、同時に設立が決定された「中央全面深化改革領導小組」とともに、習近平による「集権的意思決定メカニズム」形成の一要素とみなすべきとの解釈も存在する[41]。このような解釈がもし正しければ、当該委員会の設立は、最高意思決定機構としての常務委員会の権威を相対化しかねない（あるいはそれを意図した）動きとしてとらえることもできるだろう。とはいえ、現在のところ、このような解釈を裏づける証拠、とりわけ当該委員会の組織体制や議事手続きに関する情報は全く不十分であり、集団領導制との関係性を論じる際にはなお慎重な姿勢が必要だと考えられる。

次に、集団的意思決定の現状はどうだろうか。議事録を読まない限り、内部の意思決定過程の具体的な様子は把握できない。だが、意思決定のルールや総書記の役割などについて既存の基本原則に重大な修正が加えられている証拠は見当たらない。

ただし、常務委員会における総書記の位相については、周知のとおり、胡錦濤時代に消えた「核心」という称号が復活している。加えて、2016年10月、36年ぶりに改定、公布された「新形勢下の党内政治生活に関する若干の準則」では、1980年の原文書（前述）の継承を説きつつも、重点は明らかに集団領導から「党中央」の権威強化に移っており、集団決定のルール、とりわけ書記と委員間の平等さを強調する原文書の項目は姿を消している[42]。

問題は、これまで論じてきた集団領導制の発展プロセスからして、これらの動きをどのように評価するかである。確かにいえるのは、胡錦濤政権期に露呈された意思決定の非効率性が「問題」として認識され、対応がなされているということである。しかし、集団的意思決定または分業責任制度の一部修正を、過去の慣行への単なる回帰として理解するのは、該当措置が公式化

した経緯やタイミングを説明するのに不十分である[43]。すなわちそれは、習近平執政以来の政策展開、またそれが生みだした新たな環境に対応するための、制度のさらなる「進化」として理解することがより適切なのかもしれない。

　最後に、集団的権力継承制度については、党と軍の指導部人事を観察する限り、いまのところルール違反の事例は確認できない。何より、第19回党大会を前に関心の的となっていた年齢制限のルールは、少なくとも結果的には、例外なく貫徹された。もっとも、胡錦濤以来つづいていた後継者任命（「隔代指定」）の慣行は踏襲されず、このことが今後のエリート政治の展開に大きな不確定要因になるということは、多くの観察者が指摘しているとおりである。しかし、年齢制限のルールが維持され、後継者任命の慣行が踏襲されなかったことは、何が制度の核心要素であり、またなぜそうなのかについての本章の考察を裏づける材料にはなりえても、集団領導制の発展経路の変更を示唆するものではない[44]。

　実際、党大会を前後したエリート幹部の大幅な入れ替えをみれば、集団的権力継承の現実はより一層明瞭となる。同時に、人民解放軍指導部の若年化への傾向も習近平執政以来さらに拍車がかかっている[45]。もっとも、実際に習近平と「個人的」に関係のある幹部らに昇進が集中していることがよく指摘されるが、その点は、集団領導制の原理となんら矛盾することではない。重要なのは昇進対象者のプールが制度的にあらかじめ決められていることなのである[46]。

　このように、本章で提示した集団領導制の制度要素とその関係にもとづけば、習近平政権下において集団領導制が突如として崩壊し、その結果中国政治が新たな個人独裁へのサイクルを始めている、という評価を与えることは難しい。とくに、過去30余年の集団領導制の歴史的展開に関する本章の考察に鑑みれば、中国のエリート政治の現状を毛沢東や鄧小平時代の再来にたとえる近年の多くの言説がいかに当時の政治的文脈への理解と考慮を欠いた、「没歴史的（ahistorical）」な議論であるかは明らかである。

　さらにいえば、現状は集団領導制の継続のみならず、そのさらなる「進化」を示唆しているのではないかと思われる。それを示しているのは、冒頭で紹

介した習近平執政後の「異変」そのものである。すなわち、権力確立の異常な速さや機構の新設、そして果敢な政策執行は、個人独裁への可能性を遮断する制度的保証なしではおそらく考えられないものであり、その意味で習近平の強さはまさに中国政治の制度化の産物ということができる。

III　議論──権威主義体制、制度、時間

　では最後に、本章の考察は、中国における集団支配の現状をより的確に評価することを超えて、広く権威主義政治における集団支配、ひいてはそれにもとづいた（権威主義的）政治秩序のあり方を考えるうえでどのようなインプリケーションをもちうるのだろうか。具体的に、現代中国における集団領導制の制度的発展の分析は、権威主義政治制度に関する既存理論の改善にどのような貢献ができるだろうか。第 I 節で提示した命題に関連づけて、次の二点を指摘しておきたい。

　まず、集団支配の制度化の第一の要件として、ルールの曖昧さの低減についてである。端的にいうと、中国の集団領導制は、制度的曖昧性の減少と制度の持続・強化の間に因果関係が存在することを裏づける重要な事例となる。しかし同時に、現代中国の経験は、その背後にある因果メカニズムの性質について、既存研究とは異なる観察を提供する。つまり中国の事例は、ルールの曖昧さや明確さはルールの公式性（formality）、すなわちそれがフォーマルな規定になっているかどうかという点とは直接には関係しないことを明らかにしている。たとえば、1982 年の党規約は、常務委員の分担する職務権限について具体的な規定をもっており（すなわち総書記、軍委主席、顧問委員会主席、中央規律検査委員会主席は常務委員がそれを担当することを規定）、その意味で常務委員会の核心性を公式化している。だが、その後の制度展開がそれとはおよそ反対の方向を辿っていたのはすでに検討したとおりである。要するに、ルールの曖昧さを軽減させるのは、公式性の有無というよりは、慣行や規範を含む他の関連制度との補完性の増大と、その結果としての行動的含意の明確化であることを、中国の例は示している。

　第二に、集団支配のもう一つの制度基盤をなしているルール遵守の誘因

96　第 2 部　エリート政治

（構造）の生成についてである。この点について、現代中国はとりわけ興味深い観察を提供する。すでに述べたように、中国の公式の文書は、集団領導制の制度的実質を集団決定と個人分業の融合とみている。しかし、本章の分析が示唆しているように、内部の職務分担と意思決定がルールどおりに機能するには、常務委員会の権威と安定した権力継承の保証が必要となる。とくに後者に関連して、1980年代初めの幹部制度の抜本的改革を起点とする指導幹部養成の制度化は、集団支配の安定を妨げる権力継承の問題について、現代中国政治が辿り着いた一つの解答である。こうした、旧ソ連のエリート政治に対するヴァレリー・ラザレフ（Valery Lazarev）の表現を借りれば、エリート内部の昇進契約（promotion contract）からくる制約と圧力にこそ、独裁者のコミットメント問題を緩和し、集団領導制の持続を支える中核的な制度基盤を見出すことができる[47]。

　こうしてみると、第Ⅰ節で取り上げた集団支配の制度化に関する既存研究の理論的知見に何が欠如しているかは明確になる。それは、制度的曖昧性の緩和であれ、ルールに従わせる誘因の生成であれ、それらの要因が実際に集団支配の作用に有効性を獲得するには、一定の「時間」が必要ということへの認識である。もちろんその時間とは、強い政治的意志を基盤とした制度創出の瞬間と、制度と行動の相互作用による経路依存性の生成をその内容にしなければならない。要するに、現に中国における集団領導制の存続を支えているもっとも根源的な基盤とは、本章で考察を加えた改革開放以降30余年にわたる制度発展の歴史そのものなのである。

おわりに

　以上、改革開放期における集団領導制の歴史的展開を、その中核的な制度要素の変遷に焦点を当て検討してみた。歴史叙述の濃密さを尺度にいえばあくまで概観にすぎないものの、「なぜそのような軌跡をたどってきたのか」という肝心の問いに、理論的・実証的観点から一定の解答を提示しえたと考えられる。中国における集団領導制が、ソ連共産党の経験を参考にしつつも、特有のプロセスを経ながら制度化のレベルを上げてきたということは、本章

で展開した議論だけでも明らかであろう。すなわち、複数の制度要素の束として、いくつかの重大な時点を経つつ、補完的かつ蓄積的に発展してきた集団領導制が、習近平執政後に急に崩壊に向かっているとは、論理的にはともかく、実証的にもそれを主張することは難しい。

しかし、繰り返しになるが、集団支配の確立と安定は、それを中核とする権威主義政治の安定を自動的に保証するものではない。第Ⅰ節の議論に話を戻せば、ローダーにとって、旧ソ連の共産党政権の崩壊は、個人独裁への変質ではなく、集団支配の確立がもたらした改革の困難に端を発していた。すなわち、集団支配の安定と上層部における力の均衡により、体制の刷新や政策の転換が遅延され、結果として社会の変化にうまく適応できない状況が生じていたのである。こうした視点に立てば、最近の習近平への権限集中は、集団領導制の枠内での出来事であると同時に、それに内在する改革停滞の危険や政策システムの硬直性といった問題に対処するための方策として、あるいは「演出」されているのかもしれない。

ただし、制度は生きものである。本章の考察に明らかなように、当初は異なる目的で行われたり正当化されたりしたルールの修正が、アクター間の力関係や相互作用のパターンに影響を及ぼし、やがて制度の実質を根本的に変化させることはありうる。集団領導制についていえば、意思決定と政策執行の効率性を向上させるために施した制度の修正が、個人支配の防止という制度本来の目的を阻害する結果をもたらすことも、理論的には考えられるのである。だが同時に、制度化に関する本章の考察が正しいとすれば、政治エリートの間で形成、強化されてきた行動への相互期待が簡単に消滅してしまうとは考えられない。そうならば、急激な制度変更には外的条件の急変とそれに対する危機意識（の共有）が必要となる。はたして中国は、現在そのような危機状況、つまりは決定的分岐点に来ているのだろうか。

1) 本章は『アジア経済』第58巻第3号（2017年9月）に掲載された「中国の『集団領導制』の制度分析―権威主義体制、制度、時間」に加筆・修正を加えたものである。
2) こうした言説は、国内外、学界・言論界を問わず、習近平体制に焦点を当てた研究・著作に広く観察することができる。必ずしも学術的論考ではないが、典型となる著作として、峯村健司『十三億分の一の男―中国皇帝をめぐる人類最大の権力闘争』

小学館、2015 年、Willy Wo-Lap Lam, *Chinese Politics in the Era of Xi Jinping: Renaissance, Reform, or Retrogression?*, New York: Routledge, 2015 がある。また、数少ない例外としては、菱田雅晴・鈴木隆『共産党とガバナンス』東京大学出版会、2016 年、とくに第 6 章を参照。

3）個人独裁のサブタイプは、研究者により異なるラベルで呼ばれている。典型的なものとして、個人主義（personalist）、（新）世襲主義（neo-patrimonial）、スルタン主義（sultanic）などがあげられよう。それぞれの出所は、Barbara Geddes, "What Do We Know about Democratization after Twenty Years?," *Annual Review of Political Science*, No.2, 1999, pp.115-144; Jason Brownlee, "And Yet They Persist: Explaining Survival and Transition in Neopatrimonial Regimes," *Studies in Comparative International Development*, Vol.37, No.3, 2002, pp.35-63; Juan J. Linz and H. E. Chehabi, *Sultanistic Regimes*, Baltimore, MD: Johns Hopkins University Press, 1998。

4）一党制（one-party systems）における権力の個人化の傾向は、サミュエル・ハンチントンがいち早く指摘している。しかしその傾向は、「革命」政権の成立「初期」に現れやすく、政権の革命的性質が薄れていき、また政治システムの公式化と制度化が進展するにつれ、低下していくものとされている。Samuel P. Huntington, "Social and Institutional Dynamics of One-Party Systems," in *Authoritarian Politics in Modern Society*, edited by S. Huntington and C. Moore, New York: Basic Books, 1970, pp.7-11. 他方、個人独裁を権威主義政治の普遍的あるいは循環的傾向とみなす最近の論考として、Dan Slater, "Iron Cage in an Iron Fist: Authoritarian Institutions and the Personalization of Power in Malaysia," *Comparative Politics*, Vol.36, No.1, 2003, pp.21-45 を参照。

5）Philip G. Roeder, *Red Sunset: Failure of Soviet Politics*, Princeton: Princeton University Press, 1993, pp.30-31.

6）Milan W. Svolik, *The Politics of Authoritarian Rule*, New York: Cambridge University Press, 2012, Ch.4.

7）背後に含蓄されているのは、「ルールとしての制度」と「均衡としての制度」の相違である。後者の立場からすれば、人の行動を動機づけるのは根本的には、ルールそのものではなく、他の人々の行動への予測なり期待である。関連する近年の理論的論考として、Douglass C. North, *Understanding the Process of Economic Change*, Princeton: Princeton University Press, 2005; Avner Greif and C. Kingston, "Institutions: Rules or Equilibria?," in *Political Economy of Institutions, Democracy and Voting*, edited by N. Schofield and G. Caballero, Berlin: Springer, 2011, pp.13-43; Francesco Guala, *Understanding Institutions: The Science and Philosophy of Living Together*, Princeton: Princeton University Press, 2016 を参照。

8）Terry M. Moe, "Power and Political Institutions," in *Rethinking Political Institutions: The Art of the State*, edited by Ian Shapiro, Stephen Skowronek, and Daniel Galvin, New York: New York University Press, 2006, p.39.

9）Beatriz Magaloni and Ruth Kricheli, "Political Order and One-Party Rule," *Annual Re-*

view of Political Science, No.13, 2010, p.136.

10) Valery Lazarev, "Economics of One-Party State: Promotion Incentives and Support for the Soviet Regime," *Comparative Economic Studies*, Vol.47, No.2, 2005, pp.346-363; Beatriz Magaloni, "Credible Power-Sharing and the Longevity of Authoritarian Rule," *Comparative Political Studies*, Vol.41, No.4-5, 2008, pp.715-741.

11) Svolik, *The Politics of Authoritarian Rule*, pp.72-75.

12) 制度的補完性については、青木昌彦『比較制度分析序説―経済システムの進化と多元性』講談社、2008年、第6章を参照。たとえば、中国国内でかなりの反響を呼んだ胡鞍鋼の研究は、本章同様、集団領導制をいくつかの制度要素に分解し、それぞれの歴史的展開をたどっている。しかしそこでは、各制度が独自の構造と成り立ちを有するものととらえられており、その間にどのような相互関係があり、全体としての集団領導制の進化にどのような影響を与えているかについての分析を欠いている。胡鞍鋼『中国集体領導体制』北京：中国人民大学出版社、2013年。

13) この時期の政治状況についての簡潔な叙述として、高原明生・前田宏子『シリーズ中国現代史⑤　開発主義の時代へ―1972-2014』岩波書店、2014年、とくに第1章を参照。

14) 具体的には、党委での意思決定において「少数が多数に服従する原則」を厳格に遵守すること、書記と委員の関係は上下関係でなく、かつ書記は党委のなかの平等な一員であること、を確認している。中共中央文献研究室編『改革開放三十年重要文献選編（上・下）』北京：中央文献出版社、2008年、125頁。

15) Melanie Manion, *Retirement of Revolutionaries in China: Public Policies, Social Norms, Private Interests*, Princeton: Princeton University Press, 1993, Ch.1; Richard Baum, "The Road to Tiananmen: Chinese Politics in the 1980s," in *The Politics of China: The Eras of Mao and Deng*, edited by Roderick MacFarquar, New York: Cambridge University Press, 1997, pp.23-26.

16) Wen-Hsuan Tsai and Chien-Wen Kou, "The Party's Disciples: CCP Reserve Cadres and the Perpetuation of a Resilient Authoritarian Regime," *The China Quarterly*, No.221, 2015, pp.4-5.

17) 『鄧小平文選』第3巻、北京：人民出版社、1993年、328-329頁。

18) 当時の政治的状況は、スターリン死後のソ連における集団支配体制の構築と制度化と類似している。たとえば、Evan Mawdsley and Stephen White, *The Soviet Elite from Lenin to Gorbachev: The Central Committee and Its Members, 1917-1991*, New York: Oxford University Press, 2000。

19) Alice L. Miller, "Institutionalization and the Changing Dynamics of Chinese Leadership Politics," in *China's Changing Political Landscape*, edited by Cheng Li, Wachington D.C: The Brookings Institution, 2008, pp.72-73.

20) 胡『中国集体領導体制』、39頁。もちろん、1982年党規約の該当項目には、「書記処は政治局とその常務委員会の領導のもとで日常工作を行う」ことをも明記している

が、その関係の内実については、指導部内に顕著な見解の違いが存在していた。たとえば、葉剣英「在党的十一届五中全会第一次会議上的講話」中共中央文献研究室編、1982年、388-390頁と陳雲を参照せよ。「胡喬木同志就党章修改問題答新華社記者問（1982年9月13日）」『中国共産党章程彙編（従一大〜十七大）』中共中央党校出版社、2006年、326頁。

21）『鄧小平文選』第3巻、329頁。

22）Harry Harding, *China's Second Revolution: Reform After Mao*, Washington D.C.: The Brookings Institution, 1987, pp.271-274; Ezra F. Vogel, *Deng Xiaoping and the Transformation of China*, Cambridge: Harvard University Press, 2011, pp.368-372.

23）寇健文『中共精英政治的演変：制度化与権力転移1978-2010（第三版）』五南図書出版、2013年、172-175頁。権力継承の問題は、後継者の指名後は、独裁者と後継者の間の不信を増大する結果をもたらす。

24）夏利彪編写『中国共産党党章及歴次修正文本彙編』法律出版社、2016年、262頁。

25）1980年代後半における鄧小平への権力集中の傾向については、毛里和子『現代中国政治』名古屋大学出版会、1996年、84-87頁、Baum, "The Road to Tiananmen: Chinese Politics in the 1980s," pp.342-343を参照。

26）常務委員会制度は実質的にも形式的にも、1987年の段階でほぼ形骸化している。

27）中共中央組織部研究室編『党的組織工作大事記　1993-1997』（内部発行）、党建読物出版社、1999年、140-141頁。なお、党委員会における集団討議と票決の対象になる重要問題は、江沢民によって「重要な政策、重要な幹部の任免、重要なプロジェクト、そして大額の資金の使用」（いわゆる「三重一大」）としてさらに具体化されている。江沢民「在中央紀委第六次全会上的講話」『人民日報』（1996年3月1日）。

28）寇『中共精英政治的演変』、pp.188-190；楊光斌『中国政府与政治導論』中国人民大学出版社、2003年、40頁; Andrew Nathan, "China's Changing of the Guard: Authoritarian Resilience," *Journal of Democracy*, Vol.14, No.1, 2003, pp.2-31.

29）もちろんこれは鄧小平が並外れた独裁者であったことを意味しない。後継者の養成を通じて自らの好む政策路線を確立させようとする試みは、政策の内容こそ違え、文革を通して毛沢東が追求しつづけた目標であったからである。

30）『鄧小平文選』、第3巻、310-311頁。

31）こうした制度重視の姿勢はしかし、新しい指導者に共通にみられる行動様式である。想起されるべきは、上述した1981年の「党と国家領導制度の改革」に示された鄧小平の制度への執着である。

32）Jing Huang, "Institutionalization of Political Succession in China: Progress and Implications," in *China's Changing Political Landscape*, edited by Cheng Li., Washington D.C.: The Brookings Institution, 2008, pp.86-87.

33）Svolik, *The Politics of Authoritarian Rule*; Miller, "Institutionalization and the Changing Dynamics of Chinese Leadership Politics," p.127.

34）ここでは踏み込んで議論しないが、軍事委員会は独自の歴史的経緯にもとづいた特

有の意思決定の仕組みを有している。習近平執政期になって改めて強調されていると
おり、軍事委員会は「主席責任制」を採用しており、常務委員会のそれと組織原理を
異にしている。総政治部組織部『中華人民解放軍組織工作大事記　1927-1999』解放
軍出版社、2002年。

35）胡『中国集体領導体制』、142頁。

36）中共中央文献研究室編『改革開放三十年重要文献選編』、67頁。

37）Miller, "Institutionalization and the Changing Dynamics," p.131; 寇『中共精英政治的演
変』、pp. 188-90。

38）Susan Shirk, "The Domestic Context of Chinese Foreign Security Policies," in *The Ox-
ford of Handbook of International Relations of Asia*, edited by Saadia Pekkanen, John
Ravenhill, and Rosemary Foot, 2014, p.407.

39）もちろんこの点で、最大の強制機構は軍隊であるが、江沢民執政期に軍人の常務委
員会入りが撤廃されたことの意味は極めて大きい。

40）Alice L. Miller, "Politburo Processes Under Xi Jinping," *China Leadership Monitor*,
No.47, 2015, p.7.

41）たとえば、高木誠一郎「第1章　『中央国家安全委員会』について」日本国際問題
研究所『中国の国内情勢と対外政策』、2017年、7-19頁（http://www2.jiia.or.jp/pdf/
research/H28_China/）。

42）「関于新形勢下党内政治生活的若干準則」（2016年10月28日）。

43）たとえば胡鞍鋼は、前掲著作の議論を拡大した最近の研究において、習近平の「核
心」地位の獲得を、民主集中制の基本原則および運用慣行の自然かつ必然な発現と評
価している。胡鞍鋼・楊竺松『創新中国集体領導体制』中信出版集団、2017年、37-
40頁。

44）「隔代指定」の慣行の弊害は、党大会の前から指摘されていた。たとえば、Zheng
Wang, "Succession: The Key Word in Chinese Politics," *The Diplomat*, October 11, 2017
（https://thediplomat.com/2017/10/succession-the-key-word-in-chinese-politics/）。

45）Cheng Li, "Promoting 'Young Guards': The Recent High Turnover in the PLA Leader-
ship," *China Leadership Monitor*, No.48, 2015, p.16.

46）中国共産党の後継幹部養成の制度化については、Tsai and Kou, "The Party's Disci-
ples," pp.1-20。

47）Lazarev, "Economics of One-Party State."

第4章 領導小組の制度変化
——中国の政策決定における半公式制度の機能の重層化

山口信治[1]

はじめに

中国の政策決定には二つのイメージがある。すなわち一方での高度に集権的な指導部によるトップダウン型の政策決定と、他方での部門ごとに縦割りでしばしば総合的調整に困難をきたすボトムアップ型の政策決定である。

トップダウン型のイメージによれば、中国の政策決定において重要なのは少数の指導者による決定であり、指導者の情勢認識や戦略的思考が決定を説明する。確かに、中国が中国共産党の一党独裁を継続する非民主主義体制であり、かつ民主集中制を標榜する共産党が中国も含めて各国で強力な独裁者を生みだしてきたことを考えれば、このイメージを完全に過去のものとして捨て去るのは早計であろう。

ボトムアップ型のイメージは、中国における官僚組織の発展と多元化を重視する見解であり、各組織の利益と選好、そして組織間の利益調整などが決定を説明するであろう。改革開放期以降の中国では、経済発展と国家の機能の複雑化が進むなかで、より高度の専門性をもった官僚組織が必要となり、政策形成もこうした組織を通じた過程が重要となってきた。しばしば中国の官僚組織は部門ごとの縦割りの弊害が大きく、その調整に非常な時間とコストがかかるとされている。

この二つのイメージがどのような関係にあるかという問題は、研究や報道の場において、ほとんど追究されてこなかった。本章ではこの二つのイメージをつなぐものとして、半公式の制度である「中央領導小組」に注目する。中央領導小組は、中国共産党中央政治局および中央書記処のもとに設置され、さまざまな政策領域について各部門の代表者が集まり、各部門間の調整、政

府の執行に対する指導、政策諮問などを行うグループである。領導小組の組織上の位置づけは曖昧である。一方で、領導小組は党や政府の公式の序列に入っておらず、その設置はアドホックな場合もある。他方で、領導小組の設置は党や政府の決定にもとづくものであり、非公式の制度と呼ぶことは適切ではない。本章ではこのような領導小組の曖昧な性質を「半公式制度」と表現する。

　本章の問題設定は、以下のような点にある。すなわち、領導小組とは何であり、どのような機能を果たしているか。なぜ中国政治において領導小組という、非公開・半公式の制度が機能を発揮し続けているのか。そして外形的にみて領導小組には一定の連続性を見出すことができるが、他方でその機能・役割は時期によって変化している。これをどのように説明するのか。本章はこうした点を、制度論的な枠組みを援用しながら分析する。

　領導小組は公開の制度ではなく、資料が欠けているために、唐亮などの先駆的研究を除いてその詳細は明らかではなかった[2]。しかし近年中国において報道や研究が増加し、ある程度分析が可能となっている[3]。先行研究では領導小組の機能の変化や重層性に注目してこなかった。

　本章は次のように構成されている。まず第Ⅰ節において歴史的制度論における制度変化に関する議論を参照し、分析枠組みを検討する。第Ⅱ節では現在の領導小組の機能を分析する。第Ⅲ節において中華人民共和国の建国以来、領導小組がどのように制度変化してきたのかという過程を分析する。

Ⅰ　歴史的制度論における制度変化の議論

1　制度変化に関する理論

　本章が着目するのは制度変化に関する議論である。歴史的制度論は、制度の安定性に着目する傾向が強い。すなわち制度は正のフィードバックを生じさせることで経路依存が起こり、安定的となる。長い安定ののち、制度はその流動性が高まり、アクターの選択肢が広がるとともに、それが大きな結果をもたらす決定的分岐点を迎える。そして、そこから新たな制度が創出される[4]。この観点から描き出される過程は、長い均衡と断絶的な不安定化を繰

り返す断続的均衡となる[5]。

　しかし、安定的で長期間継続している制度も、その設立当初の目的とは異なるものに変容していることがある。キャスリーン・セレン（Kathleen Thelen）は、機能主義的説明において、その制度の設立当初の目的は、現在果たしている機能から推論されるが、これが妥当でないことを指摘した[6]。

　ジェイムズ・マホニー（James Mahoney）とセレンは、制度内における権力配分がその内生的変化のもととなりうることを指摘した[7]。この観点によれば、制度は複数アクターの間のなんらかの協働とそのための制約にかかわるルールであるが、このルールは本質的に曖昧さを含んでいる[8]。この曖昧さのゆえに、ルールの解釈・適用・実施には一定の恣意性が付随する。すなわち、あるルールをどのように解釈し、適用すべきか、という点において明白な単一の解釈は存在しない。また制度は各アクターへの分配に関する含意をもち、あるアクターにとっては有利であり、あるアクターにとっては不利となりうる。そのために各アクターは自身に有利な解釈や適用・実施をめざす。こうした観点に立てば、制度とは本質的にダイナミックなものとなり、ルールをどのように解釈し、運用するかという点にはアクター間のパワー・バランスが反映されると考えられる。制度の変化は、外在的要因だけでなく、このようなせめぎあいのなかから内在的にも起こりうる。この観点は政治における制度の変化を考えるうえで重要である。

　マホニーとセレンは制度変化を四つのタイプに分類した。すなわち①置換（displacement）、②重層化（layering）、③漂流（drift）、④転用（conversion）である。まず置換とは、現存のルールの新たなものへの置き換えである。既存のルールは破棄され、新たなものが導入される。重層化とは、現存のルールの上へ新たなルールが積み重なる。既存のルールは残っていて効果を発揮しているが、それに新たなルールが接ぎ木されるという変化である。漂流とは、環境変化が既存のルールの効果を変え、新たなルールが加わったわけではないものの、かつてのルールも効果を弱めるタイプである。転用とは、既存のルールが内容変化するもので、新たなルールが付け加わるわけではない。マホニーとセレンは、このような変化が起きるメカニズムを、政治的コンテクストの特徴（拒否プレイヤーの強さ）と制度の特徴（解釈と執行における恣意

表1　制度の特徴とその変化の類型

	解釈の恣意性：低	解釈の恣意性：高
拒否可能性：高	重層化	漂流
拒否可能性：低	置換	転用

出所：James Mahoney and Kathleen Thelen, "A Theory of Gradual Institutional Change," James Mahoney and Kathleen Thelen eds., *Explaining Institutional Change: Ambiguity, Agency, and Power*, Cambridge: Cambridge University Press, 2010, p.19 より。

性の度合い）によって**表1**のように説明した。

　では制度変化はどのようなアクターによって起こされるのであろうか。マホニーとセレンは四つのタイプのアクターを想定した[9]。すなわち反乱者、共生者、制度内部の反対者、機会主義者である。反乱者は制度を一挙に置き換えうることを狙うが、制度的制約のゆえに漸進的置換を追求することになる。共生者は、寄生的共生者と相互的共生者に分かれ、どちらも公式には制度的現状維持を志向しているが、寄生的共生者は結果として制度の漂流を志向することになる。制度内部の反対者は最終的な制度の置換を狙うものの、当座の間は重層を志向する。機会主義者は様子をみながら制度の転換をめざす。

　マホニーとセレンの議論は、正のフィードバックによる経路依存と決定的分岐を強調する制度論に比べて、内生的変化の契機を強調しているという点において動態的であり、本章の議論にとって有用である。

　ただし、以下のような疑問点も同時に浮かぶ。第一に、制度変化をめざすアクターの性質についてである。共生者というカテゴリーは、権威主義体制の制度発展をみるうえで重要である。なぜならば権威主義体制が継続していくうえで、こうした共生者の利益を反映できる制度デザインが重要となるからである。しかしマホニーとセレンは寄生的共生者が制度の漂流をもたらすと論ずるのみで、相互的共生者については結果的に現状維持的となるとしか論じていない。しかし相互的共生者であっても、より多元化・複雑化した政治体制においては、それぞれが制度を自己の望ましい方向に解釈する結果、制度を変化させる可能性があると考えられる。第二に、制度の守護者が制度変化のなかで果たす役割について明らかでない。第三に、外生的な制度変化

106　第2部　エリート政治

の契機と内生的プロセスがどのようにかかわるのかという点も十分に検討されていない。

　こうした問題点は、本章が扱う中国の領導小組を扱ううえでも明らかである。本章はこうした理論的問題点をすべて解決することはできないが、一定の示唆を与えうるものである。

2　領導小組の制度変化

　領導小組の制度的特徴とその変化は、党と政府および諸部門の権力配分の問題として見立てることが可能である。領導小組は、党中央、国務院各部門などさまざまなアクターのなんらかの協働とそのための制約にかかわるルールであると考えられる。ただし、このルールは本質的に曖昧さを含んでいるがゆえに、これをどのように解釈し、運用するかという点にはアクター間のパワー・バランスが反映される。

　領導小組にかかわる参加アクターとして、党中央と政府の各部門が想定できる。党中央は制度の設定をするだけでなく、強力な拒否権アクターとなる。おそらく中国の政治体制のなかで作用する制度を考えるうえで重要なのは、アクター間のパワーの非対称性である。すなわち党中央、党指導部とそのほかの政府部門では著しい権威のギャップがあり、党中央は強力な拒否権アクターである。ただし、党中央は常に一枚岩というわけではなく、権力構造は時期によって異なる。このことは党中央のアクターとしての性質に影響を与えるだろう。

　政府の各部門は、党中央と基本的な価値を共有しており、その意味で制度の大幅な書き換えを志向するアクターではなく、相互的共生者であると解釈することができる。政府機関はあくまで党の指導を前提として受け入れている。ただし、各組織・部門はそれぞれの組織的利益や選好をもっており、ルールをできるだけ自己の利益にかなうよう活用・解釈・実施したいと考える。こうした傾向は、党政関係とアクターの数に規定されるであろう。党政関係においてその一体性が重視されている時期には、各機関・部門は独自の利益や選好を追求できないが、その自律性が許容されている時期には利益追求が可能となる。また政策に関与するアクターが増加するほど各アクターの

第4章　領導小組の制度変化　107

利益の違いは顕著となるだろう。

　相互的共生者が追求しうる制度変化は、重層化であると思われる。先のマホニーとセレンの議論では、拒否可能性が高く、解釈の恣意性が低いときに重層化が起きると論じていた。相互的共生者である政府各部門にとって、党は強力な拒否権をもっており、かつ基本的には党の指導に従うことが当然であるため、党が設定する制度を全面的に置換したり、転用しようとすることはない。領導小組において、制度に関する解釈の恣意性はほかの党にかかわる制度に比べて高いと思われるが、他方で制度が漂流することは、各部門にとって利益にならないため、相互的共生者としては重層化によって自己の主張を少しでも反映しうる制度に変容させるのが最適戦略となると思われる。

　以下の節で説明するように、領導小組の機能には大別して党の指導（政策決定）、政策諮問、政策調整の三つがある。これらの機能は相互に排他的なのではなく、制度が重層化というかたちで制度変化するなかで付与されたとみることができる。

　第一の機能、すなわち党の政府に対するコントロールは、党が政策の決定権をもつが、政府やその他の諸機関は政策決定に参与できず、その執行にのみ責任を負う。党が各部門の行動をコントロールするという意味において、党が圧倒的に優勢なパワー・バランスを想定できる。これに対して第二の機能である政策諮問において、党中央は各部門から関係者を集めて議論や研究を行い、場合によっては政策建議を行う。ただしあくまで最終的政策決定は党中央で行われる。党優位のもとで政府や各部門は政策に対して一定のインプットが可能となっており、その意味で一定の力をもつ。第三の政策調整においては、政府や各部門の相対的自律性が高まり、それぞれの部門的利益を追求するようになる。党は政策的一貫性を作るために調整の役割を果たすようになる。ここにおいても党の優位は継続しているが、各アクター間のせめぎあいという色彩が濃くなる。

II　現在の領導小組の機能と役割

1　領導小組とは何か

　領導小組とは、特定の政策分野にかかわる党や政府の代表者から成る半公式のグループであり、党の政府に対する指導、政策諮問、政策調整、執行の監視などの機能を果たしており、「議事協調機構」と呼ばれている。

　領導小組は非公開で設置されるグループであるが、他方で実質的なルールが存在しており、その意味で半公式の制度ととらえることが可能である。すなわち、領導小組は、政府機構の正式な序列に入っておらず、固定的な事務機構もなく、専任スタッフもいない。また日常的な職務上の職責がなく、平時は休眠状態となる。他方で、実際には機構・人員・職責などの面で実質的制度をもつ。実体的事務機構がなくとも、業務を受けもつ部門は明確にされている。また領導小組の会議結果は実質上の効力や制約をもつとされている[10]。

　領導小組は、政策課題に応じてアドホックに作られるものと、常設化されているものに分けることができる。また領導小組は党中央に設置されるだけでなく、国家レベルに設置されるもの（国家反恐怖工作領導小組など）、国務院に設置されるもの（国務院扶貧開発領導小組など）、地方に設置されるもの（省委全面深化改革領導小組）などがある。アドホックに設置されるものは、特定の政策課題に応じて作られ、政策課題が終了すると廃止されるため、領導小組の数は拡大と縮小を繰り返している。とくに地方レベルではよりアドホックな性質が強く、しばしば県委書記がさまざまな領導小組を作り、自らがその組長となることで、その壟断的権力を保持するための道具となっている。

　領導小組は組長と組員、事務機構から成っている。中央領導小組の組長には、中央政治局常務委員あるいは中央政治局委員が就くことが多い。メンバーには、党・政府の関係機関の長あるいは次長が就いている。たとえば中央外事工作領導小組の場合、国務院からは外交担当国務委員、外交部、国防部、公安部、国家安全部、商務部、香港マカオ弁公室、僑務弁公室、新聞弁公室、党からは中央宣伝部、中央連絡部、中央台湾工作弁公室、軍からは総

表 2 第 1 期習近平政権における主な領導小組とその事務機構

	組長	事務機構の設置方式
中央財経領導小組	習近平	単独設置
中央外事工作領導小組	習近平	単独設置
中央台湾工作領導小組	習近平？	国務院台湾事務弁公室と同じ機構
中央港澳工作協調小組	張徳江	国務院港澳事務弁公室と同じ機構
中央全面深化改革領導小組	習近平	（新設）
中央網絡安全和信息化領導小組	習近平	（新設）国家互聯網信息弁公室
中央軍委深化国防和軍隊改革領導小組	習近平	（新設）
中央統一戦線工作領導小組	？	（新設）
中央海洋権益工作領導小組	習近平	
中央農村工作領導小組	汪洋	中央財経領導小組が兼ねる
中央巡視工作領導小組	王岐山	中央規律検査委に設置
中央新疆工作協調小組	兪正声	国家民族委に設置
中央西蔵工作協調小組	兪正声	中央統一戦線部に設置
中央人才工作協調小組	趙楽際	中央組織部に設置
中央党的群衆路線教育実践活動領導小組	劉雲山	中央組織部に設置
中央宣伝思想工作領導小組	劉雲山	中央宣伝部に設置
中央文化体制改革和発展工作領導小組	劉奇葆	中央宣伝部に設置
中央党的建設工作領導小組	劉雲山	中央政策研究室に設置

注：（新設）は習近平政権に入ってから新たに設置されたことが明らかとなっているもの。
出所：周望「領導小組如何領導？：対中央領導小組的一項整体性分析」『理論与改革』2015 年第 1 期、97 頁を
　　　もとに作成。

参謀部のそれぞれの責任者が参加している。事務機構はさまざまな設置方式
があるが、中央外事工作領導小組の場合は単独で中央外事弁公室が設置され
ている。

2　領導小組の機能

　中国の政策決定において領導小組はどのように位置づけることができるの
だろうか。この点を論ずるには、まず中国の政策決定の全体像を俯瞰する必
要がある。現在の中国の政策決定においてもっとも重要な最高政策決定機関
は中国共産党中央政治局常務委員会である。中央政治局常務委員会は現在 7
名の委員で構成されており、原則としてこの 7 名による集団領導制をとって

110　第 2 部　エリート政治

表 3　中央における工作会議

会議名称	時期	対応する小組
中央対台工作会議	毎年 1 月	中央対台工作領導小組
中央経済工作会議	毎年 12 月	中央財経領導小組
中央農村工作会議	毎年 12 月	中央農村工作領導小組
中央外事工作会議	2006 年 8 月 2014 年 11 月	中央外事工作領導小組（中央国家安全領導小組）
全国宣伝思想工作会議	2003 年 12 月 2008 年 1 月 2013 年 8 月	中央宣伝思想工作領導小組
全国組織工作会議	2002 年 12 月 2008 年 2 月 2013 年 6 月	中央党的建設工作領導小組
全国人才工作会議	2003 年 12 月 2010 年 5 月	中央人才工作協調小組
中央政法工作会議	2014 年 1 月	中央政法委員会。全国政法工作会議から格上げ
中央民族工作会議	2014 年 9 月	
中央統戦工作会議	2015 年 5 月	中央統一戦線工作領導小組 （2015 年 7 月設立） 全国統戦工作会議から格上げ
中央扶貧開発工作会議	2015 年 11 月	国務院扶貧開発領導小組
中央軍委改革工作会議	2015 年 11 月	中央軍委深化国防和軍隊改革領導小組

出所：周望「領導小組如何領導？：対中央領導小組的一項整体性分析」『理論与改革』2015 年第 1 期、97 頁を
　　　もとに作成。

　いる。最高指導者は党総書記、国家主席、中央軍事委員会主席を兼ねており、制度的にみて圧倒的に強い権限をもっている。ただし、そのほかの政治局常務委員もそれぞれの政策主管担当領域をもっている（領導分工）。それぞれの委員は「系統」と呼ばれる中央から地方にまで至る党政府のそれぞれの政策領域を統括しており、最高指導者の独裁を防ぎ、集団領導制を担保している[11]。

　ここで重要なのが主要な中央領導小組の組長となることであると思われる。すなわち、組織横断的な中央領導小組の組長に政治局常務委員が就くことで、系統ごとの政策指導や実施の調整・監督を行うことができるのである。とくに胡錦濤政権では 9 名の政治局常務委員がそれぞれ重要な中央領導小組の組長を兼ねることで、最高指導部内の集団領導制を確立していたとみることが

できる。

　領導小組が中国の政策決定において果たしている機能について、本章では①党の政府に対するコントロールと政策決定、②政策に関する諮問、③政策調整、に整理する[12]。

　より具体的には、領導小組は会議の開催や文件の起草を通じてこうした機能を果たしている。会議とは小組自身の会議のほか、工作会議の開催も含まれている。領導小組は工作会議の開催をとり仕切っている。表3にみられるように、中央経済工作会議や中央対台工作会議は毎年の政策方針を確認する場であり、年1回の開催が定例化している。その他の工作会議についても約5年に1回開催されているものがあり、中共中央委員会の任期ごとの開催がほぼ定例化しているとみることができる。また領導小組は「通知」や「意見」というかたちで文書を作成している。

Ⅲ　領導小組の制度的発展

1　制度変化の過程

　領導小組は、中国の政策決定において政治局常務委員会とそれぞれの党・政府組織をつなぐ役割を果たしている。この制度の変遷を通時的に概観すると、以下のような特徴を指摘することができる。

　第一に、他方で領導小組という枠組みそのものは、文化大革命の時期を除いて、長期にわたって使われ続けている。毛沢東時代から1980年代にかけて、領導小組の設置と廃止が繰り返されたものの、とくに1990年代以降、常設的な領導小組の制度化が進んでいるといえよう。このような領導小組の制度化は、最高指導部における制度化と並行して起きた。すなわち政治局常務委員会における集団領導制、領導分工と、中央書記処の地位の低下に対応するかたちで領導小組の制度化も進展した。

　第二に、領導小組はそもそも設置された当初の意図をそのままのかたちで残しているのではない。これまでも述べてきたように、領導小組には少なくとも三つの機能を見出すことができる。すなわち党の政府に対するコントロール、政策に関する諮問、政策調整である。重要な点は、これら諸機能を

領導小組が担うことは、初めから意図されていたのではないということである。また、これら諸機能の比重も時期によって大きく異なっている。

　第三に、領導小組は、もともとの主要機能にそのほかの機能が積み重なり、現在ではその積み重なった部分が大きくなるという制度変化の過程を経ている。

　このような領導小組の中国政治における位置づけの変化は、①党政関係の変化と党の指導、②権力闘争の手段、③政策調整の必要性の増大、という三つの要因の組み合わせによって生じた。この三つのうち、現在では次第に③の重要性が高まっているとみられる。

　まず、党政関係の変化と党の指導である。中国政治における大きな論点の一つが、共産党がいかに政府に対する指導を実現するかという点である。唐亮によれば、党内の行政担当機構は党の政府に対する指導を具現化する存在であり、「工作部門（対口設部）」と「議事協調機構」に分かれる[13]。工作部門とは行政機構に対応するかたちで党内に作られる組織で、農村工作部、工業工作部などがある。これに対して、議事協調機構には領導小組、協調小組などの半公式グループが含まれる。工作部門は、党が政府の機能をほとんど代行するかたちで党の指導を貫徹させるのに対して、半公式グループはよりアドホックなかたちで全般的指導と調整を行う。これらは1980年代以降、党政関係の改革によってその位置づけが左右された。

　次に領導小組は、党中央における権力・権限の分配のなかで役割を果たすことがある。政治指導者にとって領導小組の組長ポストを獲得することが権力資源となることがある。たとえば、中央経済領導小組は1980年代において趙紫陽が組長を務め、彼の影響力が非常に強かったとされ、そのため領導小組は天安門事件後に解散した。しかしその後1993年には江沢民を組長として領導小組が復活した。これは江沢民が李鵬から経済政策に対する指導権限を奪うためであったともされている[14]。

　最後に、政策調整が現代中国の政策決定で非常に重要になってきており、そのなかで領導小組が重視されるようになっている。中国の経済発展と国家の機能の複雑化が進むのにともない、高度の専門性をもった官僚機構が膨張し、政策決定にかかわるアクターは増加してきた。こうした官僚組織はしば

第4章　領導小組の制度変化　113

しば自己の政策選好をもち、ほかの部門と競争するため、縦割りの弊害を生みだしてきた。こうした縦割りの組織間の差異を埋める調整メカニズムの必要性が上昇しており、領導小組には調整機能を果たすことが期待されるようになっている。

2 毛沢東時代の曲折

(1)中華人民共和国建国初期（1949–1955）

中華人民共和国建国初期において、中国共産党の政府に対する指導は制度的に保証されたものではなかった。このことはいくつかの要因による。中国共産党は当初、「連合政府」という建前を維持していたため、政府に対する指導を保証するチャネルをもたなかった。

1953年に始まる第1次五カ年計画によって、計画経済を運営する必要性から政府機能は複雑化した。さらに1954年憲法が制定されたことで、公式制度の強化が図られるという傾向のなかで、党の指導をいかに具現化するかという点が問題となったのである。1953年3月、中国共産党は、党中央への請示・報告制度の樹立および党中央の政府に対する指導強化を決定し、党中央の有力指導者がそれぞれ担当政策領域をもつ「分工領導」を開始した。それによれば、国家計画は高崗、政法工作は董必武、彭真、羅瑞卿、財経工作は陳雲、薄一波、鄧子恢、李富春、曽山、賈拓夫、葉季壮、文教工作は習仲勲、外交工作は周恩来、その他は鄧小平が責任者として統括することになった[15]。また同決定は「今後政府工作における一切の主要・重要な方針、政策、計画と重大事項は、すべてまず中央の指示を仰がねばならず、また中央の討論と決定あるいは批准を経てからはじめて執行できる」ことを規定し、中央に情報と決定権限を集中させることを意図していた[16]。

小組についてみると、中国共産党は、中華人民共和国建国以前から、何らかのプログラムに取り組むための特別チームとして小組を作り、その指導に当たるという方法を多用してきた。こうした方法は1949年以降も引き継がれ、1951年の第1次五カ年計画策定のための六人小組設置、1955年の中央原子能事業三人領導小組設置にみられるようなプロジェクト指導的な領導小組が設置されていた。

114 第2部 エリート政治

表 4　1958 年に設置された五つの小組

小組	メンバー
財経	陳雲、李富春、薄一波、譚震林、李先念、黄克誠、鄧子恢、聶栄臻、李雪峰、賈拓夫、王鶴寿、趙爾陸
政法	彭真、董必武、烏蘭夫、羅瑞卿、張鼎丞
外事	陳毅、張聞天、王稼祥、李克農、廖承志、葉季壮、劉寧一
科学	聶栄臻、宋任窮、王鶴寿、韓光、張勁夫、於光遠
文教	陸定一、康生、陳伯達、林楓、胡喬木、張際春、周揚、楊秀峰、銭俊瑞、張子意

出所：「中共中央、国務院関於中共中央設立外事小組和国務院設立外事弁公室的聯合通知」中央档案館・中央文献研究室編『中共中央文件選集』27 巻、北京：人民出版社、2013 年、140-144 頁。二重下線は組長、下線は副組長。

(2)党への権力集中（1956-1976）

　党中央の基本的な指導制度が作られたのは、1956 年の第 8 回党大会（八全大会）においてである。この時作られたのが、「大政方針は政治局が決定し、具体的な差配調整は書記処が行う」といわれる中央政治局常務委員会と中央書記処を中心とする体制であった。

　中央政治局常務委員会は、1934 年以来中央書記処と呼ばれてきた指導機関が改組および名称変更され、改めて中央政治局の常務機構として重要方針を決める最高政策決定機関となった。また中央書記処は、実際の政策の遂行、調整、管理を行う機構として設置され、文書の流れなどは書記処を通すようになった。

　八全大会で作られたシステムは、党による政府の指導を強化することを主眼においていた。この中央政治局常務委員会―書記処に直属するかたちで党の行政担当機構が設置された。1953 年から 1956 年にかけて、工作部門として中央農村工作部、中央財政貿易工作部、中央工業工作部、中央交通工作部などが設置された。これら工作部門は党によって政府を代行するものであった。

　さらに大躍進運動が始まると、党への権力集中が図られた。現在の領導小組につながる中央小組が数多く設置されたのもこの時期であった。1954 年には中央対台工作三人小組が設置された。1957 年 1 月、中央経済工作五人小組が成立した。また 1958 年 6 月、中共中央は財経（組長：陳雲）、政法（組長：彭真）、外事（組長：陳毅）、科学（組長：聶栄臻）、文教（組長：陸定一）

の五つの中央工作小組をこの時設置した。中央工作小組は中央政治局と書記処に直属し、直接報告するものとされた。五つの小組の設置に関する指示は、「『政治設計院』は一つだけであり、二つはない。大政方針と具体的配置は一元化し、党と政府を分けない。……大政方針と具体的配置について、政府機構とその党組は建議する権利をもつものの、決定権は党中央にある」[17]と述べて、党の優位をうたっている。

　当時の中央工作小組は実際にはどのような役割を果たしていたのだろうか。まず経済にかかわる小組を事例にみてみよう。1957年に成立した中央経済工作五人小組は、経済政策に専門性をもつ有力指導者たち（陳雲、李富春、薄一波、李先念、黄克誠）を集めており、かつ中央政治局の指導のもと、全国の経済工作を統一的に指導するグループであるとされていた[18]。中央経済工作五人小組は、実際に経済政策の決定に大きな影響力を有していたと思われる。たとえば1957年後半に実行された中央・地方の管理体制の調整案はまず五人小組で練られ、7月25日に中央がこれを各省に通達したのち、9月20日から始まった中共8期三中全会において陳雲が行政管理体制改革に関する報告を行っている[19]。

　これに比べ、1958年に設置された中央財経小組はあくまで諮問的グループであり、議論や研究を行う場であって、経済政策の決定への影響力は間接的であった。中央財経小組は、陳雲が組長、李富春、薄一波、譚震林が副組長、薛暮橋が専任の秘書を担当した[20]。そのほかのメンバーとしては、李先念、黄克誠、鄧子恢、聶栄臻、李雪峰、賈拓夫、王鶴寿、趙爾陸が含まれていた[21]。薛暮橋によれば、小組の任務は調査研究を行い、中央に状況を報告し、中央指導者が読む内部刊行物『経済消息』を提供することであった。『経済消息』は薛暮橋が主管する雑誌で、陳雲がこれを非常に重視していたという[22]。小組は1958年から1959年にかけて経済問題の討議を繰り返した。しかし大躍進政策は中央のコントロールを離れるかたちで展開した。大躍進政策が混迷を深めるなかで、組長であった陳雲の健康問題もあって中央財経小組の会議は開催されなくなっていった。『陳雲年譜』から確認できる限りでは、1959年5月24日の会議以降、小組は会議を行っていない[23]。

　その後中央財経小組は、大躍進後の経済調整政策をさらに推進することを

狙い、1962年の2月末もしくは3月に復活した。陳雲が組長、李富春と李先念が副組長となり、周恩来、譚震林、薄一波、羅瑞卿、程子華、谷牧、姚依林、薛暮橋などがメンバーとして加わっていた[24]。劉少奇の指示により、小組は諮問的グループではなく、政策決定機構として経済政策を統括することとなった[25]。

　中央財経小組は、1962年の経済調整政策を主導した。1962年3月7日と8日に最初の会議が開催され、調整方針が検討された。同年4月2日から4日にかけて小組拡大会議が開催され、報告草案の作成が進められた[26]。組長の陳雲の健康状態がよくなかったこともあり、報告作成を主導したのは周恩来であった。4月30日、中央財経小組は「1962年調整計画の討論についての報告」を党中央に提出し5月に党中央の同意を得た[27]。しかし毛沢東は、夏の北戴河会議において階級闘争を強調し、農村で広まっていた生産責任制を批判した。生産責任制を主張していた鄧子恢・田家英らが批判を受け、同様の主張をしていた陳雲も間接的な批判を受けたことで、中央財経小組の活動は停止した。

　中央外事小組は、国務院外事弁公室とともに1958年3月6日の通知によって設立された。外事小組は陳毅を組長とし、張聞天、王稼祥、李克農、廖承志、葉季壮、劉寧一をメンバーとしていた[28]。同年6月の通達時も同じメンバーで成立している。外事小組の政策決定に対する権限はそれほど強くなかったと思われる。なぜならば、外交に関する決定権限は毛沢東や周恩来といった最高指導者層にあり、そうした指導者を含まない外事小組が大きな決定を下せたとは思われないためである。

　中央科学小組は、主に軍事にかかわる科学技術開発を担うグループであった。1950年代末から1960年代にかけて科学技術開発の大きな課題が核開発とミサイル開発であった。科学小組に求められたのは、1956年に周恩来、聶栄臻らが作成した「1956-1967年科学技術発展遠景規画綱要」を実現するための施策を検討し、決定することであった。小組が科学技術問題について大きな影響力をもっていたことは、1958年11月に国防部航空工業委員会が国防科学技術委員会に改組される際に、委員会は中央軍事委員会と中央科学小組の指導のもとで運営されることが決定されたことからもわかる[29]。科

第4章　領導小組の制度変化　117

学小組は毛沢東に対しても直接報告を行っている[30]。科学小組は1959年以降、あまり表立った活動をみせなくなるが、1961年に再び活動するようになった。1963年には中央科学小組および国家科学委員会党組名義で「1963-1972年科学技術発展規画的報告」「1963-1972年科学技術発展規格綱要」「1963-1972年科学技術事業規画」の三文書を毛沢東および党中央に送り、12月にこれが批准されている[31]。このように中央科学小組は政策決定と諮問において大きな影響力を発揮したことが明らかである。

　その後、文化大革命が始まり、党や政府が実権を失うなかで、小組のような機構も活動を停止した。なお1969年まで文革を指導した中央文革小組は非公式かつアドホックに設置されたという意味でそれまでの小組と同様のかたちで設置されている。

　以上のように、毛沢東時代の領導小組は、党の指導を徹底し、決定にも関与するグループであった。その背景にあったのは、毛沢東の公式・非公式の圧倒的権威であったと思われる。

3　政治改革の試み（1978-1989）

　文革終結後、政府や党組織が再建されるなか、1980年2月に中央書記処（胡耀邦総書記）が復活したのと前後して、領導小組も再び設置された。1978年に政法小組、1979年には中央台湾工作領導小組、1980年に中央財経領導小組、1981年に中央外事工作領導小組がそれぞれ設置されている。またこの時期に新たな領導小組も設立されている。1980年の中央対外宣伝小組、1982年の中共党史領導小組などである。最高指導者となった鄧小平は、若年幹部を抜擢し、第一線として中央書記処に配置していくことを構想していた[32]。鄧小平が問題意識としてもっていたのは、中国共産党への権力の過度の集中、兼職・副職が多いこと、党政不分・以党代政（党による政府の代行）、指導者の老齢化と後継者・若返り問題であった。

　1980年代の中国政治に顕著だったのが、特定のリーダーが政策分野を統括するという様相であり、領導小組はそのなかで諮問グループ的な役割を果たした。

　中央財経領導小組は、1980年3月17日、中央政治局常務委の決定により

118　第2部　エリート政治

成立した。趙紫陽は1989年6月の失脚に至るまで、一貫して中央財経領導小組を率い、そのほかの委員には余秋里、方毅、万里、姚依林、谷牧らが名を連ねていた。趙紫陽は初めから政策を統括できたわけではなかった。趙は胡耀邦との間でどのように権限を分けるかという問題に直面した。趙紫陽の回想によれば、胡耀邦は経済政策に関しても口を出そうとし、かつ趙紫陽と胡耀邦の考え方が大きく異なったため、問題となった。1983年3月15日、鄧小平は2人を呼び、経済政策の担当は国務院と中央財経領導小組とし、中央書記処は基本原則や主要政策のみに関与し、個々の経済施策に介入しない、とのルールを作った。これにより、少なくとも具体的な経済政策について胡耀邦が口を出すことはなくなったという[33]。

　1987年の中共13全大会で趙紫陽が総書記となったのちも、李鵬首相が経済政策に疎かったため、趙紫陽が引き続き中央財経領導小組組長を担当することになった。しかしその後、経済的混乱が起きて趙紫陽に対する保守派の批判が高まると、李鵬は中央財経領導小組からの勧告・提案などを国務院で取り上げなくなったという[34]。

　中央外事工作領導小組は、李先念が1987年まで組長を務めた。1981年2月11日の中央政治局会議において、趙紫陽が首相になって間もなく、国内問題に集中させるとの理由で、李先念が対外政策を主管し、外事工作領導小組を成立させること、メンバーは李先念（組長）、趙紫陽、万里、谷牧、陳慕華、姫鵬飛、廖承志、黄華、伍修権、黄鎮、朱穆之とすることが決定された[35]。中央外事工作領導小組は、1981年2月25日に第1回会議を開催し、そのなかで二つの主要任務が指摘された。すなわち第一に外交に関連する大政方針の討論、第二に関連部門の外交工作における問題の調整である。

　中央外事工作領導小組はどのような役割を担っていたのだろうか。趙紫陽は小組を諮問的グループと位置づけていた。インタビューによれば趙紫陽は「小組の主要な機能は、意見を交換し、問題を研究し、議論すること」であり「いかなる具体的措置がとられるかを決定するのではない」と発言している[36]。こうしたことから小組はそれほど大きな影響力をもっていないように思われた。

　しかし実際には、1982年から1987年の半引退まで組長を務めた李先念の

第4章　領導小組の制度変化　119

もとで、かなり頻繁に会議が開かれており、活動は活発であった。1983 年 7 月 8 日、中共中央は「中央外事工作領導小組成員についての通知」を出し、小組のメンバーを李先念（組長）、趙紫陽、万里、姫鵬飛（副組長）、呉学謙、谷牧、陳慕華、喬石、耿飇、伍修権、銭李仁、朱穆之、徐信、陳楚とした[37]。この際に中央外事小組は、軍事に関わる重大な外交工作も統合的に扱い、重大な渉外事項も討論するようになった。また 7 月 13 日の会議において、李先念は、外交部は毎月中央外事小組に対して国際情勢と工作状況に関する総合報告を上げること、その他の外事・渉外部門も四半期に一度同様の報告を上げるとの決定を明らかにした[38]。

　この時期の対外政策は、外交部をはじめとする関連部門がまず文書を作成し、中央外事小組における討論を経て建議が出され、その後外交部などが修正するという過程を経た。多くの場合、李先念が文書を中央書記処、中央政治局、中央政治局常務委員会に送りそこで決定がなされたという[39]。ただし同時に、李先念は、重大問題については鄧小平に伺いを立てるとの点も強調していた[40]。その意味で李先念指導下の外事工作領導小組は、決定と諮問の機能が強かったといえよう。

　その後、1980 年代の党による政府の代行の改革をめざす政治改革のなかで、工作部門や領導小組は整理・縮小されるべき対象となった。1987 年 12 月、中央政治局は「党中央、国務院の機構改革法案についての報告」および「党中央直属機構改革実施法案」を批准し、党政分開がめざされた。かつて大きな力をもっていた中央書記処はその機能と権限が縮小させられた。また党内工作部門のほとんどが廃止された。その流れのなかで、領導小組についても、国務院部門と機能の重なる領導小組とその事務機構を廃止することが決められた。

　1987 年 10 月に開催された中共第 12 期七中全会は、趙紫陽らが作成した「政治体制改革総体設想」に同意した。同文書は政治体制改革の方向性を示し、そのなかで領導小組について、中央財経小組、中央思想宣伝小組、中央外事工作小組などを残し、また中央政法委員会を中央政法小組とするほか、その機能についても大政方針を研究するものとし、政府各部門に対する管理を否定した[41]。たとえば政法工作領導小組は、政策調査研究機構として、

それまでのように政法工作会議を主催したり、文書を通知したり、具体的案件に関与したりせず、公安、検察、人民法院がそれぞれの職権を独立して行使するという党政分離の原則を体現するものとなったという[42]。

しかし1989年の天安門事件後、政治改革は頓挫し、再び党の指導が強調された。たとえば中央政法委員会は、党政分離のなかで降格され中央政法領導小組となったが、天安門事件後に再び中央政法委員会となった。これは天安門事件を経て、公安や司法における党の指導の重要性が上昇したためであると思われる。領導小組の整理・縮小は停滞することとなった。

1980年代の領導小組は、特定の指導者の諮問グループ的な意味合いが強かった。その指導者の権限において政策決定への関与も継続した。その背景にあったのは、この時代に特有の権力構造であったと思われる。すなわち、重要な問題に関する最終決定権は鄧小平がもつものの、鄧は具体的問題に干渉して指示を行うことが少なく、これは他の有力指導者たちに任された。しかし有力指導者たちの権限は必ずしも制度化されたものでなかったため、有力指導者間の権力闘争が激化する傾向にあった。それは最終的には鄧小平が仲裁するほかなかった。有力指導者が力を失うと、領導小組も決定に関与できなくなるという特徴があった。

4 領導小組の制度化（1992-2011）

1990年代に入り、改革開放が再加速され、社会主義市場経済が打ち出されるなかで、党の指導を強調しつつ、限定的な政治改革が再びめざされるようになった。とくに強調されたのが、党の指導と党政関係の制度化であった。

1993年3月の中共第14期二中全会において、「党政機構改革方案」が採択され、同年7月、一度は頓挫していた党政機構改革の実施が通達された[43]。この時の機構改革では、党政分離をめざした1987年の改革に比べ、「党政改革実施方案」は、中央各部門の職能を確定し、中央各部門間、中央各部門と国務院各部門の間の関係を整理することを重視していた。1993年まで各種領導小組の定義は固定されておらず、臨時機構、非常設置機構などと呼ばれてきたが、1993年に「議事協調機構および臨時機構」という名称に統一された。

第4章　領導小組の制度変化　121

また 7 月 15 日には中央編委弁公室「中央直属機構改革実施意見について」の通知が通達された。それによれば、今回の整理により、12 の議事性委員会あるいは領導小組を残すこととした。すなわち中央財経領導小組、中央対台工作領導小組、中央機構編制委員会、中央外事工作領導小組、中央農村工作領導小組、中央党的建設工作領導小組、中央宣伝思想工作領導小組、中央党史領導小組、中央社会治安総合治理委員会、中央保密委員会、中央密碼工作領導小組、中央保健委員会である[44]。

　また同意見は事務機構の設置も規定している。たとえば①特殊任務があるものは事務機構を単独設置とする、②職能が近いものについては事務機構を合体させる、たとえば中央政法委員会と中央社会治安総合治理委員会、③会議性の活動のものについては議事機構をおかず、秘書工作人員をおくのみとする。たとえば中央党的建設工作領導小組、中央宣伝思想工作領導小組など、④具体的な事務は関連機構が請け負い、専門事務機構は設けないタイプ、たとえば中央農村工作領導小組は中央財経小組弁公室農村組が担い、中央外事工作領導小組は中央外事工作領導小組弁公室＝国務院外事弁公室が担うなどである。

　前述のように、江沢民は李鵬から経済政策についての影響力を奪うために、中央財経領導小組を復活させ、自らその組長についたとされている。また同時期に中央外事工作領導小組の組長も江沢民となっており、江沢民が指導部内において権力を確立する過程で領導小組を利用したという面が見出される。

　胡錦濤政権において、領導小組の制度化はさらに進展した。2004 年 9 月、中共中央は「党の執政能力建設強化についての決定」を下達し、各種領導小組やそのほかの協調小組の規範化を進め、一般に実体的な事務機構を作らないことを指示した[45]。2007 年 10 月の十七全大会報告においても、胡錦濤は「各類議事協調機構およびその事務機構を簡素化・規範化」する必要性を訴えている[46]。2008 年 3 月には中共中央、国務院が「行政管理体制改革の深化についての意見」を出し、各種領導小組や協調小組の削減と整理を指示した。このなかで領導小組や協調小組などをまとめたカテゴリーとして、「議事協調機構」という名称に統一することとなった[47]。

　領導小組という制度が固定し、かつ問題解決の方法として一定の経路依存

性をみせていたことを示しているのが、江沢民時代の国家安全委員会設立議論とその挫折である[48]。1999 年在ユーゴスラビア中国大使館誤爆事件への対応において各国内部門との調整がうまくいかなかったこと、また 1997 年から 1998 年にかけてのアジア金融危機によって経済的安全保障の議論が起ったことから、江は、こうした総合的安全保障を担う組織として中国版国家安全保障会議の設立をめざした。しかし、国家安全委員会を設立して江沢民がそのトップの座に就いた場合、重要問題についての最終的決定機関が中央政治局常務委員会ではなくなり、総書記への権力集中が進むこと、および任期を超えて権力の座に居座り続けることへの批判が大きかったため、これは頓挫したという。

　胡錦濤政権において、領導小組は中央政治局常務委員会における集団領導制、領導分工と結びつくかたちで、制度化が進展した。胡錦濤政権では、9名の政治局常務委員が多くの領導小組組長に就くことで、常務委員会内における権力分有が進んだ[49]。しかし、このような権力分有が固定化した結果、コンセンサス形成に時間がかかり、効率的な決定を下すことが難しくなっていった。さらに周永康が中央政法委員会を権力基盤として影響力をふるったように、「独立王国化」する懸念も生まれた。

　1990 年代以降、中国政治において二つの傾向が顕著となった。一つは政策に関与するアクターの多元化であり、もう一つが制度化である。政策に関与するアクターが多元化するなかで、各アクターの利益や選好は以前に比べて分化し、かつそれぞれがそうした利益や選好を追求するようになった。党中央からみた場合、国家の政策がバラバラにならないよう、これらをうまく調整する必要性が増大した。この調整の過程は、もちろん党の原則的方針を守るという大前提はありつつも、各部門からのインプットを受け付けることを意味する。各部門からすれば、この場において党がそれぞれの部門の選好や利益を一部でも受け入れるのであれば、それは各部門にとっての利益につながる。その結果、それまで以上に、政策調整機能についての正のフィードバックが高まることになり、政策調整機能の比重が高まっていったとみることができる。

第 4 章　領導小組の制度変化　123

5　習近平政権（2012-2017）

　習近平は、新たな領導小組を数多く設置し、また多くの組長ポストを兼任しており、領導小組の利用が習近平政権の政治運営の一つの大きな特徴となっている。新たに設置された小組をみると、中央全面深化改革領導小組、中央網絡安全息化領導小組、中央軍委深化国防和軍隊改革領導小組、中央統戦線工作領導小組（組長はまだ不明）、中央海洋権益工作領導小組（胡錦濤政権末期）と多岐にわたり、また領導小組ではないものの、国内外の安全保障問題を統括する中央国家安全委員会も設置された[50]。さらに中央財経領導小組の組長ポストも習近平が兼ねている。

　さらに習近平政権に入ってから顕著となっている特徴として、規模の大きな小組が設置されていること、公開化が進展していること、トップダウンの政策デザイン（頂層設計）が強調されていることがあげられる。たとえば中央全面深化改革領導小組は習近平を組長とし、その他に3名の政治局常務委員、10名の政治局員を含む規模と管轄範囲の非常に大きな小組である。同小組は2013年の18期三中全会で採択された「改革の全面的深化における若干の重大な問題に関する中共中央の決定」を実行するために設置されたものであり、2015年末の時点ですでに19回の全体会議が開催されており、それがすべて報道されている。

　このような習近平による領導小組を利用した政治運営は、①胡錦濤時代に集団領導制が固定化されすぎた結果、トップダウン型の決定ができなくなったことへの反省、②体制改革を推進するために組織横断的な小組の必要性が高まっていること、③領導小組の組長を数多く兼務することで、習近平の権力掌握を推進する、という理由によっていると考えられる。この三つは習近平にとって相互補完的であり、胡錦濤時代の行き過ぎた集団領導制を是正して党中央の自律性を回復し、体制改革を推進するために、領導小組という半公式制度を利用した権力集中が進められている。

　2017年10月18日、習近平は中国共産党第19回全国代表大会において演説を行い、新時代の幕開けを宣言するとともに、自身の強大な権力を印象づけた。その習近平報告のなかに、議事協調機構の制限に関する言及はなかった[51]。このことはまさしく領導小組による政治指導を重視する習近平の姿

勢を表しているといえよう。

　習近平は、毛沢東や鄧小平のようなカリスマ的リーダーではないが、江沢民や胡錦濤に比べて権力の集中に成功してきた。そして、習は積極的に政策決定を主導し、政策過程に関与するというスタイルのリーダーシップをとっている。このことから、習近平時代の領導小組においては再び党の指導と政策の決定という機能が強まることが予想される。

おわりに

　中国政治の分析に際して、制度をみることが非常に重要となっている。本章では中国の政策決定における領導小組の役割の変遷に注目し、それがトップダウン型の決定とボトムアップ型の政策形成の間をつなぐものとして機能する半公式制度であり、またそれが1990年代以降制度化してきたことを明らかにした。

　領導小組は、毛沢東時代において、党の指導を確保し、具体的政策決定を行うための制度としてスタートした。その後、文革における断絶をはさみつつ、1980年代には有力指導者の諮問グループという側面が目立つようになった。天安門事件後、党政関係の制度化がめざされる一方、中国の経済発展にともなう政策関連アクターの増加によって、政策調整の必要性が大きくなっている。領導小組の機能変化は、これら諸機能が重層化する形で起きた。

　中国において中国共産党の指導を確保し、党・政府組織の縦割り、硬直性、監督の不備といった問題を克服するうえで、中国共産党は領導小組という半公式制度を制度化することで対応している。こうした半公式制度の活用が中国政治に一定の柔軟性、弾力性を与えている、と評価することもできる。しばしば指摘される中国政治の一つの特徴として、大きな方針の決定についての高度の集権と具体的政策策定・実施の分散が併存していることが挙げられるが、領導小組はその間をつなぐ機能を果たしているとみることもできる。実際に中国の多くの研究者は領導小組の制度化を国家の統治能力の成長として評価している。

　しかし同時に、領導小組への依存は、中国政治の制度化の限界を示唆して

いるともいえるのではないだろうか。領導小組はあくまで半公式の制度にすぎないため、恣意的に設立・撤廃することが可能である。また領導小組の活動に対する監督は欠如しており、これを利用した権力掌握も可能となっている。習近平が集団領導制そのものを破壊したか否かについては判断が分かれるが、少なくとも領導小組の利用にみられるようにその運用は大きく変化したといえるであろう。半公式制度への依存は、逆に中国政治に恣意性、非制度性を残存させ続ける結果になっている。

1) 本章内容は筆者個人の観点であり、防衛研究所・防衛省を代表するものではない。

2) 代表的なものとして唐亮『現代中国の党政関係』慶應義塾大学出版会、1997 年; Carol Lee Hamrin, "The Party Leadership System," in Kenneth G. Lieberthal and David M. Lampton eds., *Bureaucracy, Politics, and Decision Making in Post-Mao China*, Berkley: University of California Press, 1992, pp.95–124.

3) 最近の重要な研究として、頼静萍『当代中国領導小組制度変遷與現代国家成長』南京：江蘇人民出版社、2015 年；周望『中国小組機制研究』天津：天津人民出版社、2010 年；周望「領導小組如何領導？：対中央領導小組的一項整体性分析」『理論與改革』第 1 期、2015 年、95–99 頁; Alice Miller, "The PLA in the Party Leadership Decision-making System," in Phillip C. Saunders and Andrew Scobell eds., *PLA Influence on China's National Security Policymaking*, Stanford: Stanford University Press, 2015, pp.58–83.

4) 歴史的制度論については、本書序章参照。

5) Giovanni Capoccia and R. Daniel Kelemen, "The Study of Critical Junctures: Theory, Narrative, and Counterfactuals in Historical Institutionalism," *World Politics*, Vol.59, No.3, April 2007, pp.341–369.

6) Kathleen Thelen, "How Institutions Evolve," James Mahoney and Dietrich Rueschemeyer, *Comparative Historical Analysis in the Social Sciences*, Cambridge: Cambridge University Press, 2003, pp.208–240.

7) James Mahoney and Kathleen Thelen, "A Theory of Gradual Institutional Change," James Mahoney and Kathleen Thelen eds., *Explaining Institutional Change: Ambiguity, Agency, and Power*, Cambridge: Cambridge University Press, 2010, pp.1–37.

8) この解釈は制度の曖昧さを文化的特質に求める議論とは異なる。制度の曖昧さは、程度の違いには文化的特質が介在する可能性はあるものの、必ずしも中国固有のものではない。こうした制度の曖昧さの根源は、ルールの運用についてどの程度の解釈の厳密さが求められ、またアクターに対する監視が実施されるか、という点にある。文化的特質を強調する議論として加藤弘之『「曖昧な制度」としての中国型資本主義』NTT 出版、2013 年。また本書第 7 章の梶谷懐「中国経済の制度的背景―分散的権威

主義体制下の自生的秩序」の議論も参照。

9）James Mahoney and Kathleen Thelen, "A Theory of Gradual Institutional Change," pp.22-27.

10）周望「中国小組政治組織模式分析」『南京社会科学』第 2 期、2010 年、80-81 頁。

11）中国の政策決定システムについては Alice Miller, "The PLA in the Party Leadership Decision-making System" および Jean-Pierre Cabestan, "China's Foreign- and Security-policy Decision-making Processes under Hu Jintao," *Journal of Current Chinese Affairs*, Vol.38, No.3, 2009, pp.63-97; Jean-Pierre Cabestan, "China's Institutional Change in Foreign and Security Policy Realm under Xi Jinping: Power Concentration vs. Fragmentation without Institutionalization," *East Asia*, May 2017.

12）頼静萍はコンセンサス形式、政策建議、政策執行の調整と堅持を挙げている。頼『当代中国領導小組制度変遷與現代国家成長』、175-177 頁。

13）唐『現代中国の党政関係』、46-48 頁。

14）Zheng Yongnian, *The Chinese Communist Party as Organizational Emperor: Culture, Reproduction and Transformation*, Oxon: Routledge, 2010, p.109.

15）「中共中央関於加強中央人民政府系統各部門向中央請示報告制度及加強中央対於政府工作領導的決定（草案）」中央档案館・中央文献研究室編『中共中央文件選集』11 巻、北京：人民出版社、2013 年、293 頁。

16）同上、290-291 頁。

17）「中共中央関於成立財経、政法、外事、科学、文教各小組的通知」中央档案館・中央文献研究室編『中共中央文件選集』28 巻、北京：人民出版社、2013 年、150-151 頁。

18）「中共中央関於成立中央経済工作五人小組的通知」中央档案館・中央文献研究室編『中共中央文件先選集』25 巻、北京：人民出版社、2013 年、20 頁。

19）中央文献研究室編『陳雲年譜 1905-1995』中巻、北京：中央文献出版社、2000 年、393、399-401 頁。

20）同上、420 頁；薛暮橋『薛暮橋回憶録』天津：天津人民出版社、2006 年、194 頁。

21）「中共中央関於成立財経、政法、外事、科学、文教各小組的通知」『中共中央文件選集』28 巻、150-151 頁。

22）薛『薛暮橋回憶録』、194 頁。

23）中央文献研究室編『陳雲年譜 1905-1995』下巻、北京：中央文献出版社、2000 年、21 頁。

24）房維中・金冲及主編『李富春伝』、北京：中央文献出版社、2001 年、589 頁。『陳雲年譜 1905-1995』下巻、113 頁は李富春が組長であったとしているが、誤りである。陳雲は健康を理由に断ろうとし、一度は李富春に決まったものの、陳雲を望む声が多かったため陳雲が組長となった。中央文献研究室編『陳雲伝』下巻、北京：中央文献出版社、2005 年、1311 頁参照。

25）薛『薛暮橋回憶録』、206 頁。

26) 同上、207 頁。

27) 「中央財経小組関於討論一九六二年調整計画的報告」中央档案館・中央文献研究室編『中共中央文献選集』40 巻、北京：人民出版社、2013 年、162-210 頁。

28) 「中共中央、国務院関於中共中央設立外事小組和国務院設立外事弁公室的聯合通知」『中共中央文件選集』27 巻、140-144 頁。

29) 周均倫主編『聶栄臻年譜』下巻、北京：人民出版社、1999 年、653 頁。

30) 同上、668 頁。

31) 同上、910-911 頁。

32) 中央文献研究室編『鄧小平年譜 1975-1997』上巻、北京：中央文献研究室、2004 年、603 頁。

33) 趙紫陽『趙紫陽極秘回想録』（河野純治訳）、光文社、2010 年、197 頁。

34) 同上、357-362 頁。

35) 李先念伝編写組・鄂豫辺区革命史編輯部編『李先念年譜』第 6 巻、北京：中央文献出版社、2011 年、134-135 頁。

36) A. Doak Barnett, *The Making of Foreign Policy in China*, Richmond, Virginia: West View Press, 1985, pp.43-46 より引用。

37) 『李先念年譜』第 6 巻、200 頁。

38) 同上。

39) 李先念伝編写組編『李先念伝 (1949-1992)』下巻、北京：中央文献出版社、2009 年、1232 頁。

40) 『李先念年譜』第 6 巻、200 頁。

41) 呉偉「十三大後的党政分開改革」『紐約時報中文網』2014 年 9 月 30 日。

42) 同上。

43) 「関於党政機構改革的法案」中共中央組織部幹部調配局編『幹部管理工作文献選編』北京：党建読物出版社、1995 年、101-109 頁。同資料は高原明生東京大学教授よりご貸与いただいた。ここに感謝を記す。

44) 「中共中央弁公庁関於印発『中央編委弁公室関於中央直属機構改革的実施意見』的通知」同上、117-123 頁。

45) 「中共中央関於加強党的執政能力建設的決定」新華網、2004 年 9 月 27 日。

46) 胡錦濤「高挙中国特色社会主義偉大旗幟、為奪取全面建設小康社会新勝利爾奮闘」中央文献研究室編『十七大以来重要文献選編』上巻、北京：中央文献出版社、2009 年、25 頁。

47) 「中共中央、国務院印発『関於深化行政管理体制改革的意見』的通知」『十七大以来重要文献選編』上巻、北京：中央文献出版社、2009 年、267-273 頁。

48) 江沢民期の国家安全委員会構想とその挫折については、松田康博「中国―中央政治局と中央軍事委員会」松田康弘編著『NSC 国家安全保障会議―危機管理・安保政策統合メカニズムの比較研究』彩流社、2009 年、194-201 頁参照。

49) 本書 3 章、林載桓「『集団領導制』の制度分析―権威主義体制、制度、時間」参照。

50) 中央国家安全委員会については、Joel Wuthnow, "China's New 'Black Box': Problems and Prospects for the Central National Security Commission," *China Quarterly*, Vol.232, Dec. 2017, pp.886–903; You Ji, "China's National Security Commission: Theory, Evolution, and Operations," *Journal of Contemporary China*, Vol.25, 2016, pp.178–196；高木誠一郎「中央国家安全委員会について」『国際秩序動揺期における米中の情勢と米中関係―中国の国内情勢と対外政策』日本国際問題研究所、2017 年、7-19 頁参照。

51) 習近平「決勝全面建成小康社会奪取新時代中国特色社会主義偉大勝利」新華網、2017 年 10 月 27 日。

第5章 中国の幹部選抜任用制度をめぐる政治[1]

高原明生

はじめに

　いつの時代でも、中国を理解する鍵は官僚制にあるといわれる。1949年、中華人民共和国の建国を主導した中国共産党は、世界最古の官僚制の伝統の上に、社会の隅々にまで党と国家の官僚制のネットワークを張りめぐらせた。今日まで、党国家幹部は社会において抜きんでた権威と権力を有してきた。それに加え、計画経済の時代以来、たとえば大学や国有企業といった非行政機関やそこに勤務する職員であっても、官僚制の階統に従ってランクづけされている。他国の社会と比べ、中国社会の一大特徴は、いわば超官僚制化されているところにある。

　超官僚制化された社会システムのもとで、どのような制度によって幹部が選抜任用されるのかは極めて重要な問題である。幹部の選抜任用制度は、中国共産党のいわゆる組織路線（組織に関する重要方針）の中核を成し、その時々の党のイデオロギーおよび政治路線（最重要政策の方向性）と関連してきた。したがって、どのような幹部がどのように選抜され任用されるべきかという問題は、常に党内の争いの焦点であった。本章は、文化大革命終了以降における中国共産党の幹部選抜任用制度の変遷を分析し、制度変更の諸要因を明らかにする。

I　文化大革命後における鄧小平統率下での幹部制度の変更

　中国共産党指導部は、文化大革命終了後、経済成長を第一とする路線を歩みはじめた。当時、指導者らのあいだで争われた論点の一つが幹部選抜任用

131

制度のあり方であった。市場経済か計画経済かといった他の争点と同様、鄧小平と陳雲のあいだで意見は一致しなかった。両者の意見の不一致は、双方のイデオロギーや政策志向の相違を反映していた。双方とも、幹部の選抜任用の基準に関して、幹部が「徳」と「才」の両方を有していなければならないことについては一致していたが、そのどちらを優先するかという点については認識が異なっていた。

鄧小平は、中国共産党は自らを変化させなければならない、と論じた。その変化とは、若年化、知識化、そして専門化を指していた。後に、鄧小平は、もう一つの要件としてより革命的であることを書き加え、さらにそれを最優先の要件とした（「幹部四化」）。しかし、誰の目にも明らかだったのは、鄧小平が能力こそ政治より重要だとする立場に立っていたことであった。この原則にもとづいて、生産力基準と呼ばれた尺度が幹部の選抜任用に導入された。

一方で陳雲は、一貫して「徳」を優先しなければならないと主張した。陳雲が中国共産党中央組織部長として幹部管理の責任を負っていた1940年という早い時期に、幹部を選抜する際の基準として「徳と才のどちらも大事だが、徳が優先される」ことが規定されていた。陳雲は1987年にも「（幹部は）徳と才を兼備せねばならないが、やはり徳が第一である」と再度主張した。

幹部選抜の際に優先すべき条件に関する認識の違いは、それぞれが考える「徳」の定義に反映された。鄧小平は、「徳」の主軸とは「社会主義の道」と「党の領導」であるとしたが、それらは、鄧小平が中国共産党の支配の土台として掲げた「四つの基本原則」のうちの二つであった（その他の二つは「人民民主独裁」と「マルクス・レーニン主義、毛沢東思想」である）。これらの原則を擁護することは、大部分の党幹部にとってさほどむずかしいことではなかった。一方で陳雲にとって「徳」とは、党員としてのより厳格な政治的誠実さを指していた。

このような意見の違いは、毛沢東期の「専（専門的な知識と技術）」か「紅（共産党の主義思想）」かの論争を思い起こさせた。当初、毛沢東は、幹部は「紅」と「専」のどちらも具えていなければならないと述べていたが、文化大革命期には専門家を降格させ、迫害した。しかし、1980年代になり、鄧小平や趙紫陽といった指導者らが生産性の向上を重視しはじめ、専門家の役

132　第2部　エリート政治

割を拡大し、彼らを重要な地位に就けていった。他方で、政治活動に従事していた幹部は徐々に周縁に追いやられた。それは、経済建設が中国共産党の最優先課題だと規定されていたことを反映していた。

　才能を優先させたこと以外にも、1980年代にはもう一つ重要な変化があった。それは、鄧小平が主張した幹部昇進の制度化である。1986年1月、党中央は、幹部の選抜任用は党の規則に厳格に照らして行うとする通知を公布した。この通知は、当時、依怙贔屓、縁故採用、収賄や腐敗といった多くの問題が幹部の選抜任用に存在することを指摘した[2]。

　さらに本通知は、指導幹部の選抜任用に関する手続きを以下のように設定した。第一段階は民主推薦である。これは意見を幅広く収集して、候補者を指名することである。第二段階では、組織人事部門の審査の後に、党委員会が集団討議のうえで決定を行い、それを上級レベルに報告する。第三段階においては、報告された決定について上級党委員会の組織部がさらに審査し、当該党委員会がこの審査結果の報告をふまえて審議し、採択の可否を決定する。

　この通知の興味深い点の一つは、第一段階の民主推薦において、秘密投票制度を導入し、職場あるいは地区における多数者の支持を得られない候補者は任用されないようにすべきだと指摘したことである。また本通知は、得票数によって単純に人を選出することを避けなければならない、ともした。第二段階と第三段階の調査の基準に関しては、徳、能（能力）、勤（勤勉さ）、績（実績）が過去にさかのぼり、そしてトータルなかたちで検討の対象とされることとした。また、文化大革命期および第11期3中全会以降の任用候補の行動に注目するよう要求し、さらに過去数年における仕事上の実績も注意深く審査することが必要であるとした。実績の評価に関しては、創造性をもって中国共産党の政策を遂行し、業務の新段階を効果的に切り開くことができる者を注意深く見つけ、任命するべきだとしていた。

　このほか通知は、飛び級的な昇進について、当該幹部がとくに優秀であるとともに、彼らの業務がとくに必要である場合にのみ許可されると規定した。そして幹部の選抜任用過程にたいする監督を強化するために、本通知は、党中央、全国人民代表大会、国務院、中央軍事委員会、中央顧問委員会、党中央規律検査委員会、そして中国人民政治協商会議の高級幹部の子弟にたいす

る特別な手続きをもうけていた。もし高級幹部の子弟が県レベルあるいはそれ以上の地位に飛び級的に昇進する場合、そのすべての人事案は党中央組織部に報告された後、同部が審査し、そのうえで党中央書記処の検査と承認が必要だとされていた。省レベル（部・委員会レベル）の幹部の子弟が飛び級による昇進をした場合は、党中央組織部への報告と、同部による検査と承認を経なければならなかった（副省長レベルの子弟の場合、省あるいは部の党委員会が検査と承認を行う）。縁故採用と太子党は、1980年代半ばにすでに問題になっていたのである。

　1986年1月に公布された本通知が定めている幹部選抜任用に関する規定には、ポスト文革期における初期段階の制度化改革の必要性が反映されたといえるだろう。しかしながら、通知の施行段階において多くの問題が浮上した。半年後の1986年7月、党中央組織部は、通知の施行に関する文書を公布し、通知の精神を理解せず、真剣に実施していない幹部を叱責した[3]。

　1989年6月4日に発生した第2次天安門事件（六四事件）は、新たな政策をもたらした。第一に、党中央組織部は、以下に示す項目に該当する幹部は選抜任用の対象としないと通知した。「ブルジョア自由主義思想」の持ち主で党への政治的誠実さが弱く、党の領導についての認識が欠如している者、また反革命暴乱（六四事件を指す）を防止する闘争において深刻な誤りを犯した幹部である[4]。

　選抜任用基準に関し、保守的な李鵬首相は、1989年8月に開催された全国組織部長会議において、鄧小平が提起した「幹部四化」には見直すべき部分があると指摘した[5]。同会議の6日後に公表された党建設の強化に関する党中央通知は、以下のことを述べていた。幹部の選抜任用において、われわれはその人物の政治志向、思想の特徴、領導能力、そして実績を強調しなければならず、年齢や学歴を重視するといった誤った傾向を防止しなければならないこと、われわれは生産力基準を「徳」と「才」を兼備するという原則の代わりとして用いてはならず、「徳」よりも「才」に注目してしまうのを避けなければならないこと、である[6]。保守的な指導者たちの影響力が強まった結果、1990年7月に国務院が採択した労働者考課条例は、「思想と政治言動」を評価の第一の基準に再び据えた。このような傾向にたいして上海

134　第2部　エリート政治

の『解放日報』は、1991年春、「改革開放路線を堅持し、実績を上げた幹部を新しい指導組織に大胆に入れろ」と主張する、皇甫平の署名による評論を掲載した[7]。皇甫平による原文のなかでこの主張の部分は引用文となっており、おそらく鄧小平の発言を引用したものだと考えられる。しかしながら、この評論は北京では批判され、1991年12月、党中央組織部長の呂楓は「徳は才よりも優先されなければならない」と述べた[8]。極めて重要な第14回党大会を翌年に控えた段階での呂楓の発言は、重大な意味を有した。党大会では、党高層の人事配置に大規模な変更が行われる。そうであるがゆえに、来る党大会は、南方視察と改革開放政策の再始動を1992年初頭に行うよう鄧小平をうながす重要な動機となったようである。

II　第14回党大会後の江沢民統率下における進展

　1992年の鄧小平の南方視察と経済改革および開放政策の再始動以降、幹部制度に関する最初の重要な進展は1993年に行われた公務員制度の導入であった。「国家公務員暫定規定」によれば、その規定の目的は、公務員の科学的な管理を実現すること、公務員の質と清廉性を保証すること、そして行政効率を高めることであった[9]。1987年に開催された第13回党大会で趙紫陽が提起した青写真では、政治職の公務員と行政職の公務員を区別するとしていた。この区別は、政治的に中立な公務員制度の発展につながった可能性があったが、1993年の規定においてそのような区別は用いられなかった。公務員は、徳、能力、勤勉そして実績にもとづき包括的に評価され、そのなかでも実績がとくに強調された。暫定規定が公務員法となり、それが2006年に施行された際、廉（清廉であること）も考課基準の一つに付け加えられた。また、「公務員の法的権利と利益を保証すること」も立法の目的として加筆された。

　六四事件の4年後に公務員制度が導入されたのは、幹部制度改革にかかわる二つの異なる推進力が折り合ったことによる。二つの異なる推進力の一つ目は、近代化であり、より効率的で、予測可能であり、幹部の権利と清廉性を保つことができるように幹部の管理を制度化しようとするものである。鄧

第5章　中国の幹部選抜任用制度をめぐる政治　135

小平による南方視察の結果起こった改革志向の高まりが、この流れを加速させたに違いなかった。二つ目は、保守的な力であり、幹部にたいする中国共産党の統制をより強化しようとするものである。新しい公務員制度は、この二つの要求を同時に満たすものだった。その他の政策領域においても同様であるが、江沢民時代においては、変化と連続のバランスをめぐる党内の不一致が中国政治の中心的な問題であった。

1994年9月に開催された第14期4中全会において、第二世代の中央指導部から第三世代への権力の移行が完了したと公表された。名実ともに、江沢民が最高責任者の立場に立ったのである。翌月、党中央組織部は幹部の選抜任用における不健全な傾向の防止に関する通知を公布し、以下の不正行為を列挙した。領導幹部が前に勤めていた地区や職場から幹部を選び新しい任地に連れていくことや、自分の異動に乗じて配偶者や子弟を昇進させることなどの、領導幹部による依怙贔屓、昇進を強く望む部下との不正な関係の樹立、民主推薦の規定に則らず単独あるいは少人数によって恣意的に意思決定すること、である[10]。本通知は、江沢民が前任地の上海から中央政府内の重要なポジションに多くの幹部を昇進させたことにたいする、保守の側からの批判のようにもみえる。

1995年2月、幹部の選抜任用の科学的で標準化された制度を作るための基準として、党政領導幹部の選抜任用に関する暫行条例が公布された[11]。本暫行条例では、民主推薦、審査、予備討議、討論と決定に関する原則と手続きについて定められた。領導幹部を選出するにあたっては、一定の資格が必要とされた。たとえば、県レベルの指導的地位に就くには、5年以上の業務経験と2年以上の基層（郷鎮およびその下の村）レベルでの業務経験を必要とする。県レベルないしそれ以上のレベルにおける指導的地位に就くには、1レベル下のポストを二つ以上経験しておく必要がある。また一般的に、大学専科あるいはそれ以上の学歴が必要とされる。さらに省レベルの領導幹部については、大学学部あるいはそれ以上の学歴が必要とされるほか、党校や行政学院、あるいはそれ以外の訓練施設で3カ月以上の訓練が必要とされる。

この時期に行われた、誰が企業幹部を指名し任命するのかという議論は、注目に値する。1992年に開催された第14回党大会は社会主義市場経済の樹

136 第2部 エリート政治

立をめざす政策を公式に採用した。そして、1994 年の会社法は、最高経営責任者が株主総会で任命されると規定し、人事権を経営陣に付与した。これは、国有企業にも適用される「党管幹部（党が幹部を管理する）」という長年続いてきた党の組織原則に正面から衝突している。人事権をめぐる問題と並んで存在していたのは、効率向上のために私有化を実施する必要があるという、所有権改革をめぐる問題であった。

　このような議論が行われていたという背景のもとで、党中央組織部内の保守的な幹部たちは、才よりも徳がより重要でなければならないと主張した。中央組織部長の張全景によると、若手領導幹部の養成および任用において、「幹部四化」のなかでも「革命化」が優先されなければならなかった。組織原則に関する論争は、1997 年の第 15 回党大会を前にして激しく展開された。党中央組織部は、国有企業経営における党組織の中心的な役割を強調した、国有企業における党建設の強化に関する党中央第 4 号文件を発布することに成功した。しかし、党大会において、張全景は中央委員選挙で落選の憂き目をみた。

　所有権改革に関する論争では、事実上の私有化を主張する側が勝利した。1999 年に開催された第 15 期 4 中全会において、中国共産党は、公有制を維持するための条件として、国有資産が量的に多数を占めなければならないとはもういわないことを決定した。これが意味するのは、国民経済の要であるインフラ、金融そして国防などの部門を除いて、そのほかの分野で私有資本が資産の大部分を占めることも可能だということである。所有権に関する政策におけるこの革命的な転換は、2001 年の私営企業主の入党許可へとつながっていく。その翌年、第 16 回党大会が開催され、党規約が修正されて、中国共産党は中国労働者階級の前衛であると同時に、中国人民と中華民族の前衛でもある、と改められた。このような共産党の変態（メタモルフォーゼ）は、いわゆる「三つの代表」重要思想により思想的に正統化された。「三つの代表」重要思想は、中国共産党が、中国の先進的な社会生産力の発展の要求、中国の先進的文化の前進の方向、そして私営企業家も含む中国のもっとも広範な人民の根本的利益を代表しなければならないとした。

　しかし、党中央組織部の期待に反し、それほど多くの私営企業主が入党し

第 5 章　中国の幹部選抜任用制度をめぐる政治　137

たわけではなかった。一部は、情報により早くアクセスできることを期待して入党した。だが、入党するとさまざまな規律上の要求があることから、党籍は負担であると考えた者もいたようである。加えて、「私営企業主の状況は複雑であり、彼らの質は不均一にならざるをえない」ことを理由に、私営企業主にたいする入党審査は、その他の場合に比して厳しいものとされた[12]。以下の点に注意が必要だといわれた。①生産力基準をもって党員基準に代替させることはできない、②私営企業主の党員を増やすことは、慎重に行われる必要がある。大衆行動に突っ走ることはできないし、基準を堅持し、セカンドベストで満足することはできない、③長期的で全面的な試験を行わなければならない。これらの注意は、自然なことながら、党内に資本家の入党にたいする反発があったことを示唆する。

　1992年以降、中国共産党は市場化を大々的に推進してきた。その結果として、社会主義的社会政治制度は大きく変化し、社会主義の原則と中国共産党の政策の矛盾はさらに激化した。中国共産党は、イデオロギーを現実に適合させることによって、この問題を解決しようとしてきた。しかし、それによって党員同士の関係は緊張せざるをえなかったのである。

　最後に、1998年5月、党中央の承認の後に、党政領導幹部の評価に関する暫定的規定が党中央組織部によって発布されたことは注目に値する。なぜならこれが、県レベル以上の党政領導グループの実績に関する評価の内容について具体的に規定したからである。評価される実績には以下の内容が含まれていた。経済活動において示された指標の到達、経済発展の速度、効率性、そして遅発効果、さらに財政収入の成長率と人々の生活水準の向上度合い。教育、科学技術、文化、衛生そしてスポーツ活動、また環境や生態系保護の状況、人口や家族計画、安全と治安といった各分野の発展。思想、組織、業務態度、組織作りといった党活動の結果[13]。経済指標がそのなかでも最優先されたものの、以上の項目は、中国にとって全面的な発展が必要であるという考えを反映していた。これはまさに次の指導者である胡錦濤が発展させた考えであった。

138　第2部　エリート政治

Ⅲ　胡錦濤時代の幹部選抜任用制度の改革

　胡錦濤総書記の前任者であった江沢民は、その任期の終わりに近づいた2000年3月、側近の曾慶紅を組織人事担当の中央組織部長に任命した。おそらく、その主要な狙いは2年後の第16回党大会において自分に有利な人事配置を実現することであったろう。しかし、曾慶紅の直接の上司は胡錦濤であった。胡錦濤は、官僚制の階統において一番高いランクにある政治局常務委員として組織人事を担当していたのである。実際のところ、胡と曾の業務上の関係は決して悪くなかった。曾慶紅の任命の3カ月後、「2001-2010年幹部人事制度の改革深化要綱」が発布された[14]。

　この要綱のポイントは幹部の選抜任用制度の改革にあり、以下の諸点が課題として指摘された。①民主推薦、民主評議制度などの改善、②党政幹部任命に先立つ公示制度の推進、③党政領導幹部の公開選抜制度の推進、④党政領導幹部選挙制度の健全化、⑤党政領導職務の任期制の実行[15]、⑥党政領導幹部の試験任用制度の実行、⑦党政領導幹部の辞職制度の実行、⑧職務不適格な幹部を異動する制度の改善、⑨婦女、少数民族、非共産党員幹部の育成と選抜に関する制度の建立と改善、⑩「党政領導幹部選抜任用工作暫行条例」の改訂。本要綱は、この「暫行条例」が1995年に制定された後、中央組織部が行ってきたさまざまな実験にもとづいて制定されたものであった。

　2000年の改革深化要綱にもとづき、新しい「党政領導幹部選抜任用工作条例」が制定されたのは、2002年のことであった[16]。7年前の暫行条例と比べると、本条例には小さいが重要な変更点が認められる。暫行条例に記された、幹部選抜任用の原則は以下のとおりであった。①党が幹部を管理する（「党管幹部」）、②徳才兼備、任人唯賢（幹部は徳と才を兼備しなければならず、人を任命する際には情実にとらわれない）、③大衆の公認、実績の重視、④公開、平等、競争、優秀者の選択、⑤民主集中制、⑥法に則って行うこと、の6点である。2002年の本条例では、ほぼこれを踏襲したが、第二原則のポイントの順番が入れ替えられた。すなわち、②人を任命する際には情実にとらわれず、幹部は徳と才を兼備しなければならない、となった。中国共産党の文書において、事柄の順序の入れ替えは重要であり、政策の重点の変更を意

第5章　中国の幹部選抜任用制度をめぐる政治　139

味する。つまり中央組織部は、1990年代までと同様、情実人事や縁故主義が跋扈していることが暫行条例の執行における主要な問題だと認めた。そこで、競争を導入することにより、公正な幹部の選抜任用制度を実現することが図られたのである。

選抜手続きの構成は暫行条例とほぼ同様であったが、本条例では手続きが詳しく定められた。まず他の幹部に投票させる、あるいはその意見を聞く民主推薦から始まり、次の審査（「考察」）の段階に進める候補者を誰にするか党委員会が予備討議を行う（「醞醸」）。審査に続き、多くの場合は一級上の党委員会が討論のうえで決定を下す。決定は、口頭の票決か挙手による票決、あるいは無記名投票で行う。本条例では、審査対象者を確定するうえで民主推薦の結果を重要な根拠の一つにするべきことが明示された。審査においては、対象幹部の徳、能力、勤勉、実績、廉潔を全面的に審査し、仕事上の実績を重視することとされた。ここで新たに加えられた要素は廉潔であり、当時の問題意識の高まりを窺うことができる。

本条例により新しく始められた選抜任用制度は、公開選抜と内部昇格に関する競争（「競争上崗」）である。これらの新制度は、主には地方の党委員会や政府部門、あるいは党政機関の内設機構の指導者の選抜任用に適用されるものとされた。その手続きの概要は以下のとおりであった。①対象の職位、応募者の資格要件、基本手続きや選抜方法の交付、②申請受付と資格審査、③統一試験（内部昇格競争の場合は民主的な評価が必須）、④組織部門による審査および候補者決定、⑤党委員会（ないし党組）による討論と決定。この新制度にもとづき、多くの地方や部門において公開選抜や昇格競争の実験が行われた。

実験は、三つのタイプに分類できる[17]。第一は試験と審査に重きをおくタイプ。第二は推薦と選挙に重きをおくタイプ。そして第三に競争に重きをおくタイプであった。第一のタイプの典型は「公推公選」と呼ばれる方式であった。江蘇省の、ある県長の選抜任用の例では、それは次のようなプロセスを経た[18]。①申請受付と資格審査。この段階で70人が審査を通過した。②一定レベル以上の幹部による2回の民主推薦。これによって、候補者はまず12名、次に6名に絞られた。③この6名が基層に行き、実地調査を行っ

たうえで8時間の制限時間内に報告書を作成。④候補者たちは演説を行い、質疑に応答した。それを評価委員会が採点し、民意検査組が民意を測定。調査報告、演説と質疑応答、民意測定の結果をそれぞれ30％、30％、40％のウェイトで評価し、候補者を得点順に並べたリストを作成。⑤省党委員会の組織部門が審査を行い、その下のレベルの市党委員会に人選を提案。⑥市党委員会にて投票で最終人選を決定。その後、形式上は県（市の下のレベル）の人民代表大会の選挙を経て正式に県長になる。

　第二タイプの典型は「公推直選」と呼ばれる方式であり、主に村と郷鎮という基層の党組織のトップを選ぶ際に実施された[19]。ここでは、大衆は党員のあいだから人を推薦するか、党組織が提示した候補者にたいして信任票を投じ、大衆の支持の低い候補者をふるい落とす役割を果たした。その後は、候補者が演説や質疑応答を行い、党員全員の直接投票により党支部ないし党委員会の書記を選出した。第三のタイプでは、競争的なペーパーテストや面接が行われた後に、演説、そして党員全員による投票や評価委員会による採点が実施された[20]。

　実際のところ、以上は典型的な例を記したにすぎず、現場ではさまざまな実験が行われた。しかし、基本的な考え方は共通していた。すなわち、透明性と競争性を高め、所定の手続きをなるべく厳格に守ることである。もう一つの要素は民主化であり、党委員会書記の鶴の一声で人事が決まるという、それまでの慣行の否定であった。これらの狙いが達成できたかどうかは後述する。しかしいずれにせよ、胡錦濤、そして2007年より賀国強の後を襲って中央組織部長に就任した李源潮が、和諧社会（調和のとれた社会）の建設という目標に寄与する幹部選抜任用制度を構築しようとしたことは確かである。すでに2006年には、党政領導幹部職務任期暫行規定が発布され、県レベル以上の党、政府の指導部メンバー、そして中央では党中央、全人代常務委員会、国務院、全国政治協商会議の下の部門および機構のトップを対象として、任期は5年、そして同じ職位には2期までと定められた[21]。

　こうした方針の一つの表れは、2007年と2012年の党大会の数カ月前に実施された、次期中央指導部に関する民主推薦であった。候補委員を含む中央委員クラスの幹部を中央党校に集め、党大会の基調となる演説を総書記が行

うことは江沢民の時代から行われていた。しかし2007年には、午前中に胡錦濤が演説し、午後は次期政治局に誰が入るのが望ましいか人気投票が行われ、そのパターンは2012年にも繰り返された。具体的には、400名以上の中央委員会メンバーその他の幹部に、200名以上の候補者がリストアップされた投票用紙が配られた。候補者たちは、63歳以下で、ほとんどが正部長ないし軍区司令員、政治委員レベルの者であった。この投票結果は、最終的な候補者を決定するうえでの参考に供された[22]。投票に続き、組織部門による審査、そして長老たちをも含めた舞台裏での話し合いが実際には候補者を決めるわけだが、投票制度の導入は権力の継承の制度化に向けた重要な一歩だと思われた。

　もう一点、胡錦濤、そして李源潮のもとで明示的に修正されたのは、「徳才兼備」の原則のもとで、徳と才のどちらを優先するかという問題だった。これは文化大革命が終わってから、才を重くみる鄧小平と徳を主要な基準とみなす陳雲のあいだで意見が食い違った点である。89年の六四事件（第2次天安門事件）後の一時期は、幹部の経済建設への貢献を重視する生産力基準が批判されたことがあった。だが、改革開放の時代においては、基本的には才の重視が組織路線の重要な部分を占めていた。ところが2008年、胡錦濤は、「徳才兼備、だが徳を優先する」と明言した。李源潮によれば、その要因は次のとおりであった[23]。①西洋の価値や概念の影響を受け、中国の特色を有する社会主義にたいする信念が一部の幹部のあいだで弱まった。②同年にはいくつかの地方で大規模な集団騒擾事件（「群体性事件」）や生産や食品安全に関する深刻な事件が発生したが、それらの多くは人民に服務する精神や責任感を失った幹部の存在と関係していた。③権力の座に長くいることに加え、市場経済が発展したことにより、腐敗し堕落する幹部が現れた。④大衆が幹部にたいして意見を有する大抵の場合、その才にたいしてではなく徳にたいして不満がある。そこで李源潮は、幹部の徳を評価する基準の明瞭化とその全面的な評価を可能にするメカニズムの開発を唱えた。また、幹部の選抜において、投票の得票数や年齢、学歴、演説に単純に頼ってはならないと主張した。

　腐敗や情実人事を回避し、和諧社会を建設するために、胡錦濤と李源潮は

142　第2部　エリート政治

幹部の選抜任用の制度化を推進し、競争という要素を選抜任用過程に導入した。しかし、その努力の効果は期待に応えるものではなかった。この問題は、次の総書記に就任した習近平のもとで、一つの焦点となった。

Ⅳ　習近平時代の幹部選抜任用制度の改革

　習近平が総書記に就任してから幹部選抜任用制度にどのような変化が起きたかといえば、民主推薦と競争の全般的な否定である。2013 年 6 月、全国組織工作会議において、習近平は優れた幹部の五つの基準を提示した。すなわち、①確固とした理念をもち、②人民に奉仕し、③政務に勤勉で実務に励み、④果敢に重責を担い、⑤清廉公正でなければならない、という 5 点である[24]。こうした基準は抽象的であり、また習近平は幹部の競争選抜を唱えていない。このことは、2012 年の第 18 回党大会の冒頭における中央委員会報告で、胡錦濤が幹部選抜の競争制度をさらに整備し完全なものにすると強調した姿勢とは対照を成した。

　2013 年 11 月、中国共産党中央委員会総会は改革を全面的に深化させる決定を行った。そのうちには、幹部人事制度の改革深化も含まれていた[25]。そこで強調されたのは、幹部の選抜任用において党委員会、担当指導者および党組織部門の果たす役割と責任の強化であった。またそこでは、幹部を得票や試験の得点だけで採用する現象を断固として是正し、習近平の唱えた五つの基準にかなう幹部を選抜することが強調された。この決定をふまえ、党中央は幹部管理における党委員会の領導を強化すべく、公開試験や公開選抜を奨励しなくなり、公選は一般的に行われなくなった。つまり、幹部の選抜任用は党内で、競争のあまりない状況で行われるようになり、党組織のトップが大きな決定権を有するようになったといわれる[26]。

　2014 年 1 月には党政領導幹部選抜任用工作条例が改定された[27]。そこには依然として公開選抜と昇格競争に関する章が残されている。だが、それらが実施されるのは、一般的に当該地区や部門に適当な人材が不在である場合に限定された。また、民主推薦は必ず経なければならないプロセスだとされたものの、その結果は選抜任用の重要な参考材料だとされた。改定前の 2002

年の条例では、次の審査の段階に誰を通すかを決めるうえでの一つの重要な根拠とすべきだと書かれていたのであり、小さいけれども重要な変更が認められた。

こうした政策の変更をもたらした要因としては以下を指摘することができる[28]。第一に、習近平の新指導部は、公開の競争や選挙が幹部の選抜任用における党組織のコントロールを弱めたことに不満であった。党の組織部門は、元来幹部を推薦する権限を有していたものの、競争や選挙を通してその権限を多数の幹部や大衆と分かち合うようになった。組織部門が最適だとみなした幹部は、必ずしも選抜過程で評価されなかった。また、選挙で選出された幹部は、上級党組織の幹部よりも自分は強い民主的な正統性を得たと考えることがあり、上級の党委員会や政府と、下級のそれらとのあいだに矛盾が生じえた。

第二に、公開の競争や選挙にはほかの問題もあった。その一つは、複雑で長い手続きがもたらす高いコストであった。もう一つは、試験や選挙で成功した幹部が実際に就任した後、必ずしも実績を上げられなかったことであった。その原因としては、公開性の低さや試験問題の非科学性、あるいは他の地区や省から就任してきた者への地元幹部の非協力的な態度などをあげることができる。さらに、選挙があるために、当選をめざす幹部が他の幹部の歓心を買うことに時間とエネルギーを注ぎ、派閥の形成につながることも懸念された。

そのほかにも、胡錦濤や李源潮が追求した幹部選抜任用の制度化や審査の指標化には問題が認められた。たとえば、GDP や財政収入といった経済指標と昇進の関係に関する学術調査によれば、下級政府では強い関連が見出されたものの、省レベルの幹部については関連性が認められなかった[29]。また、習近平が推進した反腐敗キャンペーンを通して、党幹部のあいだで現実に広がっていた深刻な腐敗の状況が暴かれたが、そこには官位の売買も含まれていた。胡錦濤のリーダーシップのもとで進められた改革はこうした現象を防止するねらいをもっていたのだが、さまざまな要因がそこに働いたにせよ、その任務の達成には完全に失敗したといわざるをえない。

新しく導入された政策は、習近平が自らの政治利益の実現のために幹部の

選抜任用制度を利用しているという印象をあたえる。2016 年 10 月の中央委員会総会で改定された党内の政治生活に関する若干の準則には、幹部の選抜任用に関する節がある[30]。そこでは、ただ票数や試験の点数、GDP、そして年齢のみによって人を採用する偏向を断固として是正することが記された。ここで年齢が強調されたことは、習近平の信頼する側近であり、反腐敗を強力に推進してきた王岐山を再任するための布石ではないかという解釈もあった。つまり、これまでその存在が広く信じられてきた内規によれば、68 歳以上の幹部は中央委員には選ばれないが、2017 年の第 19 回党大会時に王岐山はそれを超えていた。実は、2015 年 7 月に中央弁公庁が発布した「領導幹部の昇格および降格を推進する若干の規定 (試行)」によれば、一定年齢に達した幹部は所定の手続きにもとづいて退職、引退しなければならない。だが、もし確かに仕事上の必要があれば、党委員会 (ないし党組) は検討のうえ、退職時期の先延ばしの批准を求めるために上級の党委員会に意見を提出することができるとされた[31]。なお、当時の中央弁公庁の主任は、やはり習近平の信頼する側近、栗戦書であった。結局、王岐山は第 19 回党大会では中央委員に再選されなかったものの、2018 年 1 月、全国人民代表大会の代表に選ばれた。それにより、同年 3 月の同大会で国家副主席に選出される道が開かれることになった。

　習近平が導入した、優れた幹部の五つの基準の曖昧さは、経歴で見劣りするかつての浙江省や福建省での部下たちを登用する道を開いたようにもみえる。過去においても、総書記が情実にもとづいた人事を盛んに行った例はある。江沢民の上海閥や胡錦濤の「団派」(共産主義青年団出身者のグループ) は、ボスが君臨した時代には大いに幅を利かせた。しかし、習近平が中央に進出したのはキャリアの後の方であり、前任者たちと異なって北京の党政官僚たちのあいだには信頼できる部下の集団が存在しない (江沢民を支えた人脈には第一機械工業部系のつながりもあった)。習近平が幹部選抜任用の制度化を否定し、2016 年 10 月の第 18 期中央委員会第 6 回総会で獲得した「党中央の核心」という地位への忠誠を幹部に強く求めるのは、こうした派閥政治上の懸念があるからかもしれない。

おわりに

　文化大革命後の幹部選抜任用制度の変遷を分析した結果、大別して三つの要因がそこに働いていたことが明らかになった。第一の要因は、近代化にかかわる社会変化の推進力である。それは、効率、予測可能性、公平、廉潔を求めて、選抜任用の制度化と公開、透明性の向上をうながす。しかし、制度化と公開を求めて導入されたさまざまな条例は、いずれも執行に難があった。改革が追求されたにもかかわらず、情実人事、縁故主義、そして官位の売買が止むことはなかった。

　幹部選抜任用制度の変更をうながした第二の要因は、党の領導と清廉性を維持し強化しなければならないという保守的な政治要因である。この要因が前面に出た際には、幹部の選抜任用にたいする党組織のコントロールが強化された。ここに働くのは、党のイデオロギーであり、党が幹部を管理する（「党管幹部」）という原則を維持することに組織的利益を見出す組織部門の意向である。さらには、規律を強化する必要性の増大という事情もここに加わる。中国共産党が市場化の現実にたいしてイデオロギーを修正するにつれ、党内規律は弛緩した。そこで胡錦濤政権は、一方で才よりも徳を重視する必要性を感じ、他方で幹部の選抜任用の制度化と公開化を積極的に推進したのであった。だが、制度化と公開化は党の領導を必然的に相対化した。ここに、中国共産党が抱える根本的な矛盾を看取することができる。

　第三に、幹部選抜任用制度の改革は、指導部内の権力闘争と分かち難い面がある。習近平は制度化と公開化の流れを逆転させ、党のコントロールの重みを増した。恐らくは、自らの権力基盤固めに寄与する幹部選抜任用制度の変更をこれからも進めていくのではないかと思われる。その結果、2022年の第20回党大会を超えて党のトップとして君臨する可能性は否定できない。2018年3月の全国人民代表大会では、長期政権実現への布石として、国家主席の任期を連続2期までに制限する憲法上の規定が撤廃された。

1) 本章は、Akio Takahara, "The CCP's Meritocratic Cadre System," in Willy Wo-Lap Lam ed., *Routledge Handbook of the Chinese Communist Party*,（Routledge, 2017, pp.153-64）として英文にて刊行した文章の和訳に若干の加筆修正を施したものである。なお、その一部はすでに、高原明生「中国の幹部任用制度をめぐる政治」、平成28年度外務省外交・安全保障調査研究事業「国際秩序動揺期における米中の動勢と米中関係」『中国の国内情勢と対外政策』日本国際問題研究所、2017年3月31日、29-36頁（http://www2.jiia.or.jp/pdf/research/H28_China/03-takahara.pdf）として発表されている。なお、本章の「Ⅰ、Ⅱ節」の翻訳については内藤寛子氏（東北大学東北アジア研究センター助教）のご協力を得た。

2) 「中央関于厳格按照党的原則選抜任用幹部的通知」中共中央組織部幹部調配局『幹部管理工作文献選編』党建読物出版社、北京、1995年、19-24頁。

3) 同上、26-31頁。

4) 同上、54頁。

5) 廖蓋隆ほか編『当代中国政治大事典』吉林文史出版社、吉林、1991年、998-999頁。

6) 中共中央文献研究室『十三大以来重要文献選編（中）』人民出版社、北京、1991年、591頁。

7) 皇甫平「改革開放需要大批徳才兼備的幹部」『解放日報』1991年4月12日。

8) 「全国組織部長会議強調為14大作準備　大力加強各級領導班子建設」『人民日報』1991年12月10日。

9) 中共中央組織部幹部調配局『幹部管理工作文献選編』、124頁。

10) 同上、148-151頁。

11) 同上、152-165頁。

12) 本書編写組『新世紀党的基層組織工作実務手冊』上海人民出版社、上海、2003年、181-182頁。

13) 中央弁公庁法規室・中央紀委法規室・中央組織部弁公庁編『中国共産党党内法規選編：1996-2000』法律出版社、北京、2001年、218頁。

14) 「深化幹部人事制度改革綱要」、同上、261-271頁。

15) 政府のみならず、党の領導職務にも任期制を導入するという点に留意せよ。

16) 「党政領導幹部選抜任用工作条例」法律出版社法規中心編『中国共産党党内法規新編』法律出版社、2005年、38-53頁。

17) 王炳権・李海洋「中国政治精英吸納模式的演進与転換邏輯」『学術研究』12号、2016年12月31日。

18) 章永楽「中国的賢能政治及其民主正当性」『成均中国観察季刊』2014年第3期（総第7期）、36-41頁。

19) 同上。中国共産党の用語では、省から県までが地方と呼ばれ、郷鎮およびその下の村は基層と呼ばれる。

20) 王炳権・李海洋「中国政治精英吸納模式的演進与転換邏輯」。

21) 「中共中央弁公庁関与印発『党政領導幹部職務任期暫行規定』等三個法律文件的通

知」（2006 年 6 月 10 日）、人民日報電子版、http://cpc.people.com.cn/GB/64162/71380/
102565/182144/10994167.html。

22)「為了党和国家興旺発達長治久安—党的新一届中央領導機構産生紀実」『人民日報』
2007 年 10 月 24 日、「開創中国特色社会主義事業新局面的堅強領導実体—党的新一届
中央領導機構産生紀実」『人民日報』2012 年 11 月 16 日。

23) 李源潮「堅持德才兼備以徳為先的用人標準」『求是』電子版、2008 年 6 月 16 日、
http://big5.qstheory.cn/gate/big5/www.qstheory.cn/zxdk/2008/200820/200906/t20090609_
1519.htm。

24) 習近平「党と人民が必要とする優れた幹部の養成・選抜に力を入れよう」『習近平
国政運営を語る』外文出版社、北京 2014 年、464 頁。

25) 本書編写組『中国共産党内法規選編（2015 年修訂版）』中国方正出版社、北京、
2015 年、89 頁。

26) 王炳権・李海洋「中国政治精英吸納模式的演進与転換邏輯」。

27) 本書編写組『中国共産党内法規選編（2015 年修訂版）』、136-156 頁。

28) 章永楽「中国的賢能政治及其民主正当性」。王炳権・李海洋「中国政治精英吸納模
式的演進与転換邏輯」。

29) Pierre Landry, Xiaobo Lü and Haiyan Duan, "Does Performance Matter? Evaluating Po-
litical Selection along the Chinese Administrative Ladder," paper presented at the APSA
2014 Annual Meetings, introduced in YangYao, "An Anatomy of the Chinese Selectoracy,"
China Center for Economic Research Working Paper Series No.E20160002, February 2016,
p.17.

30)「関于新形勢下的党内政治生活的若干準則」、新華社電子版、2016 年 11 月 2 日、
http://news.xinhuanet.com/politics/2016-11/02/c_1119838382.htm。

31)「中共中央弁公庁印発了《推進領導幹部能上能下若干規定（試行）》」、中央政府門戸
網站、2015 年 7 月 28 日、http://www.gov.cn/zhengce/2015-07/28/content_2904339.htm。

第3部

中央・地方関係と経済

第6章 香港民主化問題の「時間の政治学（ポリティクス・イン・タイム）」
──選挙制度形成の歴史と今後の見通し

倉田　徹

はじめに

　香港で民主化を求める学生や市民が道路を占拠した2014年の「雨傘運動」は、9月28日の開始から、12月15日の占拠の完全終結まで、79日間にわたって続いた。長期の道路占拠にもかかわらず、中央政府・香港政府は一切妥協をしなかった。2017年の行政長官普通選挙において、立候補者を中央政府寄りの指名委員会で選別し、民主派の出馬を事実上不可能にする仕組みを撤廃し、「真の普通選挙」を実現するという運動参加者の要求は受け入れられなかった。

　この運動をどう評価すべきであろうか。一方ではこの運動は失敗に終わった民主化運動として論じられるが、同時に特筆すべきは、極めて長期にわたってこの運動が続いたという点である。運動の長期にわたる継続は、中央政府・香港政府とデモ隊の双方が対峙したまま膠着状態に入ったためであるが、このことは、いまや時に「超大国」とも称されるに至った中国と、香港の市民運動の現在の力量の比較では説明困難である。なぜ、中央政府・香港政府はこの市民運動にこれほど手を焼いたのか。その背景には、解決困難な政治問題をもたらしてしまうような、制度の問題が存在すると筆者は考える。

　英国統治時代の1980年代初頭に開始された香港の民主化は、現在まで30年以上の歴史を経てきた、緩慢かつ曲折に満ちた過程であった。その間には、制度選択の重要局面がいくつか存在したが、それぞれの時期において、制度の選択に役割を果たした英国政府・中国中央政府・香港社会の力関係は、大きく違っていた。制度の策定には、それぞれの時期における三者間の駆け引

151

きが反映されているが、異なる時期に作られた制度は、「一国二制度」が「五十年不変」とされる硬直的な制度設計のもとでそれぞれ残存し、結果として政治問題の複雑化を避けがたいものとするような、現在の香港の政治制度を構成している。つまり、現在の中央政府と香港民主化運動の膠着状態は、現時点での力関係ではなく、過去の力関係にもとづく制度の多重的な蓄積によってもたらされているのである。

　したがって、香港の民主化問題を理解するためには、過去を振り返って香港の選挙制度の制定・変革の歴史を踏まえる必要がある。香港の民主化問題を「時間のなかに置いて」検証すると、何がみえてくるであろうか？

　本書の主たる目的は、制度発展のプロセスをたどることによって、中国政治の過去と現在のつながりをよりよく説明すること、さらにそれを通じて、中国政治の今後へのより確かな展望を得ることである[1]。香港の選挙制度構築にあたり、大きく状況を変化させた「決定的分岐点」は何だったのか。本章では、香港民主化問題の歴史を振り返ることによって、この問題の現在地を確認し、それをもとに「雨傘運動」以後の民主化の先行きについても検討したい。

I　政治制度設計の時間要因

1　時間的背景の変遷

　ポール・ピアソン（Paul Pierson）は著書『ポリティクス・イン・タイム』において、政治学が扱うさまざまな変数の時間的要因について検討している。ピアソンは、政治学にかかる事象の原因と結果の双方について、速く進むものと、緩慢に進むものが存在し、したがって、分析の時間的射程も、速く進むものについては短い時間をとらえれば済むが、緩慢に進むものについては長期的な視点をとった分析が必要となると説く。自然現象に喩えれば、「竜巻」は短期的な原因によって発生し、結果としての事象も短期に収束する。「隕石」は短期的な原因によって地球に衝突するが、それがもたらす気候変動・大量絶滅などの影響は長期に及ぶ。一方、「地震」は、長期にわたるエネルギーの蓄積によって発生するが、事象自体は短時間で終結する。「地球

152　第3部　中央・地方関係と経済

温暖化」は、長期的な要因の蓄積で発生し、結果の影響も長期に及ぶ。ピアソンによれば、政治学はこれまであまりにも「竜巻」型の事象の分析に集中し、「隕石」・「地震」・「温暖化」の分析を疎かにしてきたという[2]。

　それでは、香港民主化問題についての「隕石」・「地震」・「温暖化」とは何か。まず、「隕石」のように、瞬間的に発生し、後々にまで多大な影響を与えた出来事が、1984年12月19日の香港返還に関する中英共同宣言の調印と、1997年7月1日の実際の返還である。もちろん、この両者はいずれも突発事件ではなく、長期の交渉の末に定められた日付ではあるが、この日を境に香港政治に関する環境が大きく変化したという意味で、極めて長期的な変化の発端となった瞬間ということはできよう。この二つの日付を境に、香港はそれぞれ英国統治期・返還過渡期・返還後と時代区分されるのである。そして、より「隕石」的な突発事件としては、1989年6月4日の北京の天安門事件があげられよう。この事件は中国政治においては、政治・社会問題の蓄積のうえに発生した一種の「地震」型の出来事ととらえることもできるが、香港にとっては、事件の発端になった北京の学生運動の発生や、主張内容は基本的に無関係であり、香港からみたこの事件はまさに、隕石のように「降ってきた」存在である。しかし、事件は中央政府と香港民主派の決裂という、その後四半世紀以上にわたって続く政治構造を生みだした。

　一方、「地震」のように、蓄積した要因によって発生した事象としては、返還後の大規模な市民運動をあげることができよう。とりわけ、2003年7月1日の「50万人デモ」、2012年9月の「反国民教育運動」、2014年9〜12月の「雨傘運動」は大規模なものであった。デモや集会といった街頭政治は、通常短期間で収束する。「雨傘運動」は79日間継続したが、それでも現代史のなかでこの運動を語る場合には、あくまで一時的な出来事と表現せざるをえない。「反国民教育運動」も、大規模集会が繰り返されたのは1週間程度、「50万人デモ」に至っては数時間で収束した出来事である。しかし、これらの運動が大規模化するのは、そこに至るまでの長期にわたる市民の不満の蓄積があるからである。「50万人デモ」は返還後6年間の不満の総決算と位置づけられたし、「反国民教育運動」や「雨傘運動」の背景にある中央政府への不信感も、少なくとも数年間にわたってガスが蓄積され、ある種の条件

第6章　香港民主化問題の「時間の政治学（ポリティクス・イン・タイム）」　153

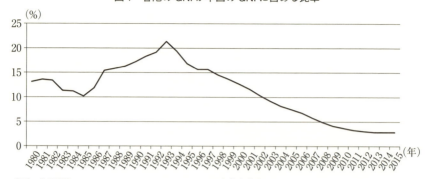

図1 香港の GNI が中国の GNI に占める比率

出所：世界銀行 World Development Indicators のデータより筆者作成。
（http://api.worldbank.org/v2/en/indicator/ny.gnp.mktp.cd?downloadformat=excel、2017 年 2 月 27 日閲覧）。

が整って発火・爆発したものと考えるべきである。もっとも、ピアソンは地震の結果を短期的なものと考えるが、これはあくまで自然現象としての地震の特徴であり、われわれ地震国の住民が一般的にイメージする自然災害としての地震は、前兆なく瞬時に発生して、非常に長きにわたるダメージを残す。これらのデモや集会も、「隕石」のように発生後に社会に大きな影響を残したということもできる。

　一方「温暖化」としては、香港の民主化の開始以降、ほぼ一本調子に進んできた中国経済の成長と、それにともなう各方面での中国の影響力の拡大が最大のものであろう。図1は、香港と中国の経済規模の比較である。香港の民主化が始まった 1980 年代には、香港経済の規模は常に中国経済の 10% 以上を占め、ピーク時の 1993 年には 2 割を超えたが、その後は中国経済が香港を上回る速度で成長を続けたことで低下の一途をたどり、2014 年には 3％ を切っている。この変化は民主化問題においての中央政府の香港に対する見方、香港の交渉カードに大きな影響を与えたとみられる。

　もう一つの長期的な変化として、香港の人々の世代交代による、価値観の変化も考慮に入れる必要があるであろう。中国の経済発展も劇的なスピードで進んだが、香港の戦後の高度成長も負けず劣らず大きな変化であった。現在の香港では、大陸から着のみ着のままで難民として香港にやってきて、その日暮らしを強いられた世代も健在である一方、アジア有数の裕福な都市

で、不自由なく生まれ育った世代もいる。上述の通り、香港はその間にも多数の「隕石」や「地震」を経験しているから、どのような状況にいつ置かれたかによって、人々の価値観は世代ごとに大きく違うのがむしろ自然である。社会学者の呂大楽は「四代香港人」において、香港には戦争体験をもつ第一世代（1920-30 年代生まれ）、戦後ベビーブーマーの第二世代（1946-65 年生まれ）、青年期に中英交渉・天安門事件を経験した第三世代（1966-75 年生まれ）、戦後ベビーブーマー二世である第四世代（1976-90 年生まれ）がいるとしたうえで、戦乱から工業化・脱工業化と社会の成熟を経験した香港の各時代に生まれた者は、それぞれに他の世代や社会状況との相互作用のなかで行動や認識を作り上げ、物事や政治に対する価値観が世代ごとに大きく違うことを論じている[3]。確かに「雨傘運動」は圧倒的に若者による運動であり、運動への賛否などのデータは世代によって全く違っている。香港の人々にも、時間とともに緩やかな変化が蓄積され、全体としての社会の価値観は、一定の時間を経ると知らず知らずのうちに大きく変わるのである。

2 制度設計のタイミング

これらの時の流れのなかで、実際の制度設計がどのタイミングで行われたかということも非常に重要である。ピアソンは、道を歩いていた男性に瓦が落ちてきた場合、道を歩くことと瓦が落ちることの二つが偶然に同時に発生すれば不幸な結果になる一方、タイミングが違っていれば大きく異なる結果になるとの喩えで、ある事態がいつ起きるかが極めて重要であることを説く。それでは、香港の民主化問題の場合、どのようなタイミングで事態は進んでいったのであろうか。

図2は、香港の民主化に関するさまざまな制度の策定の過程を、時間軸に沿って示したものである。1980 年代に始まった香港の民主化は、30 年以上を経て現在も続いている長期の過程であり、英国統治期に始められ、過渡期を経て返還後も継続している。その過程は、さまざまな法制度・選挙制度を不断に、部分的に策定し続けるものであったが、策定の主体は途中で英国から中国へと移った。このような過程を経た民主化は、恐らく世界的にみても極めて異例のものであろう。この図2を参照しながら、香港民主化の重要局

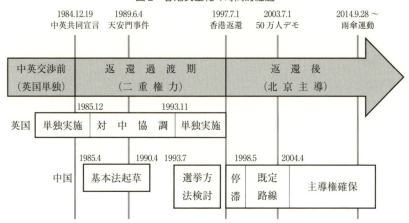

図2 香港民主化の時間的経過

出所：筆者作成。

面がどのようなタイミングで発生してきたかをみていきたい。

(1) 民主化の発動——英国の単独決定

　まず注目すべきは、民主化の発端が中英交渉の妥結前に始まっていることである。1981年、香港政庁は、地区行政に助言を与える「区議会」の設置を開始し、1982年3月4日、その一部議員の選出のために、香港史上初めて普通選挙が実施された。マーガレット・サッチャー（Margaret Thatcher）首相が訪中し、返還交渉が正式に開始される半年あまり前のことであった。この時期に民主化が始動したことは、当然返還問題と大きく関連していると考えられる。当時英国は、中国が1997年に香港を回収する意志をもっている可能性を察知していた。返還交渉に先立って、1979年にはすでにマレー・マクルホース（Murray MacLehose）総督が北京を訪問しており、鄧小平はその際、1997年以降の英国の香港統治の継続を明確に受け入れることはせず、香港の回収をほのめかした[4]。香港政庁高官から公共政策学者に転じたジョン・ウォールデン（John Walden）は、マクルホース総督は北京から帰るとすぐに区議会の設置準備に入ったと証言しており、中国が香港を回収するかもしれないため、民主化をする必要があったと述べている[5]。

156　第3部　中央・地方関係と経済

英国は第二次大戦直後にも一度民主化を試みて断念しているが、その理由
の一つが中国の反発への憂慮であった。実際、1958 年には周恩来総理が英
国政府に対し、少しでも香港の自治を拡大する動きは極めて非友好的な行為、
あるいは陰謀とみなすと警告したという記録がある[6]。しかし、返還問題の
浮上により、中国要因はむしろ民主化を促進する要素ともなった。英国はす
でに 1970 年代には、中国大陸と比べてよい政治が香港で行われていること
を示すために、社会福祉の大幅な拡大を実行しており、香港の返還を拒む理
由として民意の支持を利用しようとも考えていた。逆に、返還を決める際に
は、民主化を行うことで、英国政府が香港返還について議会の了承を得やす
くなるという要因もあった[7]。過去 140 年にわたって英国が香港の民主化を
行わなかった理由の一つである中国要因が、むしろ民主化の動機へと転換し
たのである。

　中英共同宣言は返還後の香港の政治体制について、行政長官は現地で選挙
または話し合いによって選出される、香港の立法機関は選挙で選出されると
の二点以外、詳細な規定を行わなかった。デイヴィッド・ウィルソン（David
Wilson）総督は共同宣言について、「私たちはブリタニカ百科事典のような
詳しい協議をめざしたが、中国側が求めたのは A4 判で 2、3 枚の文書だっ
た」と述べている[8]。しかし、いずれにせよ立法機関は選挙で構成されると
明記されたことは重要であった。1987 年 5 月、李儲文新華社香港分社副社
長は鍾士元行政評議会議員に対し、総督による議員の委任制度を高く評価し
たうえで、1997 年以降もこれを残したい意思を示したが、鍾士元は共同宣
言の規定を理由に委任は返還後続けられないと述べたという[9]。中英交渉担
当のパーシー・クラドック（Percy Cradock）中国大使によれば、この一文は
ジェフリー・ハウ（Geoffrey Howe）外相から呉学謙外相に宛てた書簡で実現
を迫ったものであり、英国が「中国からしぼりとった最後の譲歩」であっ
た[10]。英国はその後、1985 年 11 月に中国政府が香港の民主化を公に批判す
るまで、基本的には自身の主導によって、漸進的な民主化を進めることと
なった。

　つまり、英国は中国の香港回収の意図を察知した時点で民主化を素早く開
始し、返還後にわたって民主化を続けることを中国に約束させることに成功

第 6 章　香港民主化問題の「時間の政治学（ポリティクス・イン・タイム）」　157

したのである。他方の中国政府は、香港を回収することについては決定していた一方、その後の統治の方法についての構想はまだ曖昧であったと指摘される。その後ほぼ一貫して中国政府が香港の民主化に対して懐疑的であることに鑑みれば、このタイミングで英国が民主化に着手しなければ、中国政府が返還後の香港での民主化に前向きな姿勢をとったかどうかは疑わしい。

(2)基本法の制定——中英協調

　一方、香港に完全な民主主義を導入するためには、この民主化開始のタイミングは遅すぎたとの見方もできる。中国は中英共同宣言の調印後間もなく、返還後のミニ憲法である香港基本法の起草を開始した。中国は1997年返還時点での香港の立法評議会の構成を、基本法の規定に合わせるよう要求した。中国は英国が行う改革を急進的すぎると繰り返し牽制し、英国は普通選挙の導入時期を遅らせるなど、対中協調により民主化のペースを調節することを強いられた。

　その間、1989年6月に天安門事件が発生したことは、一般的に香港民主化の一つの大きな転機になったとみなされる。香港市民は数十万人規模のデモを繰り返し、北京の学生運動を支援した。最後はこの運動が絶望に終わったことにより、「民主抗共（民主化によって共産党に抵抗する）」の路線をとる民主派に支持が集中し、香港には従来存在しなかった政党や、選挙で選ばれる著名な議員などが誕生した。このことは、間違いなく香港の政治情勢に、後々にまで続く大きな影響を与えた。基本法起草委員会には、当初李柱銘・司徒華という2名の民主派の大物が参加していた。しかし彼らは学生運動を支援したことで、天安門事件後に委員会を除名された。つまり、起草の過程から民主派は途中で排除されたことになる。

　しかし、民主化をめぐる選挙制度の問題においては、事件直後には情勢に際立った大きな変化がもたらされたともいいがたい。西側諸国は対中制裁を行ったが、香港の民主化についての中英間の協調・交渉は続けられた。中国は、学生デモを大いに支持した香港市民の姿勢や、西欧型の民主主義自体に対して強い不信感をもった。しかし、事件をまたいで起草された基本法において、民主化を否定するような政策転換は行わなかった。事件前の1989年

2月に発表された基本法の第一次草案では、行政長官と立法会を将来普通選挙化するとの目標が明記されたが、その規定は事件後の1990年2月の第二次草案、そして1990年4月に制定された基本法においても残された。むしろ天安門事件後、英国は香港の動揺を収束させるために民主化が必要であると中国政府を説得し、返還時点での立法会の普通選挙議席数を、当初の15議席から20議席へと増加させることに成功しているのである。紆余曲折のなかでも、英国は対中協調の民主化路線をとり続け、中国は基本法の起草を続けた。既定の時限である1997年7月1日を視野に入れて、双方が現実的な決着をめざしたということがいえそうである。

(3) 選挙方法の決定——英国の影響の排除

しかし、この状態が返還まで続いたわけではなかった。上述のような姿勢は対中弱腰との非難が英国本国や香港で高まり、ウィルソン総督は更迭され、1992年に「最後の総督」としてクリス・パッテン（Chris Patten）が就任した。パッテンは就任後間もなく、1995年の立法評議会議員選挙の方法を改革し、普通選挙に近い方法で選出される議席を大幅に増やす提案を行った。しかし、中国政府はこの改革が中英共同宣言などに違反しているとして、パッテンを激しく非難した。中国政府は1993年7月、香港特別行政区準備委員会予備工作委員会を設置し、一方的に返還後の選挙方法や政治体制についての検討を開始した。ここに至って中英協調期は終結し、英国香港政庁はパッテン提案にもとづいた民主化を一方的に実行に移した。

パッテン改革により、香港の民主化は一時的に大幅に前進した。改革の実行後の1995年に行われた立法評議会議員選挙では、民主派が過半数の議席を獲得した。パッテンは一部中英間の過去の合意をも無視して、急進的な選挙制度改革を実現した。中国が天安門事件を発生させたことと、返還が迫ってきたことにより、中国政府に対する配慮の必要性が後退したためとも考えられる。

しかし、長期的にみれば、パッテン改革は返還後の民主化にとってはマイナスとなった可能性もある。基本法の起草期間中、中英双方は、1995年の植民地期最後の選挙で選出された立法評議会の構成が基本法の規定する第1

第6章 香港民主化問題の「時間の政治学（ポリティクス・イン・タイム）」 159

期立法会の構成と合致する場合、中国政府はこの立法評議会をそのまま第1期立法会として受け入れる「直通列車方式」の採用に合意していた。パッテン改革も、このことを念頭に、立法評議会の60議席中20議席を普通選挙とするなど、構成においては基本法の規定に合わせていた。しかし、中国政府はパッテンの約束違反を理由に、返還と同時に立法評議会を解散することを決定した。

　このことは結果的に、選挙制度の決定において、中国政府に大きなフリーハンドを与えることとなった。ここまでに中英共同宣言と基本法の制定によって、政治体制の大きな枠組みはすでに定められていたが、具体的な選挙方法や選挙区の区割りなど、細部の規定は未定であった。仮に「直通列車方式」が実現していれば、1995年選出の議員が返還後1999年まで議員を務めることとなるので、返還後も1995年時点の制度がそのまま採用されるか、少なくとも議論の土台となったはずであると想定できる。たとえば、マカオでは「直通列車方式」が採用され、1996年選出の立法会議員が2001年まで議員を務めた。マカオの民主化の歴史は香港より少し古く、1974年のポルトガル革命の影響で誕生した政権の影響のもと、1976年から直接選挙・間接選挙・総督委任の三枠によって議員が選出されている。返還後の立法会でもこの三部構成が維持されているだけでなく、直接選挙枠の選挙制度も、1991年に導入された比例代表の改良ドント式が返還後もそのまま使用されている[11]。つまり、マカオの場合、選挙制度の細部までがポルトガルの遺産である。

　これに対し香港の場合、1994年11月に中国政府は香港特別行政区準備委員会予備工作委員会に選挙事務研究小組を設け、返還後の選挙制度の検討に入った。予備工作委員会は、パッテン改革を理由に1993年7月に中国が設置した、返還後のための準備を行う組織である。当初の計画では1996年から準備委員会で議論する予定となっていたが、予備工作委員会が設けられたことによって「最後の総督」パッテンは早期からレームダック化することとなった。

　準備委員会・予備工作委員会の双方とも、大陸側メンバーと香港側メンバーの混成であったが、香港側メンバーは北京との関係が近い財界人などの

160　第3部　中央・地方関係と経済

親北京派で構成され、民主派は除外されていた。選挙事務研究小組の召集人を務めた政治学者の劉兆佳は、1998年の第1期立法会議員選挙の選挙制度は主に中国の「お手製」であり、中国の政治的立場を忠実に反映していると述べる。劉兆佳によれば、中国は共産党政権として自発的な政治団体を恐れており、行政機関を妨害するような強大な政党が香港に登場することを許さなかった。このため、普通選挙や民主化に対して疑念をもっており、1991年・1995年の立法評議会選挙で生じたような民主派の地滑り的勝利は、準備委員会や予備工作委員会にとって受け入れがたい結果であった。委員会は選挙制度の検討に入るや、パッテンが採用した小選挙区制を早々に選択肢から排除した。

　一方劉兆佳は、香港側メンバーは中国政府の態度が明確な問題についてはそれに従っていたものの、そうでない場合は論争が存在したと述べており、立法会の普通選挙枠の選挙方法についてはかなりの論争があったという。委員会の大多数は香港を定数4〜5の選挙区に分ける中選挙区制を支持していたが、準備委員会の最終報告は、劉兆佳が驚いたことに、中選挙区制と比例代表制を併記した。比例代表制が国際的にも普及しており、中国と香港の国際イメージを心配した中国政府の高官が、最終局面で干渉してきたのではないかと劉兆佳は推測する。ただし、中選挙区制の支持者に配慮して、香港全体を五つの選挙区に分け、比例代表制ながら、個人でも1人だけが登載された名簿によって出馬できるようにした[12]。

　つまり、選挙制度の詳細を決定する際には、パッテン改革を口実として、中国政府は過去の選挙制度から相当自由に制度構築をすることができたのである。中英共同宣言によって規定された、「現状維持」すなわち英国が残した制度の温存と、「五十年不変」すなわち返還後50年間は制度を変更しないことを旨とする枠組みの拘束は、経路依存を導きやすい構造であると考えられるが、中国は返還後の立法会の選挙制度の構築にあたっては、返還前の制度に縛られることなく、一から作り直すことが可能となったのである。

(4)普通選挙時期と方法の決定——中央政府の主導権掌握
　返還と同時に立法評議会が解散されたため生じた空白は、中央政府が「臨

時立法会」を設立して埋めた。民主派の主流派が臨時立法会への参加をボイコットしたため、臨時立法会は中央政府および成立したばかりの香港政府に対して極めて従順な組織であり、上述の選挙制度に関連する諸法律を制定したほか、人権法や公安条例の改正など、パッテン改革の効果を打ち消す役割を果たした。しかし、1998年には返還後初の立法会議員選挙が行われ、その後は基本法が第2期行政長官選挙（2002年）と第3期立法会議員選挙（2004年）までの選挙制度をすでに定めていたため、既定路線に沿って選挙が行われた。民主派は基本法を修正し、普通選挙を早期に実現するよう求めたが、政府はこれを無視した。しかし、2007年以降の選挙制度については、基本法には「順を追って漸進し、最終的に普通選挙に至る」との規定があるのみで、行政長官選挙委員会の人数や構成、立法会の議席数や選挙方法など、具体的な選挙方法は毎回の選挙の際に決定する必要があった。

　返還後の実際の展開からいえることは、まず、制度決定の主導権を中央政府がほぼ完全に確立したことである。これに関して極めて重要であったのは、2004年4月に行われた、全人代常務委員会による基本法解釈である。基本法は選挙方法の改正手続きとして、改正の必要がある場合には、改正案を香港の立法会の3分の2で可決し、行政長官がこれに同意し、全人代常務委が批准（行政長官選挙の場合）または記録にとどめる（立法会選挙の場合）という手続きを明記していたため、この法解釈以前には、香港の親政府派・民主派とも、基本的には香港でまず案を作成し、中央政府が最終判断を下すという手続きを想定していた。しかし、全人代常務委は「改正の必要がある場合には」との一文を解釈し、「まず改正の必要の有無を全人代常務委が判断する」との手続きを定めた[13]。

　次に、主導権を握った中央政府は、この枠組みを設けたうえで、選挙制度の内容を自ら定めるようになった。返還後、2004年の解釈にもとづいて選挙制度改正の手続きがすでに3回行われたが、いずれも全人代常務委が「必要性の判断」の時点で、普通選挙の可否や選挙委員会の構成、普通選挙議席が全体に占める割合などの、選挙制度の比較的細部にまで、事前に決定を下している。

　中央政府の主導権獲得にあたり、2004年は決定的に重要であった。全人

代常務委の基本法解釈と決定により、これ以降の選挙制度決定を中央政府が主導する仕組みが一気にできあがったためである。しかし、換言すれば、中央政府が完全に主導権を獲得したのは2004年のことであり、それ以前の制度については、英国が主導した民主化の遺産が残ったのである。

Ⅱ　中央政府の意図と誤算

　このように、香港の選挙制度構築は、英国が開始し、漸進的な民主化を主導した時代から、現在の中国中央政府が主導権を掌握し、民主化を限定しようとした時代へと、時を追って変遷してきた。その間、長期にわたる制度構築の過程において、中国は天安門事件という重大な突発事件や、世界第二の経済大国への成長という巨大な変化を経験し、とくに返還後は香港の民主化に対して厳しい姿勢をとる傾向が強まった。香港の選挙制度の構築史からは、英国が導入しようとした「デモクラシー（democracy）」が、中国式「民主（min-zhu）」に変遷する過程がみてとれる。

　しかし、英国統治期の制度を「現状維持」する「一国二制度」のアレンジのために、英国が北京と全く異なる意図・発想から構築してきた制度も残されている。結果として、現行制度は全体としては、誰の意図をも直接には反映しないものとなっている。ピアソンは、誰かが何らかの機能に寄与するために制度を構築するというよりも、制度自体が権力闘争の結果として作られている可能性が高いと述べているが[14]、香港の政治体制や民主化に関係する制度は、まさに中英および香港社会のさまざまな勢力の駆け引きの結果であるといえる。

　そしてピアソンは、そうして構築された制度が、設計者の意図どおりには機能しない場合が多いことを指摘している。制度の設計者にとって、または何らかの社会の要請に対して役立つ、との期待にもとづいて設計された制度が、期待どおりの効果を生まない原因について、ピアソンは制度が思わぬ副次的効果を生む可能性、制度の効率性の問題、制度の長期的効果を設計者が計算しないこと、制度の予想外の結果、環境の変化、設計者の交替といった要因をあげる[15]。

香港で「雨傘運動」のような事態が発生し、その処理に中央政府と香港政府が非常な時間を費やしたことは、中央政府が期待したような政治状況が香港に実現できていないことの表れである。次に、香港の制度が北京の意図したとおりの機能を果たせていない側面について、その要因を検証してみよう。

1　行政主導の意図と誤算

(1)行政主導を志向した中央政府の意図

　行政主導（executive-led）とは、元々植民地期に香港政庁の統治を表現した語句である。1980年代の民主化開始以前の香港の政治体制は、19世紀から変わらない総督による独裁体制であり、返還をめぐる中英交渉妥結時の1984年時点では、立法評議会の議員は全員総督による指名であった。行政主導は、この非民主的な独裁体制と、官僚統治の結合体の、行政効率のよさを強調する文脈で、しばしば用いられる語句である。

　中国政府は行政主導という語を非常に好んだ。なぜ中国政府は「行政主導」を強く志向したのか。これについて銭其琛外相は回顧録において、中国が基本法を起草する際に英国の意見を聴取したところ、英国が中国に対して香港の行政主導の体制を強く推薦してきて、中国側もこの体制が香港の現実の状況に合い、効率の高い行政管理や香港の安定と繁栄の維持に有利であると考えたと述べている[16]。

　同時に、共産党のもとに一元的な体制を築いてきた中国政府の指導層が、権力の分立を嫌ったという要因もある。「基本法」の起草段階では、香港の政治体制を三権分立とする案も存在した。たとえば中国国務院香港マカオ弁公室副主任の李後は、1986年の時点では「香港特別行政区の政治体制の基本モデルを決定する際には、原則として三権分立を採用すべきである」と述べている[17]。基本法起草委員を務めた民主党主席の李柱銘立法会議員によると、1987年のある会議の時点では、起草委員会は香港の政治体制を三権分立とすることではぼ同意ができていた。しかし、翌日鄧小平が起草委員に対し、「三権分立は香港では行ってはならない。三権分立は三つの政府を作ってしまう」と述べたのを機に、その後はどの委員も三権分立を提唱しなくなったという[18]。

西洋型民主主義に懐疑的な中国政府は、権力の分立をもタブー視する。た
とえば、呉邦国全人代委員長は、2009 年 3 月の全人代常務委員会活動報告
で、中国の人民代表大会制度と西側の資本主義国家の政治体制には本質的な
違いがあり、絶対に西側の複数政党による政権交代・三権分立・二院制など
を行わない旨を述べている[19]。政治学者のマイケル・デゴルヤー（Michael
DeGolyer）は、香港に適用される「行政主導」が、中国の考えでは、幹部（党）
の人民に対する指導と非常に似たものを意味していると指摘する[20]。「一国
二制度」が認められる香港であっても、政治体制に全体として国家の体制と
の親和性が求められたとも考えられる。

　行政主導の対義語としては、三権分立のほかに、立法主導という語もある。
これもまた、中国政府が好まない政治体制である。銭其琛は、英国が「代議
政治制度改革」と題して導入した民主化の目標を、「はっきりいってしまえ
ば、つまり行政主導を立法主導に変え、立法機関の権力と地位を高めること
によって行政機関を制約し、最終的に中国返還後の香港を『独立の実体』に
変え、祖国と引き離し、それをもって長期にわたり英国の香港での政治・経
済的利益を守る」ことであったと評している[21]。実際、英国統治下での民
主化は集中的に立法の分野でのみ進み、総督が委任したメンバーが構成する
行政評議会においては、何ら改革は実行されなかった。このため、民主派勢
力は立法評議会でのみ勢力を拡大し、行政の実権を得ることはなかった。行
政機関に民主派の影響力が及ぶことを回避することも、行政主導の一つの目
的であったと考えられる。

(2) 行政主導が実現しない理由

　しかし、現実には、香港の現在の政治体制は、行政主導の政治状況を実現
するに至っていない。シンクタンク「新力量網絡」の調査では、返還から
16 年間（2013 年 7 月まで）の法案成立率は 55.6％ にとどまった。なかでも
梁振英行政長官の初年度である 2012-13 年度は 45.83％ と、半分以上の法案
が廃案または棚上げとされている[22]。日本の民主党政権末期にあたり、「ね
じれ国会」による「決められない政治」が批判されていた 2012 年通常国会
の法案成立率が 57％ であるので[23]、香港では返還後一貫してそれに近い状

況が続いているといえる。行政主導の強い政府というより、むしろ政府の弱体化が問題となっているのである。

　行政主導を実現するための制度的なアレンジとして、基本法に定められた政治体制では、第一に、行政長官に総督が保持していた権限をほぼ引き継がせ、権力を集中させた。第二に、立法会の権力を厳しく制限した。立法会議員は議員立法を行うことを極めて厳しく制限され、その権限は、政府の提出する法案に対し、受動的に賛否を表明することにほぼ制約された。第三に、行政と立法を厳格に分離した。立法会議員は政府の役職に就く場合には辞職しなければならないという規定を設け、行政長官や「大臣」級の主要な高官に議員が就任することも認めないとした。第四に、政党の成長を阻害する制度が採用された。行政長官は政党に所属することを禁止され、政党は政府内部に影響を行使することを制限された。また、立法会の選挙方法は、先述のとおり比例代表制が採用されたが、そのなかでも「最大剰余方式」という、小政党にもっとも有利な選挙方法が採用されたことで、大規模な政党が誕生することが妨げられた。

　これらの制度はいくつかの面で所期の効果を発揮した。とくに、基本法の制定時と、パッテン改革後の選挙制度の制定当時に、中央政府にとっての最大の懸念であった民主派の大政党の成長を妨害するうえで、極めて効果的であった。1995 年の立法評議会議員選挙では、民主派の最大政党である民主党は 19 議席を獲得したが、2016 年には同党は 7 議席にまで減らしている。民主派が万年野党の状態におかれ、政策能力を発揮することができないなか、中央政府・香港政府との距離のとり方をめぐる路線対立が絶えず、さらに選挙制度が小政党に有利であるため、カラーの異なる小政党の乱立状態に陥っていった。

　しかし、それは行政主導の実現につながらなかった。制度的に不利な立場におかれ、行政から排除された政党や議員は、政府批判を強めることになったのである。

　立法会に多くの実権は与えられなかったが、行政よりも民主化が進んだ立法会には、より強く正統性を主張できる根拠があった。行政長官は、中央政府に関係の近い者が圧倒的多数を占める 400 名から 1,200 名の委員による制

限選挙であり、「香港人による香港統治」とはいえ、必ずしも市民多数の支持を得た者ではなかった。一方の立法会は民主化が進み、現在では半数の議席が普通選挙によって、残りも制限選挙の職能別選挙ではあるが、すべて香港での選挙で選出される。しかしながら「民意代表」を自任する立法会議員は、政府での役職からは外されるため、常に外部からの監視役として政府を厳しく批判した。

とくに、天安門事件後の中央政府と香港市民の相互不信が尾を引いて、立法会の普通選挙枠では常にほぼ全体の6割弱の票を得ていた民主派は、純然たる野党の地位におかれた。なかでも過激派の人民力量・社民連の議員たちは、議場で大声を出したり、物を投げたり、政府案に膨大な数の修正案を提出したり、延々と発言したりして、しばしば議事進行を妨害した。むろん、このような行為は決して香港の多数派の支持を集めているとはいえない。政党支持率をみれば、民主派の過激勢力は常に最下位に近い評価である[24]。立法会内での勢力も、2016年の選挙で70議席中人民力量・社民連は各1議席しかとれていない。しかし、小政党を過度に優遇する選挙制度のもと、有権者全体の1割以下の支持でも1議席を獲得できてしまうため、政党は支持率を意に介さず、とくに小政党は多数派の緩い支持の獲得よりも、1割の者から熱狂的に支持されるような極端な政策をとるほうが有利になる。

一方の親政府派は、逆に優遇された選挙制度を背景に、政府与党的な役割を果たすことを求められたが、立法会議員が政府高官を兼職できないという点においては親政府派も民主派と相違なく、制度上は野党ということになる。しかも、親政府派も民主派と同様に、選挙制度の効果によって、元親英派の香港財界人から、反英派で共産党寄りの学校関係者や労組メンバーまで、セントラルの金融街の住人から、新界の伝統的農村のグループまで、社会的背景や政策の志向性においては民主派以上に多様な者を含む。このため、政策によっては親政府派の内部に対立が生じたり、一部の勢力が政府と対立したりする事態が生じる。その最たる例は2003年の「国家安全条例」である。治安立法である同法には民主派が一致して反対していたが、同年7月1日に同条例に反対するデモが50万人規模にまで拡大すると、親政府派の自由党が条例反対に姿勢を転じ、同条例を廃案に追い込んでしまった。立法会は最

終的に政府法案に賛否を表明する権限をもっているため、政府は政策策定にあたって常に立法会への配慮を求められる。その過程において、政府が大幅な譲歩を迫られたり、政府法案が廃案となったりすることは、決して珍しくないという状況となってしまったのである。

2　台湾モデル効果の失敗

「一国二制度」は、そもそも中国政府が台湾を平和統一するために考案された方式であり、香港での適用を成功させて、台湾に対するモデル効果を発揮することが想定された。しかし、台湾では「一国二制度」はほぼ全く魅力的に映らなかった。返還直後の1997年8月1日に台湾の行政院大陸委員会が実施した民意調査では、「香港と似た方式で台湾を統治することは受け入れられますか」との問いに対し、86.8％が「受け入れない」と回答した[25]。その後も「一国二制度」が台湾にとって有力な統一のモデルとみられることはほぼ全くなく、とくに民進党は国民党に対するネガティブ・キャンペーンの方法として香港の事例を引き、台湾のひまわり学生運動でも「今日の香港は明日の台湾」とのスローガンが多用され、台湾からはむしろ避けるべき未来像とみなされるに至ってしまったのである。

香港が台湾にとってモデルとみられなくなった理由はさまざまであろう。とくに近年の場合、香港の中国大陸との経済融合がもたらした、観光客の大量流入や不動産の暴騰など、「中国化」による社会問題の悪化が多く言及されるところであるが、恐らく根本的な問題として、香港の民主化の遅れがある。米国のNGOフリーダム・ハウスは、毎年世界の自由調査を行っている。この調査では、各国・地域の政治状況をさまざまな項目から評価し、最終的に選挙権や被選挙権などの参政権に関する「政治的権利（PR：Political Rights）」と、報道や結社などの自由に関する「市民的自由（CL：Civil Liberty）」の二大カテゴリーについて、それぞれ1点（最良）から7点（最悪）までの7段階評価を行っている。調査開始時点からの香港と台湾の毎年のPRとCLの平均値が図3である。

台湾は1980年代半ばまで国民党の独裁政治が続き、多数の死者を出すような弾圧も珍しくなく、フリーダム・ハウスの評価も極めて低かったが、

168　第3部　中央・地方関係と経済

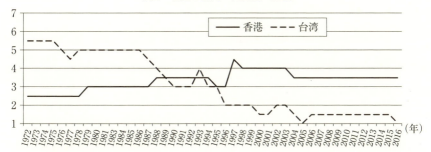

図3　香港と台湾の自由度の比較

注1　一部の調査では、たとえば1981年1月～1982年8月と、1982年8月～1983年11月と、調査期間が二つの年にまたがっているが、その場合この図ではより長い期間が属する年を表示した。このため1982年は図上では表示されていない。
注2　1973年の香港は調査対象外。
出所：Freedom House ウェブサイトより筆者作成
　　（https://freedomhouse.org/report/fiw-2017-table-country-scores、2017年2月27日閲覧）。

1986年の民進党結成以後の漸進的民主化で年々評価を上げ、1996年に総統の直接選挙が実現すると、その後はほぼ安定して完全な民主主義体制との評価を受け続けている。一方の香港は、1980年代半ばまで、台湾よりも高く評価されていた。周知のとおり、1980年代初頭までは香港では普通選挙が一切行われていなかったので、当時の香港への評価、とくにPRが高評価をされていることについて、筆者には違和感もある。しかし、すでに当時から高度な言論の自由と多様性がある土地であったことは事実であり、民主化「第三の波」以前の時代の評価基準では、相対的に容認されうる状況とみられたのかもしれない。しかし、その後の香港の民主化は遅々たる歩みであり、1990年には初めて台湾に抜かれ、90年代半ば以降の20年以上にわたり、台湾のほうが高く評価される状態になっている。

　1984年の中英交渉妥結当時、すなわち香港への「一国二制度」の適用決定時点では、中国政府もこのことを予見できなかったかもしれない。しかし、香港の民主化が極めて緩慢であったため、返還の時点ではすでに台湾との比較でみて、明らかに香港の民主は見劣りする状態になってしまったのである。

第6章　香港民主化問題の「時間の政治学（ポリティクス・イン・タイム）」　169

Ⅲ 民主化問題の「現在地」と今後

1 「雨傘運動」──制度的膠着状態

　このように、香港の民主化に関する制度は、複雑な経緯を経て順次構築されてきた。2014 年に発生した「雨傘運動」の発生・経過・収束は、それまでに構築されてきた制度の蓄積の現在地を非常にわかりやすく描き出すものであった。

　運動の原因となったのは、2014 年 8 月 31 日に行われた全人代常務委の決定、いわゆる「831 決定」であった。中央政府は 2007 年末には、2017 年の行政長官選挙について、普通選挙を行ってもよいという決定を下していたが、「831 決定」では、行政長官普通選挙について、中央政府寄りの人物で固めた指名委員会が候補者を事前選別する仕組みを採用することを決定した。これにより、民主派の出馬は事実上不可能となった。

　民主化の「終着点」を定めるこの決定が、返還後 15 年を経たタイミングでようやく行われたという点は重要である。返還と同時に、香港の政治制度の構築から英国が完全に撤退し、その先の民主化は中国政府に託すというかたちとなっていた。つまり、英国は民主化を完成することはできなかった。その結果、北京が主導する民主化のなかで「831 決定」が下され、これによって香港の行政長官選挙に、共産党による候補者の選別が行われる大陸の人民代表選挙に近い方式が採用され、民主化そのものが「中国化」したのである。仮に返還前に英国によって、または中英両国の交渉によって、民主化の最終形が明確に作られていれば、恐らくより西欧型デモクラシーに近い政治体制が香港に誕生していた可能性が高いが、すでに中央政府の主導でここに至る経路が作られてしまった現在、中国政治に劇的な変化が生じない限り、その可能性はもはやほぼない。

　しかし、返還という瞬間的な出来事だけでなく、緩慢な変化も確実に影響を与えていたと考えられる。まず、中国と香港の相対的な経済力の格差である。返還後の香港経済はアジア金融危機の苦境に陥った後、中央政府の支援や中国経済の成長からの恩恵を必要とする構造に変化した。中央政府の対香港政策も、香港の経済的繁栄・政治的安定とともに、あるいはそれ以上に、

国家の安全という問題が重視されるようになった。2012年11月8日、第18期党大会開幕時の、任期中最後の政治報告において、胡錦濤総書記は「中央政府の対香港・マカオ政策の根本的趣旨は主権・安全・発展の権利の擁護と香港・マカオの長期の繁栄と安定の維持である」と語った[26]。これまで一貫して強調されてきた「繁栄と安定」よりも、「国家の安全」を優先する発言は、中央政府の政策の変化を印象づける。

次に、台湾との「民主化レース」からの脱落である。先述のとおり、香港は民主化の緩慢さにより、1990年代半ば以降香港よりも民主的な政治体制となった台湾に対し、「モデル効果」を発揮することはできなかった。2000年には台湾で独立派の民進党政権が誕生し、中央政府の対台湾政策は、統一の実現から後退した独立の阻止へと目標を定めねばならなかった。2004年3月20日、陳水扁総統が再選されると、3月26日、全人代常務委は突如香港基本法の解釈を実施すると予告し、4月6日、選挙方法の改正には全人代常務委の判断を必要とするとの解釈を発表した。中央政府が香港の台湾へのモデル効果を断念したことを象徴するタイミングともみえる。

制度配置はいったん行われれば改変が困難である。北京が民主化を主導するという「経路」が2004年時点でできあがっている香港において、中央政府の既決事項とされた「831決定」の枠組みを、学生・市民の運動が覆すことはできなかった。

もっとも、これは返還後に中国が意のままに政治制度を策定できるようになったという意味ではない。立法会で3分の1を超える議席をもつ民主派の賛成が、選挙制度改正には必須条件となっているからである。過去においても、2010年には、中央政府は立法会の選挙制度の一部で民主派の主張を受け入れることで、一部の民主派から支持をとりつけて改革案を実現させた。他方、2005年には民主派と決裂し、政府案は否決された。改革の実施の是非については、事実上、民主派がキャスティング・ボートを握っているのである。基本法が制定された1990年の時点では、立法評議会には普通選挙が導入されておらず、民主派の勢力は議会内には根づいていなかった。恐らく中央政府はこの時点で、民主派が制度設計の鍵を握る可能性を、十分には察知していなかったのではないか。そして、雨傘運動が強く抵抗した、「831

第6章　香港民主化問題の「時間の政治学（ポリティクス・イン・タイム）」　171

決定」に基づく行政長官普通選挙案も、2015 年 6 月 18 日、民主派の反対により立法会で否決された。

　香港民主化運動のタイミングにおいて極めて重要な要素は、選挙制度の民主化が完成する以前から、すでに高度に発達した市民社会と、独立した司法による法治が確立していたということである。中国大陸とは異なり、野党勢力としての民主派や、政府に批判的なメディアが存在し、インターネットも自由であり、市民団体が頻繁に反政府デモを繰り返した。大陸の経済力の拡大は香港のメディアに影響を与えているといわれるが、教育界や法曹、若者などにはその影響が少なく、中央政府に対する信任度はむしろ低下してもいた。中央政府は近年、大陸では弁護士や政治活動家などを逮捕して市民社会を圧迫しているが、「一国二制度」・「五十年不変」の原則のもと、コモン・ローの法治システムを維持する香港では、取り締まる方法をもたないのである。

　「雨傘運動」は所期の成果をあげることはできなかったとはいえ、79 日間にわたり道路を占拠することが現実に可能であったという事実は、制度上香港社会の自由がここまで認められていることを意味する。また、デモは民主派の立法会議員が全員一致して政府案に反対する一要因となったといえるであろう。仮に大きなデモが起きていなければ、2010 年当時のように、民主派から一部の議員が賛成に回って、政府案が可決された可能性は十分にあった。

　こうして、中央政府が制度の決定権をほぼ独占する一方、市民社会に強固な支持層をすでに固めている民主派が拒否権を掌握している状況で、双方は互いの掌握している権限に対して干渉ができず、両者の力関係は構造的に膠着状態にあるということができる。

2　今後の展開──半永久的停滞か、中央政府の粘り勝ちか

　それでは、この制度的アレンジの現状から、今後の香港の民主化の展開を予想してみよう。

　ここまでにみてきたように、香港の民主化に関する主導権は現在中央政府が握っているが、選挙方法やその改正手続きを定めた諸制度は、決して中央

政府の意図のみを反映して作られたものではない。このため、中央政府が意図する選挙方法が自動的に香港で実現するわけではない。むしろ民主派に妥協して修正するか、妥協が成立せずに否決されるかのいずれかしか、これまでには起きていない。

「雨傘運動」とその後の展開は、中央政府の決定権と民主派の否決権というそれぞれの「陣地」が、数十年という歴史を経て蓄積されてきた結果としての現状の膠着状態の均衡の強さを物語る。法学者の陳弘毅香港大学教授は、6月18日の政府案否決の後、現在の政治体制は当面変化せず、これが「一国二制度」のもとでの最終形となることも覚悟せねばならないと述べている[27]。つまり、民主化の半永久的停滞である。

確かに、現状を打破するような大きな変化が、中央政府または民主派の側に発生しない限り、膠着状態は解消されえない。それでは、いずれかの側が大きく変化して、膠着状態が打破される可能性はあるのであろうか。

制度的なアレンジをみる限り、可能性が比較的高いのは、民主派の否決権が崩れることである。2016年の選挙で民主派が立法会に得た議席は30であり、70議席の立法会において、3分の1をわずかに上回っているのみである。次回以降の立法会議員選挙で民主派が敗北し、24議席を下回った時点で、中央政府は事実上制度決定のフリーハンドをもつことになる。

この程度の変動は、次回2020年の立法会議員選挙でも起きる可能性はあるようにみえる。しかし、比例代表最大剰余方式が採用されている香港の立法会議員選挙制度の場合、そう容易に発生するものではない。普通選挙枠が全体の半数まで拡大された2004年以降の立法会で、民主派の議席占有率は38.3％から42.9％の間で、かなり安定しているのである。

もっともこの制度では、民主派は今後政府案が定期的に審議されるたびに、毎回否決することを続けられるかという問題にも直面する。政府案はいずれかの時期に1回可決されれば改革が実現する。この制度の場合、政治学的にみて中央政府の提案する普通選挙の実現のほうが、民主派の求める西欧型デモクラシーの実現よりも、より「深い均衡」であると論ずることができ[28]、中央政府が今後5年おきに新たに選挙方法の改革案を香港に対して提案し続ければ、最終的には中央政府の粘り勝ちとなって、「中国式民主」が実現に

至る可能性が高いであろう。

　もう一つの可能性は、司法を使って民主派議員を失格にする方法である。2016 年に当選した立法会議員で、急進民主派や、「本土派」・「自決派」に分類される者[29]のうち 6 名が、就任宣誓を正しく行わなかったとして梁振英行政長官らから訴えられ、彼らは 2016 年から 17 年にかけて、相次いで議員資格喪失の判決を受けた。立法会の勢力分布は大きく変わる。このほか、1 カ月以上の実刑判決を受けた者に対する弾劾の制度なども存在するため、さらに議員資格を喪失する者が出ると、親政府派が 3 分の 2 以上を押さえる可能性も出てくる。こうした手段をさらに用いて、中央政府が膠着状態の打破に動く可能性がある。しかし、香港社会の反発と、国際社会の批判というリスクがある。

　「雨傘運動」を率いた学民思潮の黄之鋒召集人も、苦境にあることをよく理解しているようである。黄之鋒は、成果を得られなかった「雨傘運動」以後の香港の民主化運動は、必ず大規模なパラダイムシフトを実現せねばならないとしているが、その具体的な内容を提案することはできておらず、パラダイムシフトに対する民主派立法会議員の反応も鈍かったと述べている。民主派が本当に「真の普通選挙」を実現するためにどのような方法があるか、現時点では全くみえない。

おわりに

　以上みてきたように、香港民主化の歴史の流れに沿って、香港の選挙制度の形成史を振り返ると、「雨傘運動」が長期化し、最終的に民主派が「真の普通選挙」を実現できなかっただけでなく、中央政府が「中国式」の普通選挙を香港に行わせることもできず、双方とも意図する成果をあげられなかったという事態の理由が鮮明に浮かび上がる。

　香港の民主化は、世界的にみても異例の長い時間を経て行われた民主化であり、しかもその間に英国から中国へと主権者が交代し、天安門事件や 50 万人デモなどの国内外の数度の歴史的な大事件・大転換点を経験し、さらに中国の国力の増大という、漸進的ながら極めて重要な変化に晒され続けた。

1997年以降の香港の選挙制度の構築は、白紙状態から始まり、中英双方の駆け引きや対立、妥協と決裂によって、その都度少しずつ具体化されていった。選挙制度の形成史は、民主化であったと同時に、中国からみて「行き過ぎた民主化」を是正する制度を構築する反民主化でもあった。全体の流れは、英国によるデモクラシーの移植から、中国式民主の実践へという変容に向かっているということができ、2014年8月の北京の「831決定」は、中国式民主の一種の完成形を具体的に示したものであったといえる。

　本書序章において林載桓は「決定的分岐点」を、「政治体制やイデオロギーなどに由来する構造的制約が弛緩し、結果として、アクターの決定や行動の空間が拡大、その影響が強化される局面」[30]と定義している。香港の民主化・選挙制度改革の歴史を振り返ると、いくつかの決定的分岐点が浮上する。第一に、英国が民主化の実施を決定した1980年代初頭である。1970年代の返還問題の浮上により、中国要因の呪縛が解けたことが、民主化の実施につながった。第二に、1989年の天安門事件後の、1992年のパッテン改革である。この決定的分岐点は二重の意味をもった。一方で英国は、中国への配慮をやめて急進的な民主化に転じた。他方中国は、英国への配慮をやめて返還後の制度づくりをかなり自由に進めた。第三に、2004年の全人代常務委の基本法解釈と決定である。世界が疑念と不安をもって迎えた1997年の返還が無事に終わった一方、香港は経済面での問題に直面し、「一国二制度」の台湾に対するモデル効果も失われつつあった。中央政府にとって、香港の自治や国際世論への配慮の必要性が、返還直後と比べて大きく後退していた。いずれも、アクターを制約してきた国際政治・経済などの大きな環境の、長期・短期のさまざまな変化を受けて、それに少し遅れるようなタイミングで、従来とはかなり断絶した制度設計が行われている。

　しかし、民主化に関する制度は、前の時代に作られた枠組みに、後の時代の制度が重層的に策定されていったため、現在の制度は、異なる時代の中英の国力・大陸と香港の経済力・国際情勢などを反映した部品の総合体という様相を呈しており、決して中央政府の意図を直接的に反映したものではない。加えて「現状維持」・「五十年不変」という「一国二制度」の基本方針のゆえに、ただでさえ一度作られれば経路依存の効果を生む制度が、その安定性を

保障されたものとなっている。

　その結果、現在は選挙制度改革の主導権を確立している中央政府は、これ以前に作られた制度のもとで、恣意的には権力を行使できずに苦心している。中央政府が意図した「中国式民主」の完成は、すでに出現していた成熟した市民社会からの強い反発を受け、民主派に拒否権を与える制度のゆえに、挫折を余儀なくされたのである。

　中国の国力は増大を続け、中国にとっての香港の経済的価値は相対的には低下を続けている。それを追い風に、中央政府は香港の民主化の主導権を確保してきた。政治的権威を付与されたアクターは、権力の行使により、権力の非対称性をさらに拡大しようとする[31]。今後もこの趨勢が続くとすれば、2047 年以降も中央政府が現状の「一国二制度」を香港に与える動機は弱まる。

　他方、これまでに香港に積み重なってきた「制度」をすべて書き換えるような変更は、1997 年を上回るような、香港にとって未体験の衝撃が避けがたい。中国にとってもそのコストやデメリットは決して小さくはない。しかし、それ以前の問題として、香港の民主化の開始から現在まで 30 年あまり、これほどの波瀾万丈の歴史になったことに鑑みれば、これから 2047 年までの過程で、現時点では予見できないような数々の「竜巻」・「地震」・「隕石」に、世界や中国・香港が見舞われ、全く違う方向に事態が進展することも考えられる。

　そもそも香港は、「借りた場所で、借りた時間を」過ごしていると評された土地である。香港民主化問題の「時間の政治学」は、今後も当分の間続くことになるのであろう。

1) 林載桓「序章　時間の中の中国政治―現代中国政治と歴史的制度論」、本書 9 頁。
2) ポール・ピアソン『ポリティクス・イン・タイム―歴史・政治・社会分析』（粕谷祐子監訳）勁草書房、2010 年、103-106 頁。
3) 呂大樂『四代香港人』香港：進一歩多媒體、2007 年。
4) パーシー・クラドック『中国との格闘―あるイギリス外交官の回想』（小須田秀幸訳）筑摩書房、1997 年、216-223 頁。
5) Lo Shiu-hing, *The Politics of Democratization in Hong Kong*, London: Macmillan, 1997,

pp.74-75.

6) *The New York Times*, 28 Oct 2014.

7) 高馬可『香港簡史：從殖民地至特別行政區』（林立偉訳）香港：三聯書店、2013 年、232 頁。

8) 同上、229 頁。

9) 鍾士元『香港回歸歷程　鍾士元回憶錄』香港：中文大學出版社、2001 年、107 頁。

10) パーシー・クラドック『中国との格闘』、309 頁。

11) 趙向陽『澳門選挙制度』北京：社会科学文献出版社、2013 年、21-34 頁。

12) Lau Siu-kai, "The Making of the Electoral System," Kuan Hsin-chi, Lau Siu-kai, Louie Kin-sheun and Wong Ka-ying eds., *Power Transfer and Electoral Politics*, Hong Kong: The Chinese University Press, 1999, pp.3-35.

13) この過程については拙著『中国返還後の香港―「小さな冷戦」と一国二制度の展開』名古屋大学出版会、2009 年、第二章を参照。

14) ピアソン『ポリティクス・イン・タイム』、60 頁。

15) 同上、135-173 頁。

16) 銭其琛『外交十記』北京：世界知識出版社、2003 年、330 頁。

17) 趙睿・張明瑜主編『中國領導人談香港』香港：明報出版社、1997 年、226 頁。

18) 『立法會會議過程正式紀錄』（インターネット公開版）、1998 年 9 月 23 日、1288-1289 頁、http://www.legco.gov.hk/yr98-99/chinese/counmtg/hansard/980923fc.pdf（2017 年 2 月 27 日閲覧）。

19) 呉邦国「全国人民代表大会常務委員会工作報告」、http://news.xinhuanet.com/misc/2009-03/16/content_11019386_4.htm（2017 年 4 月 4 日閲覧）。

20) Michael E.DeGolyer, "A Collision of Cultures: Systemic Conflict in Hong Kong's Future with China," Donald H. McMillen, Michael E. DeGolyer, eds., *One Culture, Many Systems: Politics in the Reunification of China*, Hong Kong: The Chinese University Press, 1993, pp.271-302.

21) 銭其琛『外交十記』、329 頁。

22) 新力量網絡『2014 年度香港特區政府管治評估報告』香港：新力量網絡、2014 年、13 頁。

23) 『朝日新聞』、2012 年 9 月 30 日。

24) 2016 年 10 月の香港大学民意研究プロジェクトによる調査で、知名度の高い 10 の政党・政治団体に対して 100 点満点での評価を求めたところ、社民連が 39.6 点、人民力量が 37.7 点で、10 団体中の 9 位と最下位となった（香港大學民意研究計劃ウェブサイト、https://www.hkupop.hku.hk/chinese/popexpress/pgrating/datatables/datatable71.html、2017 年 4 月 4 日閲覧）。

25) 行政院大陸委員會全球網より、http://www.mac.gov.tw/ct.asp?xItem=67600&ctNode=6153&mp=1（2017 年 2 月 27 日閲覧）。

26) 「胡錦濤在中国共産党第十八次全国代表大会上的報告」（新華社ウェブサイト、http:

//news.xinhuanet.com/18cpcnc/2012-11/17/c_113711665_11.htm、2017 年 2 月 27 日閲覧）。

27）『明報』、2015 年 6 月 21 日。

28）ピアソン『ポリティクス・イン・タイム』、207-210 頁。

29）「本土派」は、中国大陸に対する香港優先を主張する勢力。「自決派」は、「一国二制度」が約束する「五十年不変」の期限が切れる 2047 年以降の香港のあり方について、住民投票などで自主的に決定することを主張する勢力。伝統的な民主派とは一定の距離をとっている。

30）林「序章　現代中国政治研究と歴史的制度論」10 頁。

31）同上、11 頁。

第7章 中国経済の制度的背景
──分散的権威主義体制下の自生的秩序

梶谷 懐

はじめに

　主流派の経済学のパラダイムから出発しつつ、その限界を超えようと模索を続けてきた制度派経済学は、日常生活におけるさまざまな行為に構造を与え、外的および人為的な不確実性を減少させるものとしてフォーマル／インフォーマルな制度を理解してきた。また、外部的（自然）環境がもたらすリスクや不確実性と、経済的な制度およびその他の政治・文化的な制度（人為的環境）、さらには社会における「個人」の位置づけの相互作用と共進化[1]のメカニズムについて考察を続けてきた。その成果からの重要な指摘の一つとして、後期近代においては、外部環境の不確実性に対処するために作られた人為的環境が環境破壊や国家の横暴といったそれ自体「個人」の生活を脅かすリスクとなりうる、というものがあげられよう。

　たとえば、この分野における第一人者であるダグラス・ノース（Douglass North）は、その著書『制度原論』のなかで以下のように述べている[2]。

　　自然環境の不確実性に対処するために構築された制度や信念と、人為的環境の不確実性に立ち向かうために構築される制度や信念を対比することこそ、変化の過程を理解する要諦である。（中略）前者の環境を特徴づける集団主義の文化的信念は、強力な個人的紐帯に基づいてまとめられ、構造化される非匿名的交換のための制度的構造を創り出して来た。対照的に、新たな人為的環境に対処すべく進化してきた個人主義的な枠組みは、個人的紐帯に依拠するよりも、ルールと実効化の公式構造に依拠した。それぞれの構造がそれぞれの信念の構造を涵養し、結果として政治体制、経済、社会の進化する構造を形成したのである。

179

この議論を、現在の国際情勢に単純にあてはめると、後者の「個人的紐帯に依拠するよりも、ルールと実効化の公式構造に依拠した新たな人為的環境に対処すべく進化してきた個人主義的な枠組み」は欧米型のリベラル・デモクラシーにもとづく政治経済体制の特徴を、「強力な個人的紐帯にもとづいてまとめられ、構造化される非匿名的交換のための制度的構造を創り出して来た集団主義」は中国・ロシアに代表される新興国にみられる権威主義的な政治経済体制の特徴を、それぞれ表しているようにみえる。そして、外部的環境のリスクへはともかく、人為的、とくに「国家権力」が個人の生活に及ぼすリスクは、後者の体制のほうが圧倒的に大きい、と理解することも可能だろう。しかし、とくに後者の権威主義体制国家における「制度」へのアプローチとして、このような二項対立的な理解をあてはめることが果たして妥当なのか。あるいは、それらの権威主義体制国家の「制度」は、いずれ「ルールと実効化の公式構造に依拠した」欧米におけるリベラル・デモクラシー型の「制度」に収斂していくのか。これらの問題群については、なお慎重な検討が必要であろう。

　問題を現代中国の政治経済体制に絞ってみても、その「制度」が、欧米におけるリベラル・デモクラシー型に収斂していく、という単線的な発展論をめぐっては、中国研究者のなかから絶えず根本的な疑問が投げかけられ、活発な議論が行われてきた。さらに近年では、現在の中国経済の「ユニークさ」を、中国以外の新興国・発展途上国にも観察可能なある種の普遍性をもったものとして取り上げる議論が、中国以外の地域を対象とした研究者から提起される、という状況も生まれている。

　こうした状況を踏まえて、本章では現代中国の政治経済を支える「制度」をめぐって、それが「特殊」なものか、「普遍性」に回収されうるものか、といった二項対立的な議論を回避しつつ、より議論を深めていくことをめざす。具体的には、中国経済の背景にある制度的特徴について、1. 曖昧な（知的）財産権のもとでの持続的なイノベーション、2. 長期的な信用関係の欠如を補う第三者的取引のプラットフォーム、3. 政府の設計する制度の「裏をかく」ようにして成立する自生的秩序、といった点に注目して整理する。そのうえで、そこから浮かび上がってくる政治経済的な特性を「分散的権威

主義体制」としてとらえ、それがどのような問題に直面しているのかを改めて考察したい。

I 中国経済を支える「制度」をめぐって

1 包括的な制度と収奪的な制度

近代以降の中国経済の歩みを、西洋中心的な資本主義経済の発展パターンからの「逸脱」ととらえ、その制度的特徴が近代的な成長の足かせとなった、とする議論にはさまざまなバリエーションが存在する。たとえば、著名な経済史家であるマーク・エルヴィン（Mark Elvin）は、宋代以降の中国の歴代王朝が人口増加に十分対応できる技術水準に到達していたことに着目する一方、そのためにかえって近代的産業技術の導入が遅れてしまったと主張し、そのメカニズムを「高水準均衡の罠（high-level equilibrium trap）」と呼んだ[3]。

このような経済制度に着目した「中国停滞論」を、現代経済学における制度派経済学の成果を取り入れてより洗練させたのが、ダロン・アセモグル（Daron Acemoglu）とジェイムズ・A・ロビンソン（James A. Robinson）の『国家はなぜ衰退するのか』である[4]。同書は、ある国家や社会において持続的な経済成長が可能かどうかは、その制度的枠組みが「収奪的（extractive）」なものか、それとは対極にある「包括的（inclusive）」なものかによって決まってくると主張し、大きな議論を呼んだ。

アセモグルとロビンソンによれば、経済成長を促す「包括的な制度」は、議会制民主主義に代表される包括的な政治制度と、自由で公正な市場経済に代表される包括的な経済制度とに分けることができる。彼らが歴史上の膨大な事例をあげながら強調するのは、収奪的な政治制度のもとでは、経済的に豊かになった人々が自らの権力基盤を脅かすことを恐れる独裁的な権力者が、その勢いを削ごうとして、遅かれ早かれ収奪的な経済制度を採用するようになる、という「法則」である。

資本主義のもとで産業社会が高度に発達を遂げた現代においては、確立した財産権と自由な市場競争を保証する「包括的な経済制度」と、それを政治的に安定的に保証する「包括的な政治制度」との組み合わせが持続的な成長

第7章 中国経済の制度的背景　181

にとって不可欠だ、という彼らのテーゼは、確かに強い説得力をもつ[5]。

　同書では、王朝時代から毛沢東時代にかけての中国は、絶対主義的な権力のもとで、「包括的な制度」の形成が阻害され、うまく近代化＝経済発展できなかった典型例として、一貫して否定的に描かれている。また、現在の中国の急速な経済成長についても、それは収奪的な政治制度のもとで、部分的に包括的な経済制度が導入されたために生じている一時的な現象であり、たとえば韓国のように政治制度が包括的なもの（議会制民主主義）に移行しなければ、いずれ現在の高成長は壁に突き当たる、というのが彼らの基本的なスタンスである。

　今後中国が「高度」で「持続的な」成長を実現するためには、法の支配や政府の説明責任を含む政治改革が必要だ、と主張するフランシス・フクヤマ（Francis Fukuyama）『政治の起源』の主張も、上述のアセモグル＝ロビンソンの議論と同じく、中国の経済成長の持続性に懐疑的なまなざしを注ぐものといえるだろう。フクヤマは、近代的な政治制度の発展には「国家」「法の支配」「政府の説明責任」の三つの要素が必要だと説いたうえで、古代中国は近代的な官僚制をともなう国家体制をいち早く作り上げていながら、国家の力を制限する役割をもつ二つの要素「法の支配」「政府の説明責任」の形成はむしろ阻害されてきたことを強調している[6]。

2　「曖昧な制度」への注目から類型化論へ

　以上みてきたのは、欧米流のリベラル・デモクラシーと自由主義的な市場経済をモデルとした「包括的な政治・経済制度」を一つのゴールとした、単線的な発展論によって中国経済およびその「制度」を切り取ろうとする議論だといえるだろう。それに対し、中国経済が必ずしもそういった単線的な発展論ではとらえられない「独自性」をもつことに注目し、その意義を積極的に評価しようとする立場からの議論も、中国の経済的台頭を背景として一定の存在感を示すようになっている[7]。

　たとえば加藤弘之は、不確実性に満ちた中国における資本主義のダイナミズムの源泉を、市場経済取引を支える「制度の曖昧さ」に求め、活発な研究活動を行ってきた。その遺著となった『中国経済学入門』では、中国の「曖

昧な制度」の具体的特徴として、①混合所有制の国有企業などにみられる、組織を特徴づける制度の「曖昧さ」、②「包（請負）」の連鎖構造にみられる、経済主体の契約関係や責任の「曖昧さ」、③法律・政策の解釈におけるグレーゾーンの広さに象徴される、ルールの「曖昧さ」、④「社会主義市場経済」「和諧社会」「新常態経済」などこれまで中国政府や中国共産党が掲げてきた目標モデルの「曖昧さ」などをあげている[8]。

とくに同書で注目されているのが、戦中期から戦後にかけて活躍した社会学者、柏祐賢によって唱えられた「包」の倫理規律である。「包」とは請負の総称で、ある業務の遂行を第三者に「丸投げ」するというほどのことを意味する。改革開放後の中国において、農民と地方政府間の生産請負制、あるいは上級政府と下級政府の間の財政請負制は、その後の中国経済の躍進に大きく貢献した。また、後述する深圳の電子市場にみられる「山寨（パクリ）携帯」の生産にみられる零細業者同士の分業・協力のネットワークは、「包」すなわち請負関係の連鎖によって支えられているとみることもできる。

加藤は、このように「包」に代表される「曖昧な制度」が、グローバル経済の変動がもたらすリスクに対してある種の柔軟性と意外な強靱さをもっていることを評価し、次のように述べている。

　　土地の個人私有制が、効率的な土地利用を妨げている恐れはないか。中央集権的な行財政システムが、地方政府の創意工夫の余地を狭くし、地方の疲弊をもたらした可能性はないか。グローバル化が進む今日、民営企業よりも大きなリスクをとることができる国有企業の方が、企業ガバナンスさえ適切であれば、激烈な国際市場での競争を勝ち抜くことができるのではないか。知財保護を強化すれば、発明者個人の利益は守られるだろうが、社会的コストは極めて大きいので、知財保護の規制を緩めた方が技術革新を促進する可能性はないか[9]。

このような、現代中国の経済的制度の「独自性」を強調する加藤の議論は、戦前から日本の中国研究に引き継がれてきた、類型論的な中国社会論の伝統を引き継いだものである。明清期の中国史を専門とする岸本美緒によれば、戦後の中国研究のパラダイムは、戦前の問題意識を引き継いできた「類型論」

と、マルクス主義史学の影響を受け、欧州をモデルとした発展段階のなかに中国の歴史の各時期を位置づけようとする「発展段階論」に大別される[10]。

岸本は、前者の類型論について、さらに「アジア的専制」「アジア的共同体」などの概念のもとに、個人に対する束縛・規制の面を強調してきた「アジア的専制」論（カール・A・ウィットフォーゲル Karl A. Wittfogel）など、そして中国社会における「散砂のような自由」、制度的インフラの欠如、リスク・不安定性、といったものを強調する「散砂の自由」論（村松祐次や柏祐賢など）という二つのサブグループに分類している。中国の「曖昧な制度」を強調する加藤の議論は、後者の「散砂の自由」論をベースにしながら、近年の中国における高い経済パフォーマンスを踏まえて、むしろその柔軟性、強靭性などの側面を強調したものと位置づけることができよう。

このような、中国経済の「制度」を類型的にとらえる加藤の議論に対しては、これまでさまざまな批判が投げかけられてきた。たとえば経済史家の木越義則は、前述の「包」を中国に社会に独特の制度とする加藤の主張に対し、以下のような批判を行っている[11]。「『包』とは、市場経済化と体制崩壊により社会が流動化した際に発展したもの」であり、「中国の場合でも、成功を収めた近代企業は、いち早く『包』を解消していったことが紡績労働研究などから指摘されている」。

また、インド経済の専門家である絵所秀紀も、『中国経済学入門』に対する書評のなかで、「『曖昧な制度』は『市場が未発達』な社会で生じる不確実性に対処するための制度的工夫」であり、「この制度への参加者には『高い経済効果』をもたらすかもしれないが、社会全体に高い経済効果をもたらすものではない」。したがって「改革開放以降の長期にわたる中国経済の高度成長の要因を『曖昧な制度』に求めることはできない」と述べている[12]。

これらの批判は、いずれも「包」に代表される「曖昧な制度」を「市場の未発達な状態における過渡的な現象」として発展段階論的に理解するものだといえよう。また、「包」に関していうなら、労使関係をはじめとした経済取引においてさまざまな「仲介者」が介在するという現象は、近代化初期の日本においても広くみられただけではなく、現在においても新興国がグローバル経済に編入される過程で、しばしば観測されるものであり、決して中国

に固有の現象というわけではない[13]。

　それでは、加藤に対する批判者によってしばしば主張されるように、「仲介者」を通じたリスク回避や、あるいは知的財産権の保護の弱さ、といった加藤のいう「曖昧な制度」は、「フォーマルな制度化の遅れ」という単線的な段階論のなかに位置づけられるべきなのだろうか。次節では、この「問い」を考える際の補助線として、人類学者小川さやかによる「もう一つの資本主義」に関する議論を参照したい。

II　下からのグローバル化と「もう一つの資本主義経済」

1　「その日暮らし」という生活様式と「もう一つの資本主義経済」

　人類学者としてタンザニアの都市に住む零細商人の行動をフィールドワークしてきた小川さやかは、その著作『「その日暮らし」の人類学』のなかで、いわゆる近代的な資本主義社会を支える理念型としての「目的合理的な経済人」でも、近代化に取り残された農村などに生きる「伝統・慣習に縛られた前近代的な人々」でもない、第三の類型として、都市において「その日その日を暮らす人々」に注目し、彼（彼女）らが織りなす「もう一つの資本主義経済」の姿を描き出している[14]。もう一つ注目したいのは、この本のなかで彼女がフィールドとするアフリカの零細商人だけではなく、香港、および深圳、広州といった中国南部の都市の状況が頻繁に登場し、そのような「もう一つの資本主義経済」において中国（人）が果たしている重要な役割を浮き彫りにしている点である。

　同書のキーワードになっている「その日暮らし（Living for Today）」とは、著者がアフリカの都市をフィールドワークし、現地の人々と交流するなかで抽出された概念である。それは、不確実な収入を前提としながら、「何らかの共同体的な関係を前提としてどれくらい生産するかをあらかじめ計画しない」（同書49頁）あるいは「ある仕事のプロになるのではなく、なんでもある程度こなせるジェネラリストとなる生き方」（60頁）として、「不均質な時の流れにおいて、機が熟するのを辛抱強く待ち、熟した好機を的確に捉える」（64頁）ような生き方である、と説明される。

第7章　中国経済の制度的背景　185

たとえば、同書では特定の卸売商からではなく、複数の店から多様な商品を数点から数十点ずつ買い集める「クペレンパ」というアフリカ零細商人の商品買付け行為が紹介されている。小川によれば、消費者の嗜好、製品の品質などに関する不確実の多い状況のもとでは、クペレンパのようにリスク分散的に多様な商品を仕入れる行為が合理的な選択になる。言い換えれば、市場秩序が不確実性に満ちた、アナーキーなものだからこそ、対面的関係と相互の「信頼」に支えられた「仲介」のネットワークが重要になることを、このアフリカ零細商人の商慣習は示しているのだといえよう。

　このような「その日その日を暮らす人々」は、とくに主流派経済学の文脈では、目的合理的・計画的な選択にもとづいた近代資本主義とは相容れず、「低成長・低開発」をもたらす「遅れた」存在として、彼（彼女）らが生きる都市インフォーマル部門とともに、概して低い評価を受けてきた。しかし、近年の研究では、むしろこういった「その日その日を暮らす人々」が都市にもたらすダイナミズムは、グローバル資本主義の進展と不可分であり、むしろそれを積極的に支える存在である、といった評価がなされるようになっている[15]。

　そこで重要な意味をもつのが、グローバル化のなかでの中国経済のプレゼンスの増大、およびその「殺到する経済」とも形容される独特のダイナミズムである。ここでいう「殺到する経済」とは、「『儲かる』と思われる業種にどっと大勢の人びと、会社が押し寄せて、すぐにその商品が生産過剰に陥り、価格が暴落して、参入した企業が共倒れになる経済」（81頁）のことを指す。それは、資本主義経済がもつアナーキーさとダイナミズムを備えながら（「前へ前へ」）、国家が規格化した「フォーマル」なシステムからはみ出した「海賊的行為」によって支えられるインフォーマル経済の特徴を色濃く残している。こういった、不確実でアナーキーな状態が再生産されつつ存続するという中国経済の実態は、戦前よりしばしば「安定なき停滞」と表現されてきた[16]。現代に生きるアフリカ人商人にとっても、中国人とのビジネスは儲かる代わりに不確実性も大きいという。コピー商品や粗悪品も多いうえに、取引の合意は正式な契約書のかたちで行われないため、発送・品質の面でトラブルが生じても公法的手段に訴えるのが難しい、などのリスクがつきまと

うからだ。

2　中国の経済的台頭と「もう一つの資本主義経済」

「その日暮らし」の経済行動は、こういった「殺到する経済」における不確実な状況が、いわばもう一つのグローバル・スタンダードとして中国を中心として世界に広がるなかで、それに適合的な行動様式としてさまざまな地域で広がりつつあるのかもしれない。実際に、確定した利益が得られない状況のもとで、できるだけリスク分散的に多様な商品を扱うこと、零細業者同士の分業・協力のネットワークによりリスクをヘッジすること、「生きていくために十分な利益さえ手にできればよい」という楽観的なメンタリティをもつこと、など、中国における「山寨携帯」の生産を行う零細業者と、本書が描き出す「その日暮らし」のアフリカ人商人の行動には相通じるところが多い。

また、国家や政府が押しつけようとするフォーマルな制度・ルールに対して、零細な業者たちがその「裏をかく」ようにして自生的なルールを形成することによって形作られる「もう一つの資本主義経済」は、そもそも融通のきかない、権威主義的な国家や政府の存在と一種共犯的な関係にあるようにも思われる。

アフリカをフィールドとする小川の『「その日暮らし」の人類学』と、中国をフィールドとする加藤の『中国経済学入門』は、地域とディシプリンの違いを超えて響き合う点を多くもっている。その共通点の一つが、経済のインフォーマル性への注目である。両者は内部に分業体制をもつ近代的な企業へと発展せず、個人操業形態のままでとどまるアフリカや中国の零細企業に注目し、その「合理性」を解き明かそうとしている。また、もう一つの共通点としてその「類型論への志向」、すなわちアフリカや中国の経済において観測されるインフォーマル性を「市場の未発達な段階における過渡的な現象」と解釈するのではなく、「主流派」の資本主義経済とはさまざまな点で異なる「もう一つの資本主義経済」を形作るものとして類型的にとらえる姿勢があげられるだろう（**表1参照**）[17]。

このように、地域を超えて共有される「もう一つの資本主義経済」の特徴、

第7章　中国経済の制度的背景　187

表1 「主流派」VS.「もう一つの」資本主義経済

	「主流派」の資本主義経済	「もう一つの」資本主義経済
中心となる人々	目的合理的な経済人	その日その日を暮らす人々
市場の不確実性	小さい	大きい
仕事への姿勢	専門的な技能が必要な仕事につく	何でもこなせるジェネラリスト
行動原理	目的合理的・計画的な選択	機が熟するのを辛抱強く待ち、熟した好機を的確にとらえる
競争の質	秩序ある競争	「殺到する経済」「安定なき停滞」
行動の目的	長期的にみた利益の最大化	生きていくために十分な利益の確保
協力のツール	長期的な信用関係	仲介を通じた短期的取引
企業の特徴	内部に分業体制をもつ合理的生産体制	個人操業形態のままでとどまる

出所：小川さやか『「その日暮らし」の人類学』光文社新書、2016年を参考に筆者作成。

およびその背景に注目することは、加藤の提起した「曖昧な制度」という概念を、中国に特殊な現象か、それとも「制度化の遅れ」にすぎないのか、といった二項対立的な理解を超えて、資本主義の普遍的な本質に迫る概念へと練り上げていく可能性を示唆するものでもある。

　すなわち、中国経済はかなりユニークな制度的な特徴をもっていると同時に、その制度は必ずしも中国だけに独自の現象ではなく、他の地域、とくに発展途上国・新興国経済にも観察可能な性質をもつ一つの類型としてとらえることが可能なのではないだろうか。

　以下では、そのような中国経済のユニークさのなかから、①脆弱な知的財産権のもとでの活発なイノベーション、②取引を実現する際における「仲介者」の役割の重視、③権威主義的な国家と気ままにふるまう民間主体との組み合わせ、など中国経済の枠組みを超えて一般化される可能性をもつ特徴に注目し、それぞれ検討を加えることにしたい[18]。

Ⅲ　脆弱な知的財産権のもとでのイノベーション

1　「収奪的な制度」のもとでのイノベーション？

　中国経済の発展を支えた独自の「制度」は存在するのか。また、そのよう

な「制度」のもとで、今後も活発なイノベーションに支えられた持続的な経済成長は可能なのか。冒頭にあげたアセモグル゠ロビンソンの議論に代表されるように、主流派の経済学者の見解は概して否定的である。たしかに、脆弱な財産権、貫徹しない法の支配、説明責任をもたない政府の経済への介入といった中国経済の「制度」的特徴は、持続的な成長のエンジンとなるイノベーションの障害物にしかならないように思われる。

だが、現在の中国経済ではかなり活発なイノベーションの動きがみられるのも事実である。その典型的な事例が広東省深圳市の電子産業であろう。深圳は1980年代の対外開放政策でいち早く経済特区が設けられ、労働集約的な産業の加工貿易などで急成長した。その後、賃金上昇や外資優遇政策の転換により多くの労働集約的な産業が撤退した。その一方、電子部品を供給するための「専業市場（卸売業者や製造業者がブースを並べる雑居ビル）」が急速に整備されるなど、電子産業の集積地としての顔をもつようになった。なかでも1.45平方キロメートルの敷地に30近い電子専業市場が建ち並び、3万社以上の業者が出店する華強北地区は、世界最大規模の電子製品や部品の市場として注目を集めるようになる[19]。

深圳市の電子産業などでのイノベーションの第一の特徴は、それが知的財産権の保護が十分でない状態で生じている点である。典型的なのは2002年初頭にこの地域で生産が始まり、全国に普及していった「山寨携帯」の流行だろう。いまでも華強北の雑居ビルに足を踏み入れると、スマートフォン用の電子部品がひと山いくらといった感じで売られており、「山寨携帯」のメッカとして盛り上がっていた当時の熱気の余波が感じられる。

ただ現在の深圳で製造されているものは明確なパクリ製品や、陳腐化した量産品ばかりではない。通信機器の生産やネットワーク構築までを手がけるファーウェイ（華為技術、後述）や、民生用小型無人機（ドローン）の生産で一躍有名になった大疆創新科技（DJI）など、高い技術開発能力をもつ世界的な企業もこの地から生まれている。とくに注目を集めているのが独創的なアイデアをもつ個人起業家（メイカーズ）の「エコシステム（産業生態系）」としての深圳の役割である。

深圳にはプリント基板の実装や試作品の製造を小ロット（量）で請け負う

第7章　中国経済の制度的背景　189

中小企業、創業資金を出資するベンチャーキャピタルに加え、メイカーに開発のための場所を提供して情報共有や資金提供者とのマッチングをサポートする「メイカースペース」が、2時間で行ける圏内に集積している。こうしたエコシステムが形成されることで、深圳は中国国内だけでなく、世界中のメイカーが集まる「メッカ」と化しつつある。

では、こうした中国経済を支える活発なイノベーションが、「明確に定義された（知的）財産権」「法の支配の貫徹」といった、欧米社会で普遍的とされる「包括的な制度」を欠いた状況で生まれている状況をどのように考えればよいのだろうか。

2　知的財産権をめぐる三つの層

ここで注目したいのは、深圳では、知的財産権の保護に関して、考え方の全く異なる企業群が共存している点である。まず、深圳市の電子産業を支えるスター選手であるファーウェイ（華為技術）の話から始めよう。

ファーウェイは日本ではSIMフリーの携帯端末の製造・販売を行う企業としてのイメージが強いが、実際は通信事業者向けのコンピュータや通信機器が売り上げの約60%を占めている。とくに電子商取引やクラウドコンピューティングを支えるデータセンターについて、ファーウェイはその必要な機器をすべて自主開発し、供給できる能力をもつ。近年では次世代（5G）の通信インフラをNTTドコモやソフトバンクと共同で研究していることでも知られる[20]。

そのファーウェイは自社内に8万人のR&D要員を抱え、特許の国際申請数ではここ10年世界のトップ5に常時入るという高い技術力を誇りにしている。すなわち、ファーウェイは独自技術を開発し、特許でそれを囲い込むという知財戦略の王道を展開しているといってよい。

ただし、知的財産権についてこのような「王道」を歩んでいる企業は深圳だけでなく中国でもそれほど多くはない[21]。むしろ、深圳では知的財産権の保護について、ファーウェイとは全く異なる戦略を採用している企業の活躍が目立つ。先述のメイカー・ムーブメントによってかの地に集まってきた、アイデアはあるが資金や技術力に乏しい起業家（メイカー）のスタートアッ

プを支援するような企業がその典型的なケースである。その中心に位置する企業の一つ、Seeed（深圳矽递科技有限公司）は、プリント基板や電子パーツを顧客の依頼に応じて小規模からの生産を行っている。この企業のユニークなところは、自社製品についてその回路図やCADデータ、付属するソフトウェアのコードなどを外部に公開する、いわゆるオープンソース・ハードウェアとして販売しているところだ。もともと「オープンソース」はLinuxなどソフトウェアの開発・設計における先進的な思想として知られるようになった概念で、オリジナルの技術を特許などで保護せず、自由にコピー・改良することを認めることでより多くの技術者を開発に参加させ、イノベーションを進めていこう、という発想から成り立っている。

　一方で、深圳の中心部にある華強北の電子街では、上述のようにスマホなどを中心に初めから知的財産権などを無視した廉価な「山寨品（パクリ製品）」が山と積まれている。このように、パクリ製品と真のイノベーションとが共存する仕組みは、コピー製品が存在し、流通すること自体がイノベーションを促進する側面があると説く、カル・ラウスティアラ（Kal Raustiala）＝クリストファー・スプリングマン（Christopher Springman）による「パクリ経済」に関する議論を思い起こさせる[22]。

　以上のような状況を、やや乱暴にまとめてしまえば、深圳の電子産業ではその知的財産権への姿勢において、1. 山寨品を製造する企業のような全くの無視（プレモダン層）、2. ファーウェイに代表される特許を通じた保護（モダン層）、3. Seeedなどメイカー・ムーブメントを支えている企業にみられる技術の公開を通じたイノベーションの促進（ポストモダン層）、という三つの異なる姿勢が混在しているといえよう。法体系や政府の規制という観点からは、これら三つの層のいずれに焦点を合わせるかによって深刻な矛盾が起きるようにも思える。しかし、一方では「上から」の設計によっては生まれてこない多様性が、現実のイノベーションを支えているという側面もあるのではないだろうか。

3　イノベーションを支えるインターネット取引、事後承認的なルール設定

中国でのイノベーションのもう一つの特徴として、法の支配が貫徹せず不

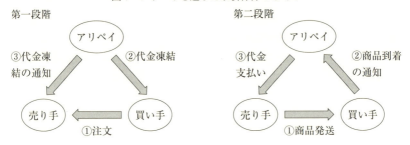

図1　アリペイを通じた取引仲介のしくみ

※売り手・買い手はお互いを「信頼」する必要はない。
※売り手・買い手がアリババに支払う手数料が、情報の仲介料に相当する。

確実性の大きな市場で、アリババ集団やテンセント（騰訊控股）などの大手IT（情報技術）企業が「情報の仲介者」としてプラットフォームを提供し、安定した取引を成立させる仕組みが働いてきたことを指摘できよう。

よく知られているように、中国ではクレジット決済を含めた、民間経済主体の信用取引が極めて未発達である。債務不履行に陥った企業に対し銀行取引停止などの制裁を科す不渡り制度など、企業間信用を支える法制度が未整備なうえ、零細な企業の参入が相次ぐ産業構造により、企業同士が長期的取引関係を結びにくいことも信用取引を妨げる要因になっていた。

アリババの画期性は信用取引が未発達な社会で、取引遂行をもって初めて現金の授受がなされるという独自の決済システム（支付宝＝アリペイ）を提供し、信用取引の困難性というハードルを乗り越えた点にある（図1参照)[23]。すなわちアリペイは取引における第三者的な「仲介」の役割を果たし、ネット取引における売買双方の心理的負担と信用リスクを軽減することによって、円滑な取引を実現し、ネット上の小口取引を急拡大させたのである[24]。また、ネットを通じた相互評価のシステムは、同質化した業者が殺到しがちな市場構造のなかで、取引すべき相手を探すのに有益な情報を提供している。

このビジネスモデルは、信頼できる第三者による「仲介」の役割を重視し、前節で述べた「包」と呼ばれる第三者による請負が普遍的に行われてきた中国の伝統的な商慣習にもかなっている。鄭作時の言葉を借りれば、「アリペ

イは保証人のようなものである。（中略）ある村に皆から信頼されている保証人がいれば、その村の住人同士が行う取引は活発になり、誰もが取引にともなうメリットを享受できるようになる」というわけである。

　すなわち、アリババなどの IT 企業による膨大な顧客情報の集積を通じた仲介サービスの提供は、中国の伝統的な商慣習をテクノロジーを背景に現代的にアレンジしたものという側面をもっている。このような巨大企業の提供するプラットフォームを介したインターネット取引の普及は、開発された新製品に消費者がいち早くアクセスし、口コミによりより多くの市場を獲得する可能性を提供していること[25]、また信頼できる中間財の購入先をより容易に見つけ出せるようになること等を通じ、製品開発や製造コストを引き下げ、イノベーションを活発化させる役割を果たしていたと考えられる。

　中国でのイノベーションをめぐる三つ目の特徴として、先駆的な企業が政府の規制を無視した行動をとることで、なし崩し的に「制度」を変化させる現象がしばしばみられることをあげておきたい。たとえば中国政府は 2016 年 11 月、法律上認められていなかった一般ドライバーの配車サービスへの参入について、一定の条件を定めたうえで合法化した。これは配車サービス大手の滴滴出行などが事実上展開していたサービスを事後承認したものにすぎない。民間企業などがなし崩し的にシステムの裏をかき解決を図るという現象は、めまぐるしい市場の変化に対応する「自生的秩序」を形成し、経済全体に活力をもたらしてきた。

　ここでいう「自生的秩序」とは、独特な自由市場経済の思想を唱えたことで知られる、フリードリヒ・A・ハイエク（Friedrich A. Hayek）によって提唱された概念である。政府が法規制を整備する前に民間企業の行動によって次々とデファクトのルールが形成され、それが社会全体のイノベーションの速度を速めていくという一連の過程を、ハイエクによる「自生的秩序」という概念でうまくとらえることができるのではないか、と筆者は考えている。この点については次節で詳しく述べたい。

Ⅳ　自生的秩序2.0と分散的権威主義体制

1　ハイエクによる「自生的秩序」をめぐって

　よく知られるように、ハイエクは法制度などの社会的ルールについて、「（国家）エリートによって意図的に形成されたもの（テシス）」と「長い時間をかけて形成されてきた慣習にもとづくもの（ノモス）」とを慎重に区別した。特定の人々の恣意的な判断や利害が反映されがちな「テシス」は、ある一定の目的に従って創立された組織などの、「つくられた秩序（タクシス）」のもとでは有効に機能する。しかし、そのような「つくられた秩序」を、複数の価値観が共存し、複雑さに満ちた「拡張した秩序（コスモス）」と混同し、後者についてもある一定の目的に沿った立法によってより望ましい方向に導くことができると考えることを、ハイエクは全体主義につながる「設計主義」として厳しく批判した[26]。

　また彼は、特定の目的に沿って形成されない「自生的秩序」こそ、コスモス＝人間社会の本質であり、そこでは長期間にわたる人々の試行錯誤から生成する自然法的なルール（ノモス）が、健全で慎重な判断を可能にし、人々が従うべきルールとして機能すると考えた。このような「自生的秩序」の形成において政府が果たすべき役割は、その進化の過程で生まれてきた慣習を「法」として明文化することにとどまるべきであり、政府自体が何らかの社会的な目標を設定し、それを実現するための「法」体系を設計することではない。このような行為主体（アクター）が相互作用を繰り広げる実践の現場において紡ぎ出す制度をとらえたハイエクの思想に注目することは、先進諸国で進展した既存の制度理論によって抜け落ちた部分に光を当てるうえでなお有効であろう。

　現在なお「社会主義」であることを標榜している中国の政治経済体制について、社会主義を生涯にわたり厳しく批判し続けたハイエクがより開かれた望ましい社会のあり方としてたどりついた「自生的秩序」概念を適用することには異論もあるだろう。しかし、ハイエクの描く「自生的秩序」は、もともと特定の誰かが青写真を描いたわけではない「意図せざる秩序」という側面をもつ。そして、前節で述べた現代中国の市場秩序形成のプロセスも、さ

まざまなアクターによる利潤獲得のインセンティブと、そのための「局所的な情報」の獲得と利用のプロセスに支えられているという点で、そのような「意図せざる市場秩序」としての性質を多分にもっており、その意味では「自生的秩序」の一種としてそれをとらえることは決して的外れではないと考える。

ただし、中国を含む新興国、発展途上国では、市場経済の自生的な秩序が「国家」が全く関与しないところに形成されることはほとんどない、といってよい。むしろその出発点において、権威主義的な政府（国家）が明確な意図をもって行う制度設計が大きな役割を果たすケースが圧倒的に多いはずである。

一見そうとはみえないような中国社会における「自生的な」制度や商慣習も、常に公権力との緊張関係のもとに形成されたものとしてとらえる必要がある。すなわち、国家による制度設計によって生じる、市場経済をめぐる条件の変化のいわば「裏をかく」ように企業や地方政府がふるまう結果、当初国家が意図したものとはかなり異なったシステムが成立する、というのが中国における「自生的秩序」の実態だといえるだろう。このように意図せざる「秩序形成」が、常に「国家による制度設計」との緊張関係のなかから生まれてくる、というところに、ハイエクのイメージしたものとは異なる、中国社会をはじめ多くの新興国における市場秩序形成の特徴があるのではないだろうか。ここでは、このような性質をもつ「権威主義体制のもとでの自生的秩序」を、とりあえず「自生的秩序2.0」と呼んでおくことにしたい。

2 「自生的秩序2.0」と「分散的権威主義体制」

近年の制度派経済学の成果が教えるところによれば、ある制度を形成するのにその制度に対する人々の「信念」の形成が大きな役割を果たす。上述のような権威主義的な政府（国家）が押しつける設計主義的な制度に対して、人々がその「裏をかく」ように行動することが常態化した社会においては、そこに生活する人々（民間の経済主体）の間に、政府が設定するルールはそもそも遵守する必要のないものだ、という一種の「信念」が形成されるだろう。

第7章　中国経済の制度的背景　195

そのような状況では、治者である権威主義的な国家の側も、被治者として
の民（間）における遵法的な規範の低さをあらかじめ「織り込んだ」うえで、
法制度などの設計を行う傾向があるといえそうだ。つまり、中国など権威主
義体制のもとでの「自生的秩序2.0」では、統治をめぐる治者と被治者との
「馴れ合い」「共犯関係」が常態化しているがゆえに、法秩序およびそれに
対する遵守に関する社会の規範も、もともとハイエクが想定していた「自生
的秩序」のモデルに比べ、かなり緩くなる傾向があると考えられる。

　本章で検討してきたような、知的財産権の保護の脆弱さ、長期的信用取引
の未発達とそれを補完する第三者による仲介、フォーマルなルールへの信頼
性の低さ、など一連の中国経済における制度的特徴は、主流派の経済学に代
表されるように、過渡的な「制度化の遅れ」として理解できるのか、それと
も「もう一つの資本主義経済」としての類型を示すものなのか。この問いは、
上記のような民間の経済活動の特質とその公権力との関係性からこそ改めて
問われるべきである、というのが筆者の立場である。そこから浮かび上がっ
てくる、経済活動のインフォーマル性（「自生的秩序2.0」）と、権威主義的で
被治者との乖離が常態化した公権力との組み合わせによって形成される政治
経済のあり方を、ここではケネス・リバーソール（Kenneth Lieberthal）とマ
イケル・オクセンバーグ（Michel Oksenberg）の用いた用語を借りるかたちで
「分散的権威主義体制（fragmented authoritarianism）」と呼んでおきたい[27]。

　ただし、リバーソールらは、中国共産党の一党独裁のもとで、その政策決
定過程においてさまざまな個人や組織が関与し、それら相互の複雑な交渉過
程を経て決定されることに注目して「分散的権威主義体制」という概念を用
いており、公権力と民間経済主体との関係性に着目する本章の議論とは力点
の置き方がやや異なる[28]。

　すでに述べたように、現在の中国の政治経済体制は、権力が定めたルール
の「裏をかく」ようにして生じる、民間経済のインフォーマル性を許容する
だけでなく、それがもたらす「多様性」をむしろ体制の維持に有用なものと
して積極的に利用してきた[29]という側面をもつ。すなわち、本章における
「分散的権威主義体制」という用語には、極めて分散的な民間経済の活動と
権威主義的な政治体制が共存しているのが、現在の中国の政治経済体制の最

196　第3部　中央・地方関係と経済

図2 伝統中国にみる零細取引と仲介

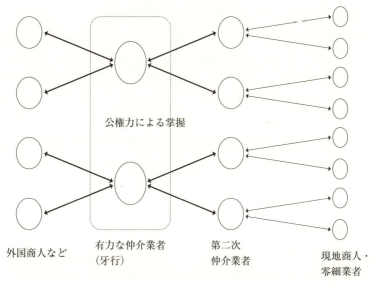

外国商人など　　有力な仲介業者　　第二次　　　　現地商人・
　　　　　　　　（牙行）　　　　仲介業者　　　零細業者

出所：村上衛『海の近代中国』名古屋大学出版会、2013年、450頁の図を参考に筆者作成。

大の特徴であるという意味が込められている。

　また、本書の問題意識に照らせば、この「分散的権威主義体制」が一定の歴史的背景のもとに形成されてきた点にも注意が必要である。たとえば、伝統的な中国社会では、より高い信頼性と独自の情報ネットワークをもつ有力な「仲介者」が、公権力との間に常に深い関係を維持する、という現象がみられた。零細な経済主体同士の小口の経済取引を大手業者が「仲介」することで、公権力にとって、零細な業者を直接相手にしていたのではコストがかかりすぎて不可能だった徴税などの管理が可能になる、という構図が存在したからである[30]（図2参照）。

　図2のように、有力な仲介業者が零細な取引を仲介して束ねることによって、公権力の側からの効率的な管理が可能になる、という構図は、現在のアリババやテンセント、滴滴出行など、現代中国のインターネットを通じた「仲介」のシステムにも受け継がれている。すなわち、長期的信用取引が未発達なもとでそれを補完する第三者による仲介が発達するという、「分散的

第7章　中国経済の制度的背景　197

な民間の経済活動」の特徴は、有力な仲介者の公権力への結びつきの強さという伝統中国からの商習慣を背景に、歴史的な制度として形成されてきた側面をもつ。

このような「分散的権威主義体制」における「民（間）」と「国家」との関係は、ハイエクが理想としたような、前者によって形成される慣習的なルールや「自生的秩序」を国家が控えめな調停者として追認し、それを法として位置づけるというものとは大きく異なる。そこにみられるのは、①権威主義的な政府による「民意」を無視した制度の押しつけ→②民（間）の「裏をかく」行動→③インフォーマルな制度の形成とその成功→④民（間）のフォーマルな制度への信頼性の低さ→⑤「民意」と乖離したままでの権威主義的な政府の存続、といった一連の現象がポジティブなフィードバックとして働く、一種の経路依存的な過程であったといえるのではないだろうか[31]。

おわりに

本章では知的財産権の保護の脆弱さ、長期的信用取引の未発達とそれを補完する第三者による仲介、フォーマルなルールへの信頼性の低さといった点で特徴づけられる中国経済の制度的な背景を権威主義体制のもとでの「自生的秩序2.0」として理解し、とくにその「民（間）」と「国家」との関係性に焦点を当てて論じてきた。

時に専門家の間でも大きく意見の分かれる中国経済の「わかりにくさ」も、結局のところ本章でみたような「国家」と「民（間）」および「市場」の関係が、たとえばアセモグル＝ロビンソンが想定したように明快には整理できないところから来ている。経済において民間企業の果たす役割が増加し、それが経済のダイナミズムをもたらしている一方で、それがさらなる「国家」の権力や特権の拡大と結びついてしまう。逆に、「国家」が何とか「民（間）」の無秩序な市場競争にタガをはめようと頑張ってルール作りを行おうとしても、「民（間）」の側がそのルールの隙間を巧妙にすり抜け、自分たちに都合のよい「自生的秩序」を作り出してしまう。中国経済には、そういった欧米的なパラダイムからすると逆説的としかいいようのない現象が満ちあふれて

おり、そのこと自体が独特のわかりにくさと共に一種「アナーキー」なダイナミズムを生んでもいる。

　もっとも、このような「国家」が押しつけようとするルールを「民（間）」が巧妙にすり抜ける、という問題は現代中国に特有のものではなく、他の新興国経済も、多かれ少なかれ類似の問題を抱えている。だからこそ「分散的権威主義体制」は、中国において今後も持続していく可能性が高いだけでなく、新興国を中心にグローバルな広がりをみせていく可能性をもっている。

　いずれにせよ、今後の中国社会において、「国家」にとって「民（間）」があくまでも一方的な統治あるいは恩恵の対象である、という両者の関係性が、少なくとも短期間に大きく変化する可能性は低いといわざるをえない。それでも、長期的にみて、「民（間）」の側がこのような「国家」とのもちつもたれつの関係を解消し、新たな自立した関係を築いていけるか、という点には注意が必要だろう。すなわち、これからの経済活動の担い手になるであろう「民（間）」の側が、「自分たちにとって望ましいルールを作り、自分たちのための国家を作ろう」という主体性な立場で「国家」とかかわっていけるかどうか、である。主流派の経済学では十分に評価することが難しい「中国型資本主義」の持続可能性も、恐らくはその成否にかかっているのではないだろうか。

1）経済制度の共進化（co-evolution）とは、ある制度の変化が引き金となって別の関連する制度の変化をもたらすなど、複数の制度がお互いに影響を及ぼしあう状態のことを指す。サミュエル・ボウルズ『制度と進化のミクロ経済学』（塩沢由典ほか訳）、NTT 出版、2013 年など参照。

2）ダグラス・ノース『制度原論』（瀧澤弘和ほか訳）、東洋経済新報社、2015 年、150 頁。

3）Mark Elvin, *The Pattern of the Chinese Past*, Redwood City: Stanford University Press, 1973.

4）ダロン・アセモグル＝ジェイムズ・A・ロビンソン『国家はなぜ衰退するのか（上・下）』（鬼澤忍訳）、早川書房、2013 年。

5）また、ノースとワインガストらは、持続的な経済成長は、豊かで活発な市民社会が存在し、法の支配や所有権の確立、公平性・平等性などを含むすべての人に平等に対応する社会関係の広がりを備えた「アクセス開放型国家」のもとでこそ可能になると主張している（ダグラス・ノース＝ジョン・ジョセフ・ウォリス＝バリー・R・ワイ

ンガスト『暴力と社会秩序―制度の歴史学のために』（杉之原真子訳）、NTT 出版、2017 年。彼らのいう「アクセス開放型国家」は、アセモグル゠ロビンソンのいう「包括的な制度」を備えた国家にほぼ対応する。

6) フランシス・フクヤマ『政治の起源―人類以前からフランス革命まで（上・下）』、（会田弘継訳）、講談社、2013 年。ただし、フクヤマの議論は、中国が実現している強固な国家体制が「近代化」の一つの重要な要素である以上、そのもとである程度の資本主義的発展は可能であることを示唆したものとしても理解できる側面をもっている。

7) ここでは紙幅の関係上省略するが、中国経済が西洋由来の国民国家型のものとは異質であることを認めながら、別個の経済発展モデルとして高く評価すべきだ、という議論は欧米諸国のいわゆる「ニューレフト」、あるいはそれと呼応する中国の「新左派」とされる知識人によっても展開されている。たとえば、ジョバンニ・アリギ『北京のアダム・スミス―二一世紀の諸系譜』（中山智香子訳）、作品社、2011 年、韓毓海『五百年来誰著史』北京：九州出版社、2009 年など参照。

8) 加藤弘之『中国経済学入門―「曖昧な制度」はいかに機能しているか』名古屋大学出版会、2016 年。

9) 加藤『中国経済学入門』、31 頁。

10) 岸本美緒「理念型としての伝統中国経済―中国研究における歴史学と経済学」*Research Meeting on Economic History 2013.* URL：http://www.cirje.e.u-tokyo.ac.jp/research/workshops/history/history_paper2013/history1021.pdf（2017 年 4 月 28 日アクセス）。

11) 木越義則「曖昧な制度と経済史研究―加藤弘之氏の著作に寄せて」『現代中国研究』第 35・36 合併号、2014 年。

12) 絵所秀紀「加藤弘之『中国経済学入門』を読む」『アジア研究』第 63 巻第 2 号、2017 年。

13) 川端望は、日本の製造業におけるサプライヤー・システムを取り上げ、そこでみられるメーカーとサプライヤーとの取引関係において、加藤が中国における「包」について指摘したような、契約概念の曖昧さが広く観察されることを指摘している（川端望「中国経済の「曖昧な制度」と日本経済の「曖昧な制度」―日本産業論・企業論研究から」『中国経済経営研究』第 1 巻第 1 号、2017 年）。

14) 小川さやか『「その日暮らし」の人類学―もう一つの資本主義経済』光文社新書、2016 年。

15) たとえば、Gordon Mathews, Gustavo Lins Ribeiro and Carlos Alba Vega eds., *Globalization from Below: The World's Other Economy*, London: Routledge, 2012; Mary Ann O'Donnell, Winnie Wong and Jonathan Bach eds., *Learning from Shenzhen: China's Post-Mao Experiment from Special Zone to Model City*, Chicago: University of Chicago Press, 2017 など参照。

16) 村松祐次は、戦前の中国経済について、企業の新規参入や市場取引が極めて活発に行われたにもかかわらず、企業の資本蓄積を通じた大規模化や、生産性の向上をもた

らすような技術革新は遅々として進まなかったことを指摘し、その性質を「安定なき
停滞」と表現した（村松祐次『中国経済の社会態勢』東洋経済新報社、1949年）。

17）ただ、両者の視点には大きな違いもある。自らが行商人としてアフリカ人商人と深
いかかわりをもってきた小川にとって、国家などの公権力は、あくまでも「フォーマ
ル性」を押しつけようとする存在である。それに対し、加藤には中国の国有企業や地
方政府など、公権力に近いアクターも、むしろ「曖昧な制度」すなわちインフォーマ
ル性の積極的な担い手として評価する姿勢が顕著である。このような経済のイン
フォーマル性と公権力との関係をどう考えればよいのか、という点についてはIV節で
詳しく論じる。

18）ここでは、紙幅の関係もあり、民間の経済主体の活動と「国家」との関係性に絞っ
て考察を行うことにする。このほか中国の政治経済体制を考察するうえで重要な論点
として、国有企業および「国進民退」と呼ばれるそのプレゼンスの向上をどう位置づ
けるか、というものもあるが、それについては梶谷懐「労働分配問題からみた「国進
民退」―所有制と格差問題」（加藤弘之・梶谷懐編『二重の罠を超えて進む中国型資
本主義―「曖昧な制度」の実証分析』ミネルヴァ書房、2016年）を参照。

19）深圳市福田区委区政府編『解碼深圳・華強北』広州：広東科技出版社、2015年。

20）2017年3月の現地工場訪問時のヒアリング調査より。

21）中国では2008年に、「国家知的財産権戦略綱要」を発表、知的財産権の水準を大幅
に引き上げる方針を打ち出した。また、特許など一定程度の知的財産を保有する企業
を「ハイテク企業」と認め、法人税の優遇が受けられる制度も設けた。このような政
府の積極的な姿勢もあり、ここ数年国内における特許出願数の総数は米国をしのぎ世
界一となっている。ただし、国際的にみて高いレベルの技術を特許として大量に申請
する技術開発を行っている企業は、ファーウェイやZTE（中興通訊）など、一握り
の企業に限られる。

22）K・ラウスティアラ＝C・スプリングマン『パクリ経済―コピーはイノベーション
を刺激する』（山形浩生・森本正史訳）、みすず書房、2015年。コピーの存在がイノ
ベーションを促進する理由として同書が指摘するのは、トレンドの存在である。コ
ピーの横行は、ある製品に関するトレンドの発生と衰退（はやりすたり）を加速させ、
イノベーターにより新しい製品を作りだすことをうながす効果をもつ。また同書は、
コピーが出回るということはオリジナルにとって無料の宣伝になっている。すなわち
コピーが出回ったほうが広告費を節約できるという効果も指摘している。

23）アリババが提供するオンライン取引のプラットフォームにはB2B取引を中心とす
る阿里巴巴、B2C取引の天猫T-Mall、C2C取引の淘宝があるが、いずれも決済のや
り方はおおむね次のようなものである。まず買い手がアリペイにある自社の仮想口座
に振り込むと、アリペイが売り手に通知する。それを受けて、売り手が買い手に商品
を発送する。買い手は商品受領後アリペイに通知し、商品を検品後、アリペイは買い
手の仮想口座から売り手の仮想口座に振り替える。その後、売り手は銀行を通じて口
座から代金を引き出す。

24）鄭作時『馬雲のアリババと中国の知恵』（漆嶋稔訳）、日経 BP 社、2008 年。

25）たとえば、インターネット企業による仲介機能の提供は、農村におけるネットショッピングの中継地点の設置と農民層へのインターネットを通じた購買の普及を通じて、国内消費の拡大にも大きな役割を果たしていることが指摘されている。

26）フリードリヒ・A・ハイエク『法と立法と自由（Ⅰ）（Ⅱ）』（矢島鈞次・水吉俊彦訳）、春秋社、2007 年；同『致命的な思いあがり』（渡辺幹夫訳）、春秋社、2009 年など参照。

27）Kenneth Lieberthal and Michel Oksenberg, *Policy Making in China: Leaders, Structures, and Processes,* Princeton: Princeton University Press, 1988; Kenneth Lieberthal, *Governing China: From Revolution Through Reform*（2nd edition）, New York: W. W. Norton & Company Inc, 2003 など参照。また筆者はかつて、従来の「開発体制国家」モデルといくつかの前提を共有しながらもその産業構造や技術進歩のパターン、さらには国家と経済活動との関係など，重要な点で大きな違いをみせている中国における政治経済体制の特徴を「分散型の開発体制」という用語で表現したことがある（梶谷懐「中国の経済成長と『分散型の開発体制』」『比較経済研究』第 49 巻第 1 号、2012 年）。本文中の「分散的権威主義体制」は「分散型の開発体制」を権威主義国家の類型化として定義しなおしたものである。

28）オクセンバーグとリバーソールの用いた概念は、むしろ許成鋼によって用いられた「地方分権型権威主義（Regionally Decentralized Authoritarianism）」に近い（許成鋼「中国における構造問題の制度的基礎」青木昌彦・岡崎哲二・神取道宏監修『比較経済制度分析のフロンティア』NTT 出版、2016 年）。これは、中央で高度に統一された政治および人事のコントロールと、地方における分権化された行政・経済システムの組み合わせによって特徴づけられる概念であり、そこでは地方政府が自律的な制度形成能力をもつことが前提とされている。

29）たとえば、2014 年に李克強首相が「大衆創業、万衆創新（大衆の創業、万人のイノベーション、「双創」）」を提唱するようになり、2015 年には「双創」は「新常態」のもとでの新たな成長のエンジンとして政府活動報告にも盛り込まれた。また同年李克強首相は深圳にある柴火メイカースペースを視察のため訪れている。

30）村上衛『海の近代中国—福建人の活動とイギリス・清朝』名古屋大学出版会、2013 年、450 頁。

31）歴史的制度の経路依存性については、本書の序章（林）における記述を参照。

おわりに

　本書の目的は、現在の中国共産党による一党体制を形づくっている制度に焦点をあて、その形成と持続、変化の説明をつうじて、中国政治社会の現状の理解と将来を展望する手掛かりをえることにあった。そこで本書は、現代中国の政治体制をかたちづくっている制度を、包容と強制の機能を担っている国家制度（第1部の第1章と第2章）、中国共産党の集団指導体制を支えてきた集団領導制と政策決定過程の核心的制度である中央領導小組、幹部の任用選抜制度という中国のエリート政治を形づくっている制度（第2部の第3章、第4章、第5章）、さらに中央地方関係と経済を形づくっている制度（第3部の第6章と第7章）の三つに分類し、それぞれについて制度分析をおこなった。そして本書に所収されている各論文が、制度分析をおこなううえで依拠した分析視座は、歴史的制度論であった。

　本書の構成、各章の問題意識およびその意義はすでに序章にて示されている。以下、本書を企画するにあたっての編者の問題意識を示すことによって、本書のまとめとしたい。

　後述するように、本書は2014年にはじまった共同研究プロジェクトの成果であるが、本書の核心にある問題意識は、それよりも以前にあった。

　現代中国に関心をもつ研究者たちの重要な論点の一つは、その政治体制が持続している要因をいかに説明するかにある。かつて編者も、40年ものあいだ市場経済化の道を歩んできた結果生じてきた中国社会の変化に向き合いながら、一党体制を持続させることに成功したようにみえる中国共産党と国家の権力構造の生命力について、「包摂（cooptation）」や「コーポラティズム（corporatism）」、あるいは「適応（adaptation）」の継続に求める見方をふまえて、その説明に取り組んだことがある[1]。

　この「適応能力」論は、興味深い分析視座であるものの、いくつかの問題点があった。それは一つには、「適応能力」論が、中国共産党指導者は外部

203

環境の変化を敏感かつ的確に把握し、変化に応じた効果的な政策を決定し、執行する能力を備えている、という認識を暗黙の前提としていることである。中国共産党指導者は、優れた戦略観をもって改革開放期の経済改革と政治改革に取り組んできたというよりも、「川底の石を探りながら川を渡る」（摸著石頭過河）的に改革開放の道を歩んできたのであって、「適応能力」論はそうした理解になじまないように思えるからである[2]。

　いま一つの問題は、「適応能力」論が機能主義的な説明であるとの批判にうまく答えられないからである。独裁国家の政治制度分析にかんする先行研究は、その分析の多くが合理的選択制度論のアプローチを採用しているために、安定的に存在している制度だけを恣意的に分析に取り上げる傾向があり、制度のデメリット面を等閑視しやすいと警鐘を鳴らし、その問題克服のためのアプローチを検討する必要を指摘していた[3]。

　また、「適応能力」論には中国共産党の統治能力の高さを説明するための材料として活用されている側面があることにも留意する必要を感じていた。たとえば、現代中国の民主的制度にかんする研究成果は中国共産党の優れた統治能力の証左として中国国内で好意的に引用されている[4]。確かに、民主的制度の中核にある民意機関（人民代表大会や政治協商会議）の活動には、体制の持続に貢献する働きを見出すことができる。先行研究が、中国の民意機関の働きを過小評価あるいは見逃していたことは事実であり、民主的制度の働きを再評価する必要性は大いにある。しかし、先行研究は切り取った時間

1）加茂具樹・小嶋華津子・星野昌裕・武内宏樹編著『党国体制の現在—変容する社会と中国共産党の適応』慶應義塾大学出版会、2012年。

2）蔡文軒『中共政治改革的邏輯：【四川、広東、江蘇的個案比較】』台北：五南、2011年。Ann M. Florini, Hairong Lai, Yalin Tan, China Experiments: *From Local Innovation to National Reform*, Brookings Institution Press, 2012. 周望『中国"政策試点"研究』天津：天津人民出版社、2013年。Sebastian Heilmann, *Red Swan: How Unorthodox Policy Making Facilitated China's Rise*, Hong Kong: The Chinese University Press, 2018.

3）豊田紳「独裁国家における「上からの改革」メキシコ・制度的革命党による党組織／選挙制度改革とその帰結（1960〜1980）」『アジア経済』第54巻第4号、117-145頁。

4）たとえば、呂増奎主編『民主的長征　海外学者論中国政治発展』北京：中央編譯出版社、2011年。

（つまり現在）における制度の働きに焦点をあてたものにすぎないにもかかわらず、その研究成果は長期におよぶ中国共産党の統治能力と関連づけて評価されてきた。制度の政治的機能を分析するためには、形成と持続、変化という経路を経て現在の制度が存在しているという視座をふまえる必要があるだろう。

　本書は、これらの問題点を克服するための有効な分析視座として、歴史的制度論を見出したといってもよい。

　なお、いうまでもなく、歴史的制度論という分析アプローチは、これまでの日本の中国研究の取り組みと極めて親和性が高い。先行研究が積み上げてきた成果を積極的に活用することによって、より有効な分析結果を導き出すことが期待できる。公式文書を丁寧に読み解き、公式の組織構造と詳細な規定の解明、実態把握のための聞き取り調査、関連する政治史的叙述の積み上げから導出される知見を活用し、同時に、制度の形成と持続、変化という時系列的な変化を、因果関係をふまえて描き出すことの意義を強調したい。すでに序章で繰り返し言及されているように、本書が歴史的制度論に注目するのは、制度にたいするアプローチをあらためる必要があるからである。本書は、現代中国の政治を理解するための、いま一つの新しい道具として歴史的制度論の有効性を検証したものといってもよく、各章の分析をつうじて、そうしたアプローチの有効性を確認することができるだろう。

　あとがきを執筆中の 2018 年 2 月 25 日、新華社通信は、中国共産党中央委員会が提出した憲法修正にかんする建議の詳細を報じた。注目を集めた修正点の一つは、国家主席と国家副主席の任期制限（2 期 10 年）の撤廃であった。これまで、制度化と中国共産党一党体制の持続には緊密な関係があると理解されてきた。そのため、この撤廃を、制度化の道を歩んできた中国政治がエリート政治から瓦解しはじめたと理解するのであれば、制度化の何が問題であるのか、制度化と体制の持続は矛盾するのか、とさまざまな疑問が浮かんでくる。こうした問題を読み解く手がかりとして、本書が読まれることを強く期待している。

　本書は、慶應義塾大学東アジア研究所の共同研究プロジェクト（2014 年度～2015 年度）の成果である。共同研究プロジェクトの実施および本書の刊行

おわりに　205

にあたっては、さまざまな支援を賜った。とくに公益財団法人高橋産業経済研究財団からは、共同研究プロジェクトの最も根幹的な部分についての研究助成をいただいた。この支援を得ることによって、研究推進のために必要な、外部講師を招聘した研究会、資料収集などの活動を円滑におこなうことができた。

　なお本研究を推進する過程で、他に二つの研究助成を得ている。2015年度には、一般財団法人霞山会からインテンシブに研究討論をおこなうための場と研究助成をいただいた。また本研究はJSPS科研費JP15H03141の助成を受けたものでもある。ここに記して謝意を表したい。

　本書の刊行にあたっては、慶應義塾大学出版会出版部の乗みどり氏にお世話になった。筆者が在外勤務のため、編集にかかる膨大な作業を一手に引き受けてくださり、刊行を実現してくださったことに感謝申し上げたい。

　　2018年2月

　　　　　　　　　　　　　　　　　　　　　　加茂具樹

索 引

〈人 名〉

あ行

アセモグル, ダロン　181, 182, 189, 198
ウィットフォーゲル, カール・A　184
ウィルソン, デイヴィッド　157, 159
エルヴィン, マーク　181
王岐山　145
オクセンバーグ, マイケル　196

か行

加藤弘之　6, 182, 184, 185, 187, 188
喬石　91, 120
胡鞍鋼　87
黄之鋒　174
江沢民　88, 90-92, 113, 135, 136, 139, 142, 145
耿颰　40
皇甫平　135
胡錦濤　59, 91-95, 122-124, 138, 139, 141-146, 171
胡耀邦　87, 118, 119

さ行

サッチャー, マーガレット　156
周永康　93
周恩来　114, 117, 156
習近平　71, 73, 74, 79, 80, 93-96, 98, 114, 117, 124-126, 143-146
スヴォリック, ミラン　81, 82, 87
セレン, キャスリーン　12, 105, 106, 108
銭其琛　164, 165
曾慶紅　92, 139

ソスキス, デイヴィッド　8

た行

趙紫陽　88, 113, 119, 120, 122, 123, 132, 135
張全景　137
陳雲　115, 116, 132
陳水扁　171
陳丕顕　40
鄧小平　17, 32, 36-39, 61, 67, 80, 85, 87, 88, 90, 93-95, 114, 119, 121, 125, 132-135, 164
トレバスケス, スーザン　51-53, 70, 71

な行

ノース, ダグラス　179

は行

ハイエク, フリードリヒ・A　193-196, 198
パッテン, クリス　159-162, 166, 175
ピアソン, ポール　8, 10, 11, 152-155, 163
ピノチェト, アウグスト　80
フクヤマ, フランシス　182
彭真　16, 38-40, 42-44, 51, 60, 61, 63-65, 115
彭冲　40
ホール, ピーター　8

ま行

マクルホース, マレー　156
マホニー, ジェイムズ　105, 106, 108
毛沢東　43, 52, 58, 60, 64, 71, 72, 74, 79, 80, 85, 94, 95, 114, 117, 118, 125, 132, 182

モー，テリー　82

ら行

ラザレフ，ヴァレリー　97

李源潮　141, 142, 144

李先念　115, 119, 120

李柱銘　158, 164

栗戦書　145

リバーソール，ケネス　196

李鵬　134

ローダー，フィリップ　80-82, 87

ロビンソン，メイムズ・A　181, 182, 189, 198

〈事　項〉

あ行

曖昧な制度　6, 182-185, 188

雨傘運動　151-153, 155, 156, 164, 170-174

アリババ　192, 193, 197

一国二制度　18, 152, 163, 168, 169, 172, 173, 175, 176

イデオロギー　10

イノベーション　180, 188-191, 193

エリート政治　17

オープンソース　191

汚職処罰条例　58

か行

改革開放（期）　3, 14-16, 34, 36, 51, 59-61, 66-68, 71, 80, 82, 90, 97, 103, 121, 135, 183, 184

開発独裁論　14

ガバナンス　5

幹部四化　134, 137

幹部制度　85

官僚制　6

議事協調機構　109

機能主義　14, 16

（全人代の香港）基本法解釈　162, 171, 175

行政主導　164-166

軍事政権　80

群体性事件　142

経路依存性　8-13, 15, 18, 28, 58, 71-74, 86, 88, 92, 93, 97, 106, 122

決定的分岐点　9, 10, 12-14, 16, 28, 44, 63, 71, 85, 98, 106, 152, 175

権威主義（（的）政治／体制）　5, 6, 27, 28, 30, 31 54, 80, 81, 87, 96, 98, 106, 180, 196

　　——閉鎖的権威主義国家　31

　　——豊かな権威主義国家　27

厳打　16, 50-55, 58-63, 65, 66, 69-73

公推公選　140, 141

構造的制度論　9

「紅」と「専」　132

コーポラティズム　5

公務員制度　135, 136

合理的選択制度論　7

個人支配（独裁）　17, 79-81, 87, 95, 96, 98

個人分業責任制度　92

国家政治保衛局　55, 56

国家論　4

コミットメント問題　81, 87

さ行

山寨（パクリ）携帯　183, 187, 189

時間性　8, 13

自己強化のメカニズム　11, 12, 91

市場経済化　27

自生的秩序　180, 193-196, 198

　　——2.0　194-196, 198

重層化　17

集団指導体制（集団支配）　17, 79-98, 110-124, 126

集団領導制　→集団指導体制（集団支配）

状況依存性　10, 15

所有権改革　137

新制度論　4, 5, 7, 80

深圳　189-191

人治論　3

人民解放軍　2, 6

人民政治協商会議　5, 28, 32, 133

人民代表大会（人代）　16, 28, 31-43, 89, 145

　　——常務委員会　33, 34, 39-43, 63, 162, 165, 170

生産力基準　132, 134, 138, 142

政治エリート　10

政治制度　1, 3, 6, 9, 11, 18

索　引　209

政治変動論　5

政治体制　4, 5, 10

制度化　3, 17, 121, 196

制度的補完性　83, 86

制度派経済学　4, 10, 179

制度発展　5, 9, 12, 15, 16, 29, 84, 87, 112

制度分析　4, 6-9

制度変化　8, 9, 12, 14, 17, 18, 28, 71, 72,
　104-108, 112, 113

制度論　13, 15

正のフィードバック　11, 12

全国政治協商会議　89

綜合治理　65, 66, 68, 69, 71, 73, 68, 69

相互補完性　88

ソ連共産党　83, 97

た行

大衆路線　57, 67, 72, 73

断絶された均衡　12

知的財産権　180, 185, 188-191, 196, 198

中英共同宣言　153, 156, 157, 159, 161

中央・地方関係　6, 18

中国共産党　2, 3, 5, 6, 14, 17, 18, 27, 29,
　32-38, 41, 44, 51, 55-57, 59, 60, 72, 79, 83,
　92, 93, 103, 114, 118, 124, 125, 131, 133,
　137-139, 146, 167, 170, 183

――一党支配（独裁／体制）　5, 14, 27, 33,
　38, 44, 49, 57, 61, 68, 72, 80

――総書記　87-89, 91, 92, 94, 96, 111,
　119, 123

――中央委員会　87, 144

――中央外事工作領導小組　119

――中央規律検査委員会　88, 96, 133

――中央軍事委員会　42, 88, 91, 92, 111,
　117, 133

――中央国家安全委員会　94

――中央顧問委員会　88, 89, 133

――中央財経小組　116, 117

――中央財経領導小組　118, 119, 122, 124

――中央書記処　87, 88, 103, 115, 118-120,
　134

――中央政治局　89, 90, 94

――中央政治局常務委員会　17, 83-86,
　88-94, 96, 97, 110-112, 115, 118,
　120, 123

――中央政法委員会　88

――中央組織部　134, 136-138, 140

「――の建国以来のいくつかの歴史的な問題
　に関する党中央の決議」　36

――の政府に対するコントロール　112

朝鮮戦争　16, 57, 71

定年制　89, 91

（第2次）天安門事件（六四事件）　88, 11,
　121, 125, 134, 135, 142, 153, 155, 156, 158,
　159, 163, 167, 174, 175

テンセント（騰訊控股）　192, 197

党管幹部　137, 139, 146

党国体制　2

党政領導幹部選抜任用工作条例　139, 143

統治の有効生の向上　30-32, 44

党中央の核心　145

独裁者　81, 82, 87, 97

「徳」と「才」　132, 134, 139, 142

な行

南方視察　135, 136

は行

包　183, 184, 192

反革命処罰条例　58

比較権威主義　5

比較政治学　2, 4, 6, 7, 14, 80

ファーウェイ（華為技術）　189, 190

不確実性　179, 184, 186

プラットフォーム　180

文化大革命　6, 15-17, 34, 44, 51, 58, 60,

61, 63–65, 71, 85, 86, 93, 112, 118, 125, 131, 146

分散的権威主義体制　18, 179, 180, 194–199

包括的な制度　181, 182, 190

法治　49, 72

法の支配　182, 189–191

香港返還　156, 159

ま行

「三つの代表」重要思想　137

民意機関　16, 28, 31, 33, 44

民主化　5, 28, 160

民主集中制　89

民主的制度　27–30, 32, 44

（香港）民主派　158, 166, 167, 170–174, 176

もう一つの資本主義経済　185, 187, 188, 196

や行

四つの基本原則　32, 38, 132

ら行

利益集団　93

リベラル・デモクラシー　180, 182

略奪的な制度　181, 188

領導小組　16, 103, 104, 107–115, 118, 121–126

林彪・江青反革命集団　64

歴史的制度論　1, 8–10, 12, 13, 15, 28, 29, 58, 74, 79, 84, 104

わ行

和諧社会　70, 141, 142

英数字

11 期 3 中全会（中国共産党第 11 期中央委員会第 3 回全体会議）　14, 85, 133

831 決定　170, 171, 175

執筆者紹介 （掲載順）

加茂具樹（かも　ともき）※編者
慶應義塾大学総合政策学部客員教授。慶應義塾大学大学院政策・メディア研究科後期博士課程修了、博士（政策・メディア）。主要著作：『現代中国政治と人民代表大会——人代の機能改革と「領導・被領導」関係の変化』（慶應義塾大学出版会、2006 年）、『中国対外行動の源泉』（編著、同上、2017 年）、ほか。

林　載桓（いむ　じぇふぁん）※編者
青山学院大学国際政治経済学部准教授。ソウル大学社会科学部卒業、東京大学大学院法学政治学研究科博士後期課程修了、博士（法学）。主要著作：『人民解放軍と中国政治——文化大革命から鄧小平へ』（名古屋大学出版会、2014 年）、「権威主義体制、独裁者、戦争——中越戦争を事例として」（『国際政治』184 号、2016 年 3 月）、ほか。

金野　純（こんの　じゅん）
学習院女子大学国際文化交流学部准教授。一橋大学大学院社会学研究科博士課程修了、博士（社会学）。主要著作：『中国社会と大衆動員——毛沢東時代の政治権力と民衆』（御茶の水書房、2008 年）、「文化大革命における地方軍区と紅衛兵——青海省の政治過程を中心に」（『中国研究月報』第 70 巻第 12 号 2016 年 12 月）、ほか。

山口信治（やまぐち　しんじ）
防衛研究所地域研究部主任研究官。慶應義塾大学大学院法学研究科後期博士課程単位取得退学、修士（法学）。主要著作：『中国対外行動の源泉』（共著、慶應義塾大学出版会、2017 年）、"Strategies of China's Maritime Actors in the South China Sea: A Coordinated Plan under the Leadership of Xi Jinping?"（*China Perspective*, 2016 No.3, October 2016）、ほか。

高原明生（たかはら　あきお）
東京大学大学院法学政治学研究科教授。東京大学法学部卒業、サセックス大学開発問題研究所修士課程修了、同博士課程修了、D.Phil. 主要著作：*The Politics of Wage Policy in Post-Revolutionary China*（Macmillan, 1992）、『シリーズ中国近現代史⑤　開発主義の時代へ 1972 – 2014』（共著、岩波新書、2014 年）、ほか。

倉田　徹（くらた　とおる）
立教大学法学部教授。東京大学大学院総合文化研究科博士後期課程修了、博士（学術）。主要著作：『中国返還後の香港——「小さな冷戦」と一国二制度の展開』（名古屋大学出版会、2009 年）、『香港——中国と向き合う自由都市』（共著、岩波新書、2015 年）、ほか。

梶谷　懐（かじたに　かい）
神戸大学大学院経済学研究科教授。神戸大学大学院経済学研究科博士課程後期課程修了、博士（経済学）。主要著作：『日本と中国、「脱近代」の誘惑——アジア的なものを再考する』（太田出版、2015 年）、『日本と中国経済——相互交流と衝突の 100 年』（ちくま新書、2016 年）、ほか。

慶應義塾大学東アジア研究所叢書
現代中国の政治制度
――時間の政治と共産党支配

2018年3月30日　初版第1刷発行

編著者―――――加茂具樹・林　載桓
発行者―――――古屋正博
発行所―――――慶應義塾大学出版会株式会社
　　　　　　　〒108-8346　東京都港区三田2-19-30
　　　　　　　TEL　〔編集部〕03-3451-0931
　　　　　　　　　　〔営業部〕03-3451-3584〈ご注文〉
　　　　　　　　　　〔　〃　〕03-3451-6926
　　　　　　　FAX　〔営業部〕03-3451-3122
　　　　　　　振替　00190-8-155497
　　　　　　　http://www.keio-up.co.jp/
装　丁―――――鈴木　衛
カバー写真提供―AFP＝時事
印刷・製本―――株式会社加藤文明社
カバー印刷―――株式会社太平印刷社

　　　　　Ⓒ2018 Tomoki Kamo, Lim Jaehwan, Jun Konno, Shinji Yamaguchi,
　　　　　　　Akio Takahara, Toru Kurata, Kai Kajitani
　　　　　Printed in Japan ISBN 978-4-7664-2505-5

慶應義塾大学出版会

慶應義塾大学東アジア研究所　現代中国研究シリーズ

中国対外行動の源泉
加茂具樹編著　現代中国の対外行動はどのように形作られているのか？　国際的要因、および統治構造による国内政治的要因からその源泉を明らかにする試み。　　　　　　　◎4,000円

中国の公共性と国家権力
——その歴史と現在
小嶋華津子・島田美和編著　生存・生活のために築かれた多層的な「公共空間」は、近現代中国の国民国家建設の過程でいかなる役割を果たしてきたか。国家のありようを、人びとのつながりと国家権力との相互作用として描き出す。　　　　　◎3,400円

現代中国政治研究ハンドブック
高橋伸夫編著　大きく変化する現代中国政治。海外を含む主な研究・文献を分野別に整理し、問題設定・研究アプローチ・今後の課題と研究の方向性の見取り図を明快に描く、最新の研究ガイド。　　　　　　　　　　　　　　　　◎3,200円

党国体制の現在
——変容する社会と中国共産党の適応
加茂具樹・小嶋華津子・星野昌裕・武内宏樹編著　市場経済化やグローバル化の波に柔軟に対応してきた中国共産党とは、どのような集団か。大きく変容する社会・経済に適応してきた党の権力構造を実証分析し、一党支配体制の現実を多面的に描き出す。◎3,800円

表示価格は刊行時の本体価格（税別）です。